JN444282

법과 성서와 역사
연구시리즈 제6권

# 자연법

김 상 용 저

화산미디어

# 머 리 말

법이 가야 할 장래의 궁극적인 이상을 그 한 권의 책으로 엮고자 그 동안 중단 없이 궁구하고 자료를 모으고 정리하고 집필하여 왔다. 그 한 권의 책이 바로 이 자연법이다. 자연법은 법이 발전해 나아가야할 방향과 이상을 제시하는 법이다. 자연법은 실정법의 정당성의 근거를 제공하며, 실정법을 지도하여 이끌어 가는 법이다. 실정법이 정치(精緻)하게 제정되어 강제력을 갖는 것은 실정법이 자연법의 내용을 담아 그 자연법을 실정법으로 제정하여 국가권력에 의해 시행하기 때문이다. 그러므로 실정법이 강한 강제력을 갖고 시행되기 위해서는 실정법의 내용이 자연의 이치에 맞는 자연법이어야 한다.

이러한 자연법과 실정법은 역사의 시작과 함께 출현하여, 서로 영향을 주고 받으면서 법의 발전을 이루어 왔다. 물론 자연법이란 용어가 처음으로 사용되기 시작한 것은 고대 그리스의 스토아철학에서 시작되었다. 그 이전에도 법이 있었다. 자연법이란 용어는 쓰지 않았지만 자연법의 사상은 스토아철학 이전에 이미 생성되어 있었다. 이처럼 자연법과 실정법은 법이 생성된 때로부터 나타나, 법의 역사에서 계속적 · 지속적으로 서로 영향을 주고 받으면서, 각각 자연법론과 법실증주의의 사상적 기초 위에서 발전되어 왔다. 자연법론은 보다 더 좋은 법을 찾아 나가기 위한 법사상 내지 법이론으로서 정의를 법의 이상 내지 법의 이념으로 하여 보다 더 좋은 법으로의 발전을 이끌어 왔다. 그리고 법실증주의는 국가권력에 의하여 제정된 실정법을 중심으로 하여 법의 실효성과 법적 안정성에 치중하여 법의 발전을 도모하여 왔다. 그러므로 자연법은 실정법이 그 정당성을 갖도록 실정법을 지도하는 법으로서 발전되어 왔다. 실정법이 가장 실효적이기 위해서는 실정법의 내용이 자연법의 내용으로 제정될 것이 요청되었다.

보다 더 좋은 법을 찾기 위한 자연법론은 고대에는 질서정연한 자연에서, 중세는 성서의 말씀에서, 근세에는 인간의 이성에서 자연법의 내용을 구하였다. 구체적으로 자연법이란 용어를 쓰기 시작한 스토아철학에서는 자연에서 생명 있는 존재들은 다 자기이성인 로고스(logos)를 갖고 있으며, 그 로고스의 발현이 바로 자연법칙이고 자연법이라고 하였다. 중세에는 신의 지혜가 자연법의 근원인 신중심의 자연법론이 지배적인 자연법론이었으며, 근세에는 인간 이성에 의한 이성법(Vernunftrecht)이 자연법으로 이해되고 받아들여졌다. 근세의 민법전도 모두가 근세에 융성하였던 인간 이성에 기초한 이성법으로 제정되었다.

근세의 이성법에 기초한 근대민법전이 제정되고서는 제정된 민법전의 내용을 정치하게 하는 법실증주의의가 강하게 대두하여, 자연법론이 더 이상 발전하지 못하여 자연법 약화의 시대를 맞게 되었다. 그러나 법실증주의는 국가가 제정만 하면 법이라는 사고에 입각해 있기 때문에, 때로는 국가가 제정한 실정법의 내용이 이성에 반하는 내용도 담고 있게 되었다. 그리하여 제정법이 이성에 반할 때에 자연법이 다시 재생하였다. 오늘날은 실정법이 이성에 부합하는 자연법적인 내용을 담고 있는 것이 대부분이며, 헌법재판을 통하여 이성적인 헌법질서에 반하는 제정법의 효력을 상실케 하고 있으므로, 중세나 근세에서와 같이 강력한 자연법론이 제기되고 있지는 않지만, 보다 더 좋은 법을 향한 법의 발전은 계속되고 있고 또한 계속되어야 하기 때문에 자연법론은 현재는 물론 장래에도 지속적으로 요청되고 또한 요청될 것이며, 실정법의 정당성을 부여하고 실정법을 지도하는 자연법의 역할은 여전히 요청되고 있고 지속되고 있다. 법의 역사에 있어서 자연법의 요청과 자연법으로의 법발전은 영원히 지속될 것이며, 시대가 정의롭지 못할 때에 자연법은 더 강력하게 요청되고 자연법은 재생하게 된다.

본서(本書)는 이러한 자연법의 역사적 발전을 살피고, 앞으로 자연법론이 추구해 나가야 할 법의 궁극적인 이상 내지 이념이 무엇일까에 대하여 나름대로 정리하고 제시해 보고자 하였다. 그리하여 저자는 인간 이성에 의한 자연법인 이성법을 존중하면서, 성서의 말씀에 기초한 신중심의 자연법도 존중하는 자연법론을 전개하였다. 인간 이성에 의한 자연법론은 인간중심의 자연법론인 데 반하여, 성서의 말씀을 기초한 자연법론은 신중심의 자연법론이다, 인간의 이성중심의 자연법론은 법의 이상으로서 정의(justice; Gerechtigkeit)를 중시하는 자연법이다. 그러나 성서의 말씀중심의 자연법론은 정의를 법의 이상으로 하면서 동시에 사랑(love; Liebe)도 법의 중심내용으로 하고자 하는 자연법이다. 그러므로 사랑을 법의 내용으로 받아들여 이를 실천하고자 하는 사랑의 자연법이 바로 신중심의 자연법론이다. 역사적으로 정의는 국가에서, 사랑은 교회에서 실천해야 할 이상이자 덕목으로 생각하여 왔으나, 본서에서는 정의와 사랑, 그 중에서도 사랑을 특히 강조하는 방향으로의 자연법론을 전개하고자 하였다. 그것은 오늘날의 사회가 과학의 발전으로 경제가 발전하여 풍요로운 사회를 이루고 있으나, 인간사회는 지역적인 분쟁과 전쟁, 식량과 에너지 등의 자원의 부족, 기후변화로 인한 인류의 미래에 대한 불안, 양극화 현상의 심화, 이기적인 거대 메가기업의 출현으로 인한 자유시장경제의 위협, 세계경제의 블록화로의 진행 가능성, 비대면사회의 확대, 우주의 경쟁적 개발 등 장래의 미래사회는 불안사회, 위험사회로 발전해 나가고 있다는 저자의 판단에 기초하고 있다. 그리하여 저자는 앞으로의 미래사회에는 인간의 이성에 의한 발전을 추구해 나감에 있어서 인간 및 국가 서로간의 사랑이 극히 강조되어야 할 사회로 진단하였다. 인간의 이성의 위대함을 인정하면서, 동시에 인간 이성의 한계성도 인정하여 신의 계시도 존중하는 더 높은 차원의 이상세계를 모색하여 보았다. 그 결과로 법이 앞으로 추구해 나가야 할 궁극적인 이상은 정의와 사랑이며, 그 중에서 사랑이 특히 강조되는 사랑의 자연법이어야 한다는 결론을 얻었다. 이러한 사랑의 자연법을 이 자연법의 저서에서 정리하여 제시해 보고자 하였다.

그러나 저자의 인격과 지식의 부족으로 이러한 사랑의 자연법을 아주 설득력 있게 제대로 설명하지는 못하였다. 그러나 법에서의 사랑을 강조하는 이상주의에 입각하고 있다. 또한 저자는 사랑을 주장은 하지만 사랑을 실천하지 못한 것이 항상 마음에 걸린다. 사랑의 실천의 부족을 깊이 참회하면서 조금이라도 사랑의 삶을 살고 싶고 또한 그렇게 살고자 한다. 이러한 저자의 인격과 지식의 한없는 부족에도 불구하고, 이 자연법의 저서를 저자가 평생토록 갈망해 오던 저자의 그 한 권의 책으로 감히 세상에 내놓고자 한다. 본서의 사랑의 자연법은 역사적으로 스토아철학에서의 로고스론에 크게 영향을 받았다. 생명 있는 존재들과 신이 이성, 즉 로고스를 가지고 있다는 사상은 모든 사람을 평등하게 대하는 사해동포주의 사상을 내포하고 있다. 그리고 또한 이 자연법의 저서는 성서에서 말하는 인간은 하나님의 형상을 따라서 창조되었다는 인간의 하나님의 형상론에 기초하고 있다. 인간이 하나님의 형상을 따라서 창조되었다는 것은 바로 인간의 정체성으로서, 창조주이신 하나님, 신의 본성은 정의와 사랑이다. 그 중에서도 사랑이다. 신은 사랑으로 이 세상과 인간을 창조하셨다. 인간이 하나님의 형상을 따라서 창조되었다는 인간의 정체성은 바로 인간은 원죄로 인하여 하나님의 형상을 잃어버렸으나 하나님의 은혜로 하나님의 형상을 회복할 수 있다는 희망을 주고 있다. 창조주 하나님의 본성 내지 본체는 정의, 사랑, 지혜이다. 이러한 하나님의 형상을 따라 창조된 인간은 하나님의 본성을 부분적으로 갖고 있기 때문에 정의롭고 사랑하여야 한다고 생각한다. 그 정의와 사랑을 법에서 실현하도록 하여야 한다는 법사상이 사랑의 자연법이다. 이와 같이 본서는 스토아철학의 사상과 인간의 하나님의 형상론에 입각하여 인간중심의 자연법론도 존중하면서 근본적으로는 신중심의 자연법론에 입각해 있다. 이러한 신중심의 자연법론은 사랑의 자연법이며 또한 희망의 자연법이다. 이 세상과 인류를 희망의 미래로 이끌고자 하는 자연법이 본서의 사랑의 자연법론이다.

이 사랑의 자연법의 본서를 집필하기 위하여 저자는 그 선행연구로 관련저서들을 집필하고 출판하였다. 서양법사와 법정책(피엔씨미디어, 2014), 자연법론과 법정책(피앤씨미디어, 2015), 법정책 방향으로서의 정의와 사랑(법과 성서와 역사 연구소, 연구시리즈 제5권, 피앤씨미디어, 2019)을 집필하여 출판하였다. 본서에서의 자연법의 설명 중에는 자세한 설명을 피하고 축약하여 설명한 부분이 많기 때문에, 위의 3권의 선행연구의 저서의 이해가 필요할 것으로 생각된다. 그러나 많이 부족하였다.

그러함에도 불구하고 감히 이 저서를 그 한 권의 책으로 출판함을 독자제현(讀者諸賢)께서 널리 이해해 주시기를 기도한다. 그러나 사랑이 이 세상의 궁극의 가치라는 생각에는 변함이 없다. 법도 인류의 궁극의 가치인 사랑을 실천하는 사랑의 자연법으로 발전해 나가야 한다고 생각한다. 따라서 법의 이상과 궁극은 사랑이라 생각한다.

본서를 출판하여 세상에 내놓음은 화산미디어 현근택 사장님의 사랑으로 이루어졌다. 어려운 출판계의 사정임에도 불구하고 언제나 저자의 책을 기꺼이 출판해 주셔서 본서의 출판이 이루어졌다. 학문을 사랑해 주시는 현근택 사장님께 감사와 경의를 표한다. 저자도 늘 어려운 출판사의 가까운 이웃이 되어 학문하며 살겠다는 생각으로 현근택 사장님과 오랫동안 가까이 지내고 있다. 현 사장님에게 거듭 감사를 표한다.

다시 한번 더 저자의 인격과 지식의 부족을 고백하며, 부족하지만 이 자연법의 저서를 세상에 내놓음을 독자제현께서 널리 이해해 주실 것을 빌며, 저자는 신학에 대한 지식이 없는 사람임에도 불구하고 충분치 못한 성서의 말씀에 대한 지식으로 이 저서를 출판하게 되었음을 이해해 주실 것을 기원한다. 오류가 있는 부분이 적지 않을 것으로 생각하며, 독자제현께서 이 저서의 오류를 지적해 주시는 사랑을 베풀어 주실 것을 기도한다.

2023년 1월 18일

저자 씀

# 차 례

## 제3장 자연법의 존재 모습과 유형

## 제4장 자연법의 분류



## 제5장 자연법의 역사

## 第6장 자연법의 기능: 자연법의 효력과 역할



## 第7장 인간의 하나님의 형상론과 자연법론

## 제8장 사랑의 법으로서의 자연법

# I

# 개　　설

# 제1장 개 설

법의 역사는 보다 나은 법을 향하여 발전해 온 과정이다. 보다 더 나은 법이 무엇일까에 관하여 인간은 계속적, 지속적으로 추구하여 왔다. 때로는 악법의 시대를 겪기도 하였지만, 법의 역사를 거시적으로 살펴보면 더 나은 법의 세계를 향하여 발전되어 왔다. 이렇게 더 나은 세계를 향한 인간의 노력은 인간의 본성이다. 인간이 보다 더 나은 세계, 보다 더 좋은 법의 세계를 중단 없이 추구하여 왔기에 오늘날과 같은 좋은 법의 문명세계를 이루어 인간이 인간답게 살아가고 있다. 그러나 그러한 보다 더 나은 세계와 보다 더 좋은 법의 세계를 향하여 인간이 무한히 궁구하여 왔지만, 아직도 그 보다 더 나은 세계와 보다 좋은 법의 세계의 궁극상태에는 이르지 못하고 있다. 앞으로도 영원히 더 나은 세계와 더 좋은 법의 세계를 찾고 구하는 노력은 계속될 것이며, 그러한 노력은 끊임없이 지속될 것이다. 그러한 보다 더 나은 세계를 찾고 구하고 이루어나가는 과정이 바로 인간의 문명발전이라 생각한다.

인간의 문명발전을 위해서는 법의 발전이 반드시 동반되어야 가능하다. 이와 같이 보다 더 나은 세계를 향한 인간의 갈망은 끝이 없으며, 인간이성에 의한 보다 나은 세계로의 추구도 끝이 없다. 이러한 인간의 갈망과 이성에 의한 더 나은 세계의 추구는 보다 더 높은 선(善)의 방향으로 진행되어 왔으며, 장래에도 보다 더 높은 선의 방향으로 추구되어야 한다.[1)]

세상의 만물이 변화를 하여 왔듯이 법도 끊임없이 변화를 거듭하여 왔다. 사회가 있는 곳에 법이 있다(Ubi societas ibi ius)는 법언(法諺)에서와 같이 인간이 사회를 이루어 공동체로 살기 시작한 때로부터 법이 있었다. 법은 공동체의 질서를 위한 규범이다. 인간사회에 법이 없으면 공동체의 질서와 평화가 깨어진다. 현실세계에서는 이기적인 충돌이 있음을 부인할 수 없다.[2)] 문화와 문명을 지키기 위하여 때로는 물리적인 힘의 사용이 정당화되기도 한다.[3)] 그러나 정의가 부정의를 이기길 희망하며 살아온 것이 인간의 역사이다.[4)] 법의 역사도 정의의 방향으로 발전되어 왔다.

공동체의 평화를 위한 법은 어디에 근거를 두고 있는가? 법은 어디에서부터 생성되었는가? 법은 어디를 향하여 변화를 거듭하고 있는가? 평화로운 공동체를 유지하기 위한 질서인 법의 근원에 대한 질문은 법의 생성과 함께 시작되어 역사의 진행과정에서 끊임없이 계속되고 변화하여 왔다. 강자의 힘에 의한 질서가 법의 근거인가? 신이 인간에게 준 계명(誡命)이 법의 근거인가? 아니면 자연적인 질서가 법의 근거인가? 이러한 법의 근원에 관한 논쟁은 역사의 시작과 함께 계속되어 왔으며, 지금도 계속되고 있고, 앞으로도 영원히 계속될 것이다.

---

1) Love and Justice: Selections from the Shorter Writings of Reinhold Niebuhr (edited by D.B.Robertson, Cleveland and New York, The World Publishing Company, 1967), p.77.
2) Ibid., p.261.
3) Ibid., p.250.
4) Ibid., p.164.

법의 역사를 거슬러 살펴보면, 법이 무엇이냐에 대한 인간의 물음에 대해서는 크게 두 가지 방향으로 논의가 전개되어, 양자가 서로 영향을 주고 받으면서 법을 발전시켜 왔다. 그것이 바로 법실증주의(Rechts-positivismus)와 자연법론(Naturrechtslehre)이다. 법실증주의는 공동체 내의 강자에 의한 명령이 법이며, 국가가 조직되고서부터는 국가의 권력에 의하여 제정되고 국가의 강제력에 의하여 시행되고 있는 법만이 법이라고 이해한다. 그러한 강자의 명령 및 국가의 제정법만을 법이라고 하면, 그러한 법에는 강자의 자의(恣意)와 국가권력의 횡포에 의한 악법도 법으로 용인하는 결과에 이른다. 법의 역사에서 그러한 악법의 시대를 경험한 것도 역사적 진실이다.

이러한 법실증주의에 대항하여 보편적인 질서의 법의 세계가 있음을 인정하고, 그러한 보편적 질서에서의 인류보편의 가치를 법의 근원으로 이해하고, 그러한 인류보편의 가치를 인간세계의 실정법으로 만들어 나갈 것을 주장한 법사상 내지 법이론이 바로 자연법론이다. 자연법론에서는 강자에 의한 악법이나 국가권력의 횡포에 의한 악법을 법으로 인정하지 아니하고, 보편적 자연질서, 신의 창조질서, 인간이성에 의한 보편질서를 인정하고, 그러한 보편적 질서의 법을 인정하고 실정법은 그러한 보편적 질서의 반영이어야 한다고 한다.

이러한 법실증주의와 자연법론은 법의 시작과 함께 서로 충돌하고 대립하면서 발전되어 왔다. 인간공동체 사회의 안정을 중요시하고, 강자의 지배 및 독재적인 국가를 옹호하는 입장에서는 법실증주의를 주장하였으며, 강자의 자의(恣意)를 억제하고 국가의 독재적인 권력행사를 방지하고자하는 입장에서는 보편적이고 이상적인 평화질서의 법인 자연법론을 주장하여 왔다. 이러한 자연법론은 이상적인 보편적인 질서에 반하는 실정법은 그 효력이 없다고 주장하였다. 보다 더 좋은 법을 위한 법의 역사적 발전과정에서 법실증주의보다는 자연법론이 더 나은 법의 발전에 기여하여 왔다. 법의 내용이 신의 창조의 질서, 인간의 선한 이성, 인간의 양심에 부합되게 발전시켜 온 법이론 내지 법사상이 자연법론이다. 그러나 역사적으로 강자가 지배하던 시대, 국가의 독재권력이 지배하던 시대에는 법실증주의가 강하게 작용하였다. 그러므로 법의 역사에 있어서 법은 보다 나은 내용의 인류보편의 가치를 구현하도록 법을 발전시켜 온 법사상은 자연법론이었다. 법실증주의는 자연법론에서 계발(啓發)한 법의 내용 그대로 입법이 이루어지도록 하여 법적 안정성에 기여하기도 하였으나, 때로는 악법의 제정 · 시행으로 인류에게 불행을 가져다 주기도 하였다. 자연법론은 인류보편의 가치를 법의 내용으로 담도록 하여 법의 내용을 평화로운 공동체 사회를 이루도록 하는 데 기여하였지만, 제정법화를 전제로 하지 않은 법사상인 까닭에 법적 안정성을 유지하기 어려운 단점을 내재하고 있다.

법의 역사에 있어서 근대민법이 제정되기 이전에 이미 고대에 자연법적 사고가 태동하고, 중세와 근대 초기에는 자연법론이 크게 발전하였다. 고대에는 플라톤(Platon or Plato: 424/423-348/347 BC)에 의해 현상세계의 위에 이상적이고 보편적인 세계인 이데아(Idea)의 세계가 있다는 사상이 주장되어 자연법 생성의 철학적 사고를 하게 하였으며, 스토아 철학에서는 이 세상에 생명 있는 것들은 모두 다 그 자신이 스스로의 이성(理性, logos)을 가지고 있다는 자연법칙(Naturgesetz)을 주장하여 그 자연법칙이 자연법(Naturrecht)으로 발전하게 되었다. 중세에는 신이 인간에게 준 계명이 자연법의 중요한 내용이 되어 법의 도덕화를 이루는 데 기여하였으며, 근세 초기에는 인간만이 이성을 가지고 있으며, 인간의 이성에 의한 법을 자연법으로 이해하여 이성적인 인간의 의사, 인간의 존엄, 인간의 자유, 인간의 평등을 법의 중요내용으로 정립하여 인간의 가치를 고양한 법사상으로 발전하였다. 이러한 자연법론에 의하여 정립된 법의 도덕화와 인간의 이성에 의한 인격의 자유전개의 내용을 제정법으로 입법을 하여 오늘에 이르고 있다.

이렇게 고대의 스토아철학에서의 로고스론, 중세의 신법에 의한 법의 도덕화, 근세 초의 인간 이성의 자유전개의 자연법론이 쌓아올린 보다 나은 법의 세계는 근세의 자연과학의 발전의 영향에 힘입어 국가의 제정법으로 입법이 이루어졌다. 이렇게 근세 자연법론에 입각한 근세 민법이 제정 · 시행된 후에는 제정된 실정법의 해석적용에 치중하여 자연법론은 더 이상의 발전을 멈추고 법실증주의가 지배하는 법의 시대를 이루게 되었다. 그러나 자연법이 약화된 시대에 다시 독재권력에 의한 제정법에 의한 악법의 시대를 겪고서 자연법 사상이 다시 재생하기는 하였으나, 오늘날은 실정법을 중시하는 법실증주의 사고가 강하게 유지되고 있다. 그러나 작금의 시대상황은 점차 위험시대, 불안시대의 징조를 보이고, 자본주의의 극단적인 발전으로 인간은 극히 이기적으로 발전해 감으로써 장래의 사회는 협력사회, 공동체 사회, 연대사회로 발전해 나가기를 염원하고, 인간은 이성적이면서도 도덕적인 인간으로 성숙해 나가기를 바라는 시대로의 변화가 요청되고 있다.

또한 인간 이성을 너무 강조한 나머지 인간이 극히 개인주의적이고 이기적으로 바뀐 오늘날의 상태에서 인간이 자유롭게 자기인격을 전개하여야 하지만, 동시에 공동체의 구성원으로서 공동체의 가치를 존중하고 실천해 나갈 수 있는 새로운 사회에 부합하는 자연법론의 전개가 요청되고 있다. 그리고 인간이 이성을 가진 존재이지만, 인간이 이성만으로 완벽하게 미래세계를 설계하고 인간사회를 관리해 나갈 수 있느냐에 대한 의문이 제기되며, 인간이 세상의 주인이고 치리자(治理者)이지만 과연 인간만이 이 세상의 주인이고 치리자인가, 아니면 창조주인 신도 이 세상의 주인이고 치리자임을 인정하여야 할 것이 아닌가 하는 인간에 대한 질문을 하게 되고, 인간이 전적으로 이 세상의 주인이고 치리자이며, 인간의 이성만으로 미래세계를 설계하고 인간사회를 완벽하게 꾸려 나갈 수 있다는 사고는 인간 이성의 오만 내지 이성의 자고(自高)라는 반성도 일고 있다. 이러한 시대변화에 부응하는 보편적인 법에 대한 새로운 요청에 의하여, 인간은 창조주에 의하여 창조된 피조물이라는 것과 창조주가 인간을 창조할 때에 인간을 신의 형상(image of God; imago Dei)을 따라서 창조하였음을 다시금 반추하고, 하나님의 형상에 따라서 창조된 인간이 가야 할 모습과 인간의 지켜야 할 법을 새롭게 정립할 것이 요청되고 있다. 또한 창조주는 사랑으로 이 세상과 인간을 창조하였음을 다시금 되돌아보고, 하나님의 본성은 사랑이므로 하나님의 형상을 따라 창조된 인간도 인간 이성만을 강조할 것이 아니라 인간 본래의 하나님의 형상의 본체인 사랑을 인간 스스로에게서 회복할 것이 요청된다. 그러므로 장래의 자연법론은 인간 이성에 의한 자연법론을 넘어 하나님의 형상의 내용인 사랑을 실천하는 내용의 자연법으로 발전해 나갈 것이 요청된다. 그리하여 장래의 자연법은 사랑의 자연법이 될 것이 요청된다. 따라서 고대 스토아 철학의 로고스에 의한 자연법에서, 중세의 신법(神法)에 의한 자연법을 거치고, 지금은 근세 이래로 인간 이성에 의한 자연법론으로 이어져 왔지만, 장래에는 이성을 중시하면서 사랑도 함께 법의 핵심가치로 하는 사랑의 자연법으로 발전해 나갈 것이 요청된다. 인간 이성이 완벽한 것이 아니라 이성의 불완전성을 인정하고, 이성의 불완전성을 신의 계시와 신의 섭리로 극복해 나가는 인간의 신에 대한 경외의 마음과 인간은 창조주의 형상을 따라서 창조되고 하나님의 형상의 내용이 바로 사랑이므로, 사랑을 법의 내용으로 하는 새로운 자연법을 발전시켜나갈 것이 요청되고 있다. 그러면 자연법의 내용이 확장되고, 인간 이성 외에 인간의 사랑도 법의 가치로서 기능하게 된다. 그러한 법이 사랑의 자연법이며, 그러한 사랑의 자연법이 장래의 자연법이 될 것이 요청되고 있다. 사랑은 모든 존재, 모든 가치의 근원이고 시원(始源)이며,[5] 인간의 품격을 높이는 핵심덕목(Kardinaltugend)이다.[6] 사랑이 최고의 가치이며, 사랑의 세계는 인간이 도달할 수 있는 궁극의 경지이며, 사랑 이외에 인간에게 더 필요한 것은 없다고도 한다.[7]

이러한 사랑을 내용으로 하는 사랑의 자연법을 인간의 하나님의 형상론으로부터 찾아 자연법의 내용을 확장하고, 새로운 방향으로의 자연법 정립의 단초를 제공하고자 함이 본서의 집필 의도이고 목적이다. 이러한 구상으로 사랑의 자연법을 집필함에는 법학지식 외에 신학에 대한 지식이 충분하여야 한다. 그러나 저자는 신학지식을 갖추지 못한 사람이다. 저자의 능력으로는 이렇게 거대한 주제를 제대로 전개해 나감에는 지극히 부족함을 먼저 고백하면서 이를 감히 시도해 보기로 한다.

---

5) Simon May, Love: A History (Yale University Press, 2011), p.18.
6) Ibid., p.81.
7) Ibid., p.xiv.

# II

# 자연법에서의 자연의 개념

# 제2장 자연법에서의 자연의 개념

## I. 자연법에서 자연의 개념과 자연에서 자연법의 도출

자연이란 무엇인가? 역사에 있어서 자연이란 개념은 언제부터 사용되었는가? 특히 법에서 자연법이란 법은 언제 누가 무슨 이유와 목적으로 사용하였는가? 자연과 우주는 어떤 관계에 있는가? 인간은 자연에 속하는가, 자연과는 별개의 존재인가? 자연은 창조주에 의해서 창조된 것인가, 아니면 우연히 생성된 것인가?

자연은 자연법칙에 따라서 변화를 한다. 그 변화의 동인(動因)은 어디에 있는가? 자연법칙은 그 누군가의 의사에 의한 결정인가, 아니면 우연히 그렇게 규칙적으로 반복되고 있는 것인가? 인간은 자연법칙에 순응하며 살도록 만들어져 있는가? 아니면 인간이 자연법칙을 변화시킬 수 있는가? 변화시킬 수 있다면 인간의 무엇이 자연법칙의 변화를 가져오게 하는가? 인간에 의한 자연법칙의 변화는 어디까지 가능한가? 그런데 인간은 왜 자연법칙을 이용만 할 수 있고 자연법칙을 완전히 깨뜨리지는 못하고 있는 것인가? 인간이 자연법칙을 위반하면 왜 그 위반의 대가를 치루어야 하는가? 인간은 자연법칙을 따르고 지키면 평탄하게 살아갈 수 있을 것 같은데, 왜 이를 어기며 살려고 시도하는가? 인간이 과연 자연법칙을 깨뜨리고 자연을 완전히 정복할 수 있는가? 인간에 대한 자연의 반격, 자연의 공격이란 틀린 말인가?

자연의 주인은 누구인가? 자연은 창조주의 것인가 인간의 것인가? 아니면 자연은 인간과 신의 모두의 것인가? 신이 자연을 창조하였다면 왜 자연을 창조하였으며 왜 인간에게 자연을 주었을까? 또한 인간은 자연에 속하는가, 자연으로부터 독립하여 존재하는가? 인간은 자연과는 별개의 존재인가, 자연의 일부에 불과한 것인가?

역사적으로 살펴보면 고대에는 신과 인간이 함께 같이 살았다. 그리스와 로마의 신화에서는 신과 인간이 함께 어울려 지냈다. 또한 고대에는 신이 많이 존재하였다. 그러나 점차 그 많던 신이 하나의 신으로 변화되어 왔다. 다신(多神)이 일신(一神), 유일신(唯一神)으로 변화하여 왔다. 다신(多神) 시대에는 신과 인간이 서로 교류하면서 살았다. 그러나 점차 인간은 신을 받들고 따르는 관계로 위계질서가 생겼다. 역사의 진행에 따라서 신이 인간을 완전히 지배하는 시대에서 인간이 신의 지배를 벗어나려고 한 시대를 지나, 장래에는 인간과 신이 서로 협력하여야 하는 신인협력 시대로 발전되어 나가야 한다는 주장이 나오고 있다.

인간은 언제 자연으로부터도, 신으로부터도, 우주로부터도 완전히 독립한 존엄한 존재가 되었는가? 신과 인간이 서로 함께 어울려 살던 시대는 인간과 하늘(heaven)과 땅(land)의 온 세상을 우주(cosmos)라고 하였다. 그러나 점차 그 많던 신은 우주에서 점차 물러나고 인간과 이 지구만을 자연(nature)이라고 하였다. 이 때만 해도 인간은 지구(earth)로부터 독립적인 존재가 아니라 자연의 일부에 속하였다. 이 때에는 자연법칙이 인간에게도 적용되었다. 그리하여 인간은 자연법칙에 순응하며 살았다. 그러나 다시 역사는 더 진행하여 인간이 지구로부터 독립하여 지구만이 자연으로 남았다. 인간을 뺀 나머지 지구를 자연이라 하였다. 이와 같이 인간이 자연으로부터 독립된 존재로 인정된 것은 개별자만이 현실적으로 존재하고 자연과 같은 보편자란 인간의 지적 능력 속에만 존재하는 명목적인 것이라는 중세 말의 유명론자(唯名論者, nominalist)들에 의해서 이루어졌다.[8] 인간은 자연으로부터 독립한 존재로서, 오늘날 인간은 완전히 독립한 존재이고, 자연은 아니다. 자연은 인간이 이용하고 관리하는 대상이 되었다. 오늘날은 더 발전하여 인간은 자신을 만들어준 창조주마저도 멀리하는 인간이 자연의 주인으로 알고 살아가고 있다. 인간은 자연을 이용하는 대상으로 삼고 창조주 신을 멀리함으로써 신으로부터 심판을 받고, 자연으로부터도 공격받고 있다. 인간의 오만과 자만이 그 원인이라 생각한다. 인간이 신을 멀리하고, 자연을 너무 과용하고 남용함으로써 신을 진노케 하고 자연을 분노케 하였다.

이와 같이 그리스철학에서 시작된 서방사상계에서는 우주(cosmos) 속에 신을 포함하여 이해하였으나, 히브리 유대교에서는 서방사상계에서와는 달리 신은 우주 밖에 존재하며 우주와 인간을 창조하였다고 사고하였다.[9] 이처럼 우주의 이해에 있어서 서방세계의 사상계와 기독교가 달리하였다. 이오니아 시대의 피지스(physis), 그리스 시대의 코스모스

8) Matthew Levering, Biblical Natural Law: A Theocentric and Telological Approach (Oxford University Press, 2012), p.70.

9) Ibid., p.70.

(kosmos), 로마의 나투라(natura)로 이어지는 과정 동안은 신은 자연, 우주의 한 부분으로 우주와 별개의 독립적 존재가 아니었다. 그러나 히브리인들은 신은 초자연적인 존재로서 자연과는 구별되는 존재로 파악하였다. 히브리인들의 신에 대한 관념이 기독교의 내용이 되어 서구사회를 지배하였다.

성서에 정통한 어느 신학자는 자연은 신이 대문자와 소문자로 쓴 위대한 저서이며, 그 신의 저서인 자연으로부터 인간은 신의 선함과 신의 지혜를 배울 수 있다고 하였다.[10] 또한 그는 자연은 신이 손수 쓰셨다고 하였다.[11] 이 신학자의 견해에 따르면, 인간은 자연에 속하지 아니하는 독립 존재이고 신과도 독립된 존재이다. 그러나 인간은 신이 손수 쓰신 자연이라는 위대한 저서로부터 선과 지혜를 배울 수 있고 또한 배워야 하는 존재이다. 그러므로 인간은 자연으로부터 배우고 신으로부터도 깨달음을 얻어야 하는 것이다.

이처럼 자연은 자연법칙을 따라서 운동하고 변화하는 신의 피조물이고 신의 작품이다. 자연에는 서로가 엮이고 결합하여 자기의 본분을 다하는 법칙의 본질이 있고 질서 있게 운행되고 있다. 그러므로 인간은 자연으로부터 가르침을 받을 수 있는 것이다. 또한 자연의 위대한 저서의 저자인 창조주 신으로부터 자연의 운행원리에 대한 깨달음을 얻을 수 있는 것이다. 이렇게 자연과 그 창조주인 신은 가르침을 주는 위대한 존재이기 때문에 자연과 신으로부터 선과 지혜를 얻게 되는 것이다. 인간에게 선함과 지혜의 가르침을 주는 자연과 신의 가르침이 법에서는 자연법이다.

---

10) L. Berkhof, Manual of Christian Doctrine (Michigan, Grand Rapids, WM. B. Eerdmans Publishing Company, 1965), P.24.

11) Ibid., 31.

법의 역사에 있어서 이와 같이 자연으로부터 자연법을 정립하여 자연법을 탄생시킨 학자들이 바로 스토아학파(stoicism)이다.[12] 스토아철학파 이전에도 자연법의 사상적 기초가 되는 보편적인 인간 질서, 사회질서를 찾아 정립하려는 노력이 없지 않았지만, 스토아철학에서 생명 있는 모든 존재는 다 로고스(logos)가 있고 그 로고스에 따라서 자연이 법칙을 따라서 변화를 한다고 하였다. 스토아학파에서의 로고스는 이성을 말하며, 생명 있는 것들은 다 이성인 로고스를 가지고 그 로고스의 작용에 의하여 자기변화를 하며, 그 자기변화를 하게 하는 로고스에 의한 변화의 법칙을 자연법이라고 하였다.[13][14] 스토아학파에 의한 자연법(Naturrecht)은 법에서의 자연법칙(Naturgesetz)을 의미하였다.[15] 이렇게 자연은 그

---

12) Wolfgang Kullmann, Naturgesetz in der Vorstellungen der Antike, Besonderes der Stoa: Eine Begriffuntersuchung (Stuttgart, Franz Steiner Verlag, 2010), S.9.

13) 로마법 대전의 학설휘찬(Padectae: Digesta)에서도 자연법을, 자연이 인간과 모든 동물에게 가르침을 주는 법이라고 규정하였다(D. 1. 1. 1. 3); Jus naturale is that which nature has taught to all animals; for it is not a law specific to mankind but is common to all animals - land animals, sea animals, and bird as well(D. 1. 1. 1. 3). 생각건대 이러한 학설휘찬에서의 자연법의 개념은 스토아철학에서의 모든 생명 있는 것들은 다 이성(logos)을 가지고 있다는 것과, 그러한 이성을 가진 모든 생물의 이성의 작용을 자연법으로 이해하는 스토아철학에서의 자연법 개념을 계수한 것으로 이해된다. 학설휘찬에서는 이성을 가진 존재를 모든 생명 있는 존재에서 인간을 포함한 동물로 제한을 하였다.

14) 스토아학파가 로고스에 의한 자연법을 주장하기 이전에 현상계를 움직이는 동인(動因)이 있음을 찾고 구하였으나, 현상계를 움직이는 그 법칙 내지 법을 자연법이라고 명명(命名)하지는 않았다. 그러나 현상계를 움직이는 것에 대한 탐구는 자연법 사상의 근원이 되었다. 플라톤(Platon: BC 428/427 or 424/423 - 348/347)은 현상계의 이상세계로 이데아(idea)를 주장하였으며, 그 이데아는 현상계를 초월해 있으면서 현상계가 이상으로 하여 이루고자 추구(즉, 사랑(eros))하는 항구불변의 이상계였다. 아리스토텔레스(Aristoteles: BC 384-322)는 현상계를 움직이는 동인(動因)을 엔테레히(Entelechie)라 하고, 그 엔테레히는 현상계의 각 존재마다 내재해 있다고 하였다. 이데아론과 엔테레히 사상은 모두가 자연법론의 사상적 기초가 되었다. 플라톤, 아리스토텔레스의 그리스 사상을 이어서 발전시킨 스토아철학자들은 생명 있는 것들의 변화는 각 생명채 내에서 각 생명체가 가지고 있는 자기 이성(logos)의 발현에 의해 이루어진다고 하고, 그 로고스의 발현 · 전개가 바로 자연법이라고 하였다.

자신이 이성을 가진 존재이고 이성의 자기변화에 의하여 질서정연하게 자연이 운행되기 때문에 자연법칙이 바로 자연법인 것이었다. 이렇게 스토아학파에 의하여 처음으로 자연은 이성을 가진 존재로 파악되고, 자연법칙이 자연법으로 탄생하게 된 것이다. 스토아철학에서는 인간과 자연이 분리되지 못한 체로, 인간은 자연 그 자체이며, 이성을 가지고 이성에 따른 자연법칙을 따라서 살 것이 요구되었다. 그리고 스토아철학에서는 신이 인간과 자연을 창조하였다는 사상은 그 때까지 정립하지 못한 상태였다. 스토아학파에서 자연법이란 명칭을 처음으로 사용하고 로고스에서 자연법의 근원을 찾았다. 그렇지만 스토아철학에서의 자연법은 자연법칙이었다. 그리고 스토아철학에서는 신과 인간이 자연으로부터 분리 독립하지 못하고 자연을 구성하고 있었을 뿐이었다.[16)]

## Ⅱ. 자연법에서의 자연 개념

### 1. 자연법에서의 자연 개념의 다양성

자연과 자연법 개념은 매우 다양하다. 그러므로 자연과 자연법을 하나로 명확히 개념정의할 수는 없다.[17)] 그러나 제정법 외에 자연법이 있

15) 스토아학파의 자연법론에 관하여는, 김상용, 자연법론과 법정책(피앤씨미디어, 2015), 35면 이하 참조.

16) 신, 인간이 자연으로부터 분리·독립하지 못하고 자연을 구성한 자연개념과 생명있는 자연은 모두가 로고스를 가지고 있다는 사상은 전기 스토아 시대에 이미 정립되었다. 스토아학파는 그리스에서 서력기원 전 300년 경에 형성된 후 로마로 전수되어 약 500년간 지속되었기 때문에 스토아철학이 발전되어 오면서 인간과 신이 자연으로부터 분리·독립하고, 자연법도 자연법칙에서 사회 속의 이성질서로 발전하게 되었다.

17) Erik Wolf, Das Problem der Naturrechtslehre, 2. Aufl.(Karlsruhe, Verlag C.F.Müller, 1959), S.1.

다는 것은 분명하며,[18] 자연법의 근거로서 가장 중요한 것이 자연이라는 것도 명확하다.[19] 또한 자연이라는 존재에서 자연법이라는 규범이 도출된다. 그것은, 이미 설명하였듯이, 생명 있는 자연은 자신의 법칙에 따라서 변화를 계속하고, 그 변화의 근원은, 생명을 가진 자연은 모두가 자기 이성인 로고스를 가지고 있고, 그 로고스에 따라서 규칙적으로 질서정연하게 변화를 하기 때문이다. 그러므로 자연 중에서 생명 있는 자연은 다 자기 이성(logos)을 가지고 있고, 그 자기 이성의 작용에 의하여 자연법칙에 어긋남이 없이 변화를 계속하며, 그 자연변화의 법칙에 어긋나면 그 자연은 생존을 이어갈 수 없다. 그러므로 사실인 자연이라는 존재로부터 자연법칙이라는 규범력이 발생하는 것이다. 그 자연법칙이 바로 자연법인 것이다.

자연법의 근원은 지역에 따라서 시대에 따라서 조금씩 다르다. 그리스·로마에서는 자연법의 근원을 자연의 로고스에 두었다. 그러나 근동의 유대교에서는, 그리스·로마에서와는 전혀 달리, 창조주는 사랑으로 이 세상을 창조하시고 사랑이 펼쳐지는 질서를 정의라 하고, 인간세계의 인간은 창조주의 사랑과 정의의 질서에 따라서 생활할 것을 명령하고, 바로 창조주 신이 명령한 인간세계의 질서원리를 신법(divine law)이라 하

18) 자연법이 존재함이 분명함에도 불구하고 자연법의 존재를 부인하는 입장으로는, 법에서는 법실증주의, 철학에서는 이론적·철학적 실증주의, 역사에서는 역사적·심리적 실증주의, 정치에서는 정치적 실증주의, 종교에서는 무신론, 비종교적 실증주의 등이 있다(Vgl., Wolf, a. a. O., S.11). 이러한 실증주의에서는 자연법론을 비판한다. 오늘날은 법실증주의가 법사상의 주류를 이루고 있다고 생각된다. 자연법론에 대한 비판의 이유는, 자연법론은 자의(恣意)가 개입할 수 있으며, 사법(司法)의 예측불가능성을 초래하며, 법률문언(法律文言)의 불구속성을 야기하며, 입법의 불명료성의 문제를 낳는다는 것이다(Vgl., Wolf, a. a. O., S.19).

19) Wolf, a. a. O. S.1.

고, 인간이 이성에 의하여 파악한 신법을 자연법이라 하였다.

이와 같이 자연과 자연법을 탐구하는 자연법론은 알지 못하는 것으로부터 알아내는 것(Wissen vom Nichtwissen)이며,[20] 자연법 탐구의 가치는 어느 시대이든 정의를 향하여 끊임없이 반복되는 호소에 침묵하지 않는 것이며, 정의의 빛(Licht der Gerechtigkeit)으로 지나가는 현상인 실정법을 비추어 보는 것에 있다.[21] 이러한 자연과 자연법의 개념 및 특징에 관한 학문적 논의는 역사적으로 철학자와 신학자가 한편이 되고, 법률가와 사회학자가 다른 한편이 되어 양측에서 양방향으로 각각 깊이 학문적으로 논의되어 왔다.[22] 신학과 철학 그리고 법학과 사회학의 양방향에서의 논의를 중심으로 하여 자연과 자연법의 다양한 개념과 특징을 논하기로 한다.[23]

## 2. 존재현상에 대한 본질로서의 자연 개념

자연이라는 것은 변화하지 않는 본질을 가진 개체의 독립존재로서 자존(自存)의 자연(Natur als Individualität(Selbstsein, Eigenwesen)으로 개념정의할 수 있다.[24] 자연은 존재에 대한 본질로서, 그 본질은 각각의 개별 자연(즉, 개별 생명체)의 독립성과 고유성을 가지며, 변하지 않는

20) A. a. O., S.20.
21) A. a. O., S.20.
22) A. a. O., S.21.
23) 자연법론자인 독일의 법학자 볼프(Erik Wolf: 1902-1977)가 1955년에 그의 저서, 자연법론의 문제(Das Probelem der Naturrechtslehre)에서 자연과 자연법의 개념에 관하여 각각 9가지로 나누어서 상세히 설명하였다. 본서에서는 볼프의 자연과 자연법의 개념설명을 근간으로 하여 자연과 자연법의 개념과 특징을 논하기로 한다.
24) Wolf, a. a. O., S.22.

특질 내지 특수성을 가진다. 따라서 이러한 본질로서의 자연 개념은 자연 그 자체가 질서지워져 있고(ordnend), 자연 그 자체가 스스로 충족적이며(genügend), 자연 그 자체가 고유성을 지니며(heimisch), 자연 그 자체가 독자성을 갖는다(selbständig; eigenständig). 그러므로 이러한 개념의 자연은 자치적이며, 자주적이며, 고유성과 독자성을 갖는다.[25] 따라서 자연은 현상으로 존재하는 개체마다의 본질을 의미하며, 현상은 변화하지만 그 본질은 변하지 아니한다. 이러한 변하지 않는 자연법은 이미 자연의 본질 속에 내재해서 변함이 없이 존재하는 현존(現存)의 법(Daseinsrecht)이다.[26] 이러한 변하지 않는 자연법 사상에서는 각 종류, 유형 및 각 개체는 각 개체의 본질에 맞게 작용할 규범력을 갖고 있다는 존재로부터의 규범력의 발생을 인정한다.[27]

이러한 현상에 대한 본질로서 자연 개념으로부터의 자연법은 시초부터 주어져 있는 법으로, 모든 종류, 유형, 개체의 변화하는 그때 그때마다 모습이 다른 현상의 법의 본질로서 이미 주어져 있는 변화하지 아니하는 법으로 이해된다.[28] 또한 이러한 자연법은 이런 개별적인 변화하지 않는 자연 개체의 본질의 총체라고 하였다.[29] 따라서 자연은 현상으로 존재하는 개체마다의 변하지 않는 본질을 의미하며, 자연법은 이러한 개체마다의 변하지 않은 개별 본질의 총체를 의미한다.[30] 그러므로 결과적

---

25) A. a. O., S.28.
26) A. a. O., S.23.
27) A. a. O., S.23.
28) A. a. O., S.28.
29) A. a. O., S.23.
30) 자연을 이렇게 이해하면 상황윤리(Situationsethik)를 극복할 수 있는 원리를 도출할 수 있게 된다(Vgl., Wolf, a. a. O., S.24).

으로 변화하는 존재로서의 현상에 대하여 변하지 아니하는 본질의 자연의 개념은 변하지 않는 자연법과 동일개념으로 이해된다. 다만 변하지 아니하는 본질의 범위에 있어서, 전자의 자연은 개체(Individualität)이고 후자의 자연법은 총체(Inbegriff)일 뿐이다. 총체는 개체를 포괄한다. 그러므로 총체적인 자연법으로부터 개별적인 법현상이 나타나게 되므로 자연법은 변하지 아니하지만, 개별적인 법현상은 변화하는 모습을 보이고 서로 다른 내용으로 나타날 수도 있다.[31)]

따라서 첫 번째의 자연 개념은 존재하는 현상에 대한 본질을 자연으로 이해하였다. 또한 이 자연 개념에 의하면 현상은 다양하지만 본질은 하나라고 이해하였다. 따라서 다양한 현상의 존재에 내재하는 본질이 자연이다. 본질로서의 자연은 변함이 없는 항상적(恒常的)이다. 개별 존재의 본질로서의 자연으로부터의 총체적인 본질인 자연법도 역시 변함이 없는 영원한 진리이다.[32)]

이러한 본질로서 자연 개념과 변하지 않는 주어져 이미 존재하는 현존법으로서의 자연법 사상은 중세신학에서 토마스 아퀴나스(Thomas Aquinas

31) 그러므로 법을 법현상과 법본질로 구분하여, 법현상은 개별적이고 변화하며, 법본질은 총체적이고 변하지 않는다는 법현상학(Rechtsphänomelehre)은 바로 자연법론에 속한다(Vgl., Wolf, a. a. O., S.25).

32) 이러한 변함이 없는 본질로서의 자연, 자연법에 대하여 이를 전적으로 그리고 극단적으로 반대하는 주장이 실존주의(Existenialismus)이다. 실존주의는 법에서는 신실증주의(Neopositivismus)와 연결되어 있으며, 이성, 도덕, 합목적성, 법의 완성은 전혀 고려대상이 아니며, 윤리, 세계관, 감정요소를 고려하지 아니한다. 또한 일반화를 반대하며, 형이상학도 반대한다. 오로지 개체(Individualität)만을 존중한다. 물론 본질도 고려하지 않는다. 존재하는 현상을 인정하고 존중할 뿐이다(Vgl., Wolf, a. a. O., S.27). 그리하여 실존주의의 슬로건이 바로 실존은 본질에 앞선다(Existence proceedes Essence)이다(See, John A. Harrod, "Natural Law in the Methodist Tradition", in: Christianity and Natural Law (edited by Norman Doe, Cambridge University Press, 2017), p.99).

: 1225-1274)를 대표로 하는 주지주의(主知主義, intellectualism) 사상과 그 맥을 같이한다.

### 3. 시원(始源)으로서의 자연 개념

자연법에서의 자연은 각 존재하는 것들의 원천(源泉, Ursprung), 시작(Anfänglichkeit), 근거(das Gründende)로서의 개념을 갖는다.[33] 첫 번째의 자연 개념은 현상에 대한 본질(Wesen)의 의미로서의 자연 개념이었으나, 이 두 번째의 자연 개념은 창조성(das Schöpferische)의 개념으로서의 자연이다.[34] 따라서 자연은 계속 창조해 나가는 근원의 의미를 가진다.

이러한 시원(始源: Originalität; Ursprünglichkeit)으로서의 자연 개념으로부터 자연법은 역사적으로 변화하는 질서의 시원 내지 원천이 되는 법이다. 다시 말하면 자연법은 변화라는 역사 속의 법들을 창조해 내는 원천의 법인 것이다. 여기서의 자연법은 모든 역사 속의 모든 법질서의 근원질서(Urordnung)이며, 이 근원인 자연법으로부터 모든 개별법이 도출되며, 역사 속의 모든 법현상과 이성적인 법사고와 법사상 전개의 기원(起源, Keim)이며 시초(Ansatz)인 법이다.[35] 그러므로 이러한 시원 내지 근원으로서의 자연 개념에 기초한 창조적인 자연법은 민족, 씨족, 도시, 국가의 법의 근원질서 내지 기초질서로서, 그러한 창조적인 자연법은 사회질서의 계속적 창조(Schöpfung) 및 계속적인 창립(Stiftung)의 근원이 된다.[36]

---

33) Wolf, a. a. O., S.28.
34) A. a. O., S.28.
35) A. a. O., S.28.

이러한 시원으로서의 자연 개념과 이 개념에 기초한 자연법은 법신학(Rechtstheolgie)에서의 자연법론의 이론적 기초를 제공하였다.[37] 사비니(Friedrich Carl von Savigny: 1779-1861)가 역사법학에서 법의 근원을 민족정신(Volksgeist)이라 한 것도 이러한 자연 개념, 자연법론에 기초하고 있다.[38] 또한 이러한 자연 개념에 입각한 자연법 사상의 법신학은 중세 후기 및 근세 초기의 자연법론 전개의 동인(動因)이 되었으며 단테(Dante Alighieri: c.1265-1321)도 이러한 법신학 사상에 입각해 있었다.[39][40] 그리고 이러한 시원으로서의 자연 개념과 창조적인 법으로서의 자연법 사상은 중세 신학에서 옥캄(William of Ockham: c. 1287-1347)으로 대표되는 주의주의(主意主義, voluntarism) 사상과 그 맥을 같이한다.

### 4. 진정성 및 순수성의 의미로서의 자연 개념

진정성, 순수성(Veritabilität, Echtheit, Unverdorbenheit), 진실성, 건전성의 의미로서의 자연 개념은 인간의 타락 이전의 순수한 상태를 인정하고 그 타락 이전의 순수상태의 존재를 자연으로 이해한다.[41] 이러한 자연 개념으로부터의 자연법은 국가 이전(vorstaatlich), 문명화 이전(vorzivilisatorisch)의 사회질서를 의미한다.[42] 이와 같은 자연 개념에

36) A. a. O., S.29.
37) A. a. O., S.29.
38) A. a. O., S.29.
39) A. a. O., S.30.
40) Erik Wolf는 법철학자이었으며, 형법학자이었고 또한 교회법학자(Kirchenrechtslehrer)였다.
41) Wolf, a. a. O., S.34.
42) A. a. O., S.34.

서는 진정하고 순수한 것에 대하여 변경을 가하게 된 것은 바로 죄로 이해되었다. 그리고 자연을 이와 같이 진정성과 순수성으로 이해하는 개념을 따르는 자들은, 자연 그대로의 순수상태를 자연상태(status naturalis)라 하고, 자연상태에 변경을 가한 상태를 시민상태(status civilis)로 분류하고, 시민상태에서는 순수상태의 자연질서인 자연법을 알지 못하고 그러한 자연법을 필요로 하지도 않는다고 이해하였다.

가톨릭에서는 오늘날에도 자연법을 순수상태에서의 자연질서를 절대적 자연법(absolutes Naturrecht)으로, 시민상태의 자연법을 상대적 자연법(relatives Naturrecht)으로 자연법을 논하고 있다.[43] 따라서 절대적 자연법과 상대적 자연법으로의 자연법의 분류는 인간의 타락 이전의 무흠결의 순수한 피창조 상태에서의 법을 절대적 자연법으로, 타락 이후의 자연법을 상대적 자연법이라 하였다. 이와 같은 인간의 타락 시를 기준으로 이전의 절대적 자연법과 이후의 상대적 자연법으로의 분류는 이미 중세의 교부들(Kirchenvater)이 발전시켜 온 자연법론이었으며, 오늘날에도 가톨릭에서는 그대로 유지되고 있다.[44] 그러므로 절대적 자연법은 무흠결의 진정한 자연법이며, 타락 이전에는 무흠결의 절대진리의 자연법만이 존재하였다. 그러나 타락 이후에 인간은 신의 인간 창조의 본래의 인간의 모습이었던 하나님의 형상(image of God)을 상실하고 죄에 빠진 상태에서는 절대적 자연법 역시 그대로 유지되지 못하고 인간이 죄 상태에서 인간에 의하여 절대적 자연법에 변경을 가하였다. 그리하여 타락 이후의 법상태는 타락한 인간이 신법을 세속화한 상대적 자연법으로

43) A. a. O., S.35.
44) A. a. O., S.34.

절대적 자연법이 세속화되었다.[45] 역사의 진행과 함께 본래의 순수한 자연법은 그 본래의 모습에서 점차 멀어져 갔다. 그리하여 인간사회의 자연상태에서 사회상태로의 발전과 함께 자연법도 본래의 순수상태의 절대적 자연법에로의 회복과 원상복구(restutio in integrum)가 필요하고 요청되었다. 그 결과 근세에 들어와서, 근세 자연법론자들은 사회를 자연상태와 사회상태로 분류하고, 사회상태에서도 인간이 구원을 얻을 수 있도록 자연상태로의 복구와 사회상태에서의 법을 자연상태의 법인 자연법으로의 회복을 주장하고 이를 사상화, 이념화하였다. 이와 같이 근대의 자연법론은 인간의 타락 이전의 원초적인 피창조상태의 순수함을 자연으로 파악하고, 이러한 세속화되지 않은 상태의 법을 자연법으로 이론화하였다. 이러한 순수 내지 진정의 의미로서의 자연 개념으로부터 근대 자연법론이 전개되었다.

## 5. 필연성의 의미로서의 자연 개념

필연성(Kausalität; Notwendigkeit)의 의미로서의 자연 개념은 모든 존재하는 것들의 필연적인 조건(notwendige Bedingende)을 자연으로 이해한다. 이는 모든 작용 및 작용하는 것들의 근원이 되는 원인(Ursache)과 그 원인에 의한 결과를 모두 자연으로 파악한다.[46] 이러한 자연 개념에 의하면, 자연이란 자연법칙에 부합하면서 존재하는 모든 것을 의미하게 된다.[47] 이러한 필연성으로서의 자연 개념으로부터의 자연법(Naturrecht)은 자연법칙(Naturgesetz)과 동일하다.[48] 이와 같은 자연 개념으

45) A. a. O., S.,35.
46) A. a. O., S.,37.
47) A. a. O., S.,37.

로부터의 자연법은 생물학적, 수학적, 물리학적, 인과법칙적 자연법칙은 물론 사회질서를 유지하고자 하는 사회조직법(Strukturgesetz der Sozial-ordnung)에서도 논리 필연적인 전제가 되는 법으로 파악된다.49) 또한 이와 같은 인과적 필연성의 의미로서의 자연 개념에 기초한 자연법은, 자연법을 역사 속에서 수없이 다양하게 나타난 실정법(Gesetze)과 법유산(Rechts-überlieferung)의 정당성의 근거(Legitimationsgrund)로 삼은 보수적인 자연법론에서 주장한 자연법이다. 이러한 보수적 자연법론에 의하면 법의 정당성의 근거법도 자연법이고 현상으로 나타난 다양한 역사 속의 법들도 자연법이라는 순환논리의 모순에 빠지게 될 수 있다.

또한 이와 같은 자연법론은 법실증주의에서도 원용될 수 있는 법이론이 된다. 법실증주의자 트라시마쿠스(Thrasymachus: BC ca. 459-400)는 강자의 명령이 법이라고 하였다. 강자는 권력을 가진 자이고, 강자는 필연적으로 권력을 행사하게 되고, 그 권력의 행사가 명령이고, 그 강자의 명령이 곧 법이었으므로, 강자의 명령인 강자의 법이 진정한 자연법(wahres Naturrecht)이라는 결과에 도달하게 된다.50) 다시 설명하면, 현재의 모든 법은 강자의 명령의 필연적인 결과이다. 그리하여 이러한 자연법의 개념에 의하면 진정한 자연법은 강자의 법이다라고 하게 되는 결과에 이르게 된다. 그리하여 이러한 논리 필연을 자연으로 파악하는 자연 개념으로부터의 자연법은 법실증주의도 옹호하게 되는 모순된 결과를 낳을 수 있다.

역사적으로 이러한 필연성으로의 자연 개념에 입각한 자연법 사고는, 우주질서의 자연법칙을 인간사회의 질서 원칙으로 전환하고, 그것을 변하

---

48) A. a. O., S.,37.
49) A. a. O., S.,37.
50) A. a. O., S.,39.

지 아니하는 자연법으로 제도화하고자 한 사상으로서 플라톤이 이러한 사상을 주장하여 플라톤 사상에 그 뿌리를 두고 있다.[51] 그러한 플라톤의 사상은 후기 스토아철학으로 이어졌으며, 포세이도니오스[52](Poseidonios: BC c.135-c.51)에 의하여 로마에 전해지고, 신플라톤주의[53](Neoplatonismus)에 의하여 초기 스콜라철학에로 이어져 발전되어 왔다.[54] 그리고 스피노자(Baruch Spinoza: 1632-1675)는 필연성의 자연 개념에 입각하여, 자연법은 생존법이며, 자기보전(Selbsterhaltung)이 모든 자연법의 필연의 목표라고 하였다.[55] 그리하여 그는 인간의 자기보전을 위한 생존법칙 내지 생존법(Lebensgesetz)을 자연법이라 하였다.[56] 또한 이러한 필연성을 자연의 개념으로 이해하고 그 필연성의 인과적 결과를 자연법으로 이해하는 사고는 인종주의와 결합하여 인종주의적, 국수적인 법을 자연법으로 인정하게 되는 결과에 이를 수도 있다.[57]

---

51) A. a. O., S.40.
52) 포세이도니오스는 로도스 사람으로 스토아학파의 철학자로서 천문학자이었으며, 이태리, 스페인, 북아프리카 등을 여행하였다.
53) 신플라톤주의 철학은 로마제국이 동서로마로 나누어지기 전에 융성하였던 철학으로서 로마에서 정신적 지주가 흔들리기 시작한 2세기 이후 이집트의 알렉산드리아를 중심으로 고대 플라톤의 사상을 이어받은 철학이다. 신플라톤주의 창시자는 삭카스(Ammonios Sakkas: AD 175-242)이었으며, 대표적인 신플라톤주의자는 플로틴(Plotin: AD 204-270)이었다. 플로틴은 세계를 단계적으로 구성하여, 최상위에는 그 개념을 정의할 수 없는 유일자(唯一者, Das Eine)가 있고, 그 유일자의 충만함(Überfluß)에 의하여 그 유일자의 하위에 정신(Geist), 현실세계의 영혼(Weltseele), 감지(感知)할 수 있는 현실세계(wahrnehmbare Welt)가 생성되어 있다고 하였다(Vgl., Matthias Vogt, Philosophie: von der Antike bis zur Gegenwart (Netherlands, Rebo International b.v, 2008), SS.82-87), 아우구스티누스가 영향을 받은 플라톤 철학이 바로 신플라톤주의(Neo-Platonismus) 철학이었다.
54) Wolf, a. a. O., S.40.
55) A. a. O., S.41.
56) A. a. O., S.41.
57) A. a. O., S.43.

또한 이러한 필연성으로서의 자연 개념과 그러한 자연 개념에 기초한 자연법에서는 모든 사회의 모든 법은 그 필연적 전제로서 자연법칙적인 조건이 되는 자연법이 전제되고 있다는 주장의 결과에 도달하게 되는 오류에 빠지게 된다.[58] 그러한 오류는 순수법학에서의 범하고 있다. 순수법학자인 켈젠(Hans Kelsen: 1881–1973)에 의하면, 실정법에는 법단계가 있으며, 최상위의 법단계에 헌법이 있고 그 헌법을 근거지우는 상위의 법은 실정법이 아닌 비실정법인 근본규범(Grundnorm)이고 그 근본규범을 바로 자연법으로 보게 된다.[59] 그렇게 되면 법실증주의에 속하는 순수법학이 자연법론에 속한다는 모순에 빠지게 된다. 따라서 자연 개념을 인과적 필연성으로서의 의미로 너무 예외 없이 주장하고 관철하고자 하면, 이상적인 선한 법으로서의 자연법론이 법실증주의도 법인종주의도 자연법으로 용인하게 되는 오류를 범하게 된다. 그러나 필연의 조건이 예외 없이 선한 한은 그 결과로서의 자연법 역시 선한 법만을 인정하게 된다.

## 6. 이상의 의미로서의 자연 개념

이상(Idealität)으로서의 자연 개념은 인간 내면에 존재하는 가치 있는 인간의 성향(Anlage)이 자기완성(Selbstvollendung)을 향하여 나아가는 의미의 자연 개념이며, 이상으로서의 절대적인 것에 인간이 참여함을 의미한다.[60] 이상으로서의 절대적인 것은 인간 내면에서 작용하는 객관적인 목적적 궁극(Finalität)을 의미한다.[61] 이러한 이상으로서의 자연

58) A. a. O., S.45.
59) A. a. O., SS.47–48.
60) A. a. O., S.50.

은 현상계의 자연이 아니라 정신적 자연(geistige Natur)이다.[62]

이와 같은 정신적 자연 개념의 발견과 정립은 고대 플라톤의 이데아론으로 시작하여 스토아철학에서의 우주의 정신화의 관심(Anliegen der Vergeisterung des Kosmos)에 의하여 심화되어 갔다.[63] 스토아철학에서는 우주 그 자체도 이성인 로고스를 갖고 있다고 생각하였으며, 우주는 그 자신의 이성인 우주의 로고스의 작용에 의하여 법칙에 따라서 변화를 한다고 생각하였다.

이러한 이상의 의미로서의 자연 개념과 그러한 자연 개념에 기초한 자연법은 법이상주의(Rechtsidealismus)로의 발전을 위한 길을 열었다.[64] 이러한 법이상주의는 자연법을 법이념의 총체로 이해하고, 그러한 법이상주의 사상은 플라톤으로부터 시작되었다.[65] 이와 같은 이상으로서의 자연 개념과 이러한 자연 개념에 기초한 법이상주의는 인간의 내면에 신적인 것이 있다는 사상으로 발전하게 되었으며, 형이상학적인 자연법을 사회질서의 기초로 파악하게 되었다.[66] 그리하여 인간의 심성에 신적인 것이 있다고 이해하였으며, 그것이 바로 인간은 하나님의 형상(image of God)으로 창조되었기 때문에 인간의 심성은 신의 형상으로서 인간의 본성(Menschennatur)은 신적(神的)인 것의 현상(Erscheinung des Göttlichen)으로 이해되었다.[67]

이러한 자연 개념과 자연법은 스콜라철학에도 영향을 주었으며, 근세 초

61) A. a. O., S.50.
62) A. a. O., S.50.
63) A. a. O., S.50.
64) A. a. O., S.51.
65) A. a. O., S.51.
66) A. a. O., S.51.
67) A. a. O., S.51.

기 자연법론자였던 그로티우스(Hugo Grotius: 1583-1645)에 의해 더욱 발전되어 갔다.[68] 그 후 근세자연법론자들이었던 푸펜돌프(Samuel Freiherr von Pufendorf: 1632-1694), 토마지우스(Christian Thomasius: 1655-1728)와 철학자이면서 자연법론자였던 크리스챤 볼프(Christian Wolff: 1679-1754) 등에 의하여 이상론으로서의 자연법론은 일반적인 의무론(allgemeine Pflichten-lehre)로 발전되어 갔으며, 독일의 근대 이상주의 철학으로 더욱 발전되었다.[69] 또한 이러한 자연 개념과 자연법론은 이상을 절대화한 이상주의적 자연법론으로 발전되었다. 더 나아가 이러한 이상으로서의 자연 개념과 자연법론은 개인주의 및 자유주의 사상과 결합하여 개인의 자유보장(Garantie der Individual-freiheit)의 이념으로 발전하게 되었다.[70] 이와 같이 이상의 절대화에 의하여 절대적인 궁극가치로부터 인간에게는 절대적으로 지켜야 할 일반적인 의무가 있음을 인정한 일반적 의무론이 도출되어 주장되었다. 이것이 근대 독일의 이상주의 철학의 내용이었다.[71]

그러나 이러한 이상으로서의 자연 개념과 이상을 절대화한 이상주의적 자연론은 19세기에는 점차 약화되고, 자연을 문화(Kultur)로 이해하고 법을 문화의 일부로 파악하는 자연법론으로 발전하게 되었다. 이와 같이 자연을 문화로 개념규정하고, 자연법론을 문화의 일부로 파악하는 이상

68) A. a. O., S.52.
69) A. a. O., S.53.
70) A. a. O., S.53.
71) 일반적 의무론의 대표는 칸트에 의한 정언명령(定言命令, kategorischer Imperativ)이다. 이는 이상의 절대화의 결과로서, 정언명령은 당신이 행동을 할 수 있기를 원하는 당신의 원칙(도덕원칙 내지 법원칙)이 동시에 다른 사람들도 따라서 행동하는 일반적 원칙에 부합할 때에만 당신의 원칙에 따라서 행동하라(Handle nur nach derjenigen Maxime, durch die du zugleich wollen kannst, dass sie ein allgemeines Gesetz werde)는 내용으로서 일반적 의무론을 가장 극명하게 표현하고 있다.

주의 자연법학이 태동하였다. 그러한 변화된 이상주의 자연법론은 신칸트학파에 속하는 서남독일학파의 정법론(正法論, Lehre von dem richtigen Recht)과 독일의 가치법론(Wertphilosophie des Rechts), 문화법론(Kultur-rechtslehre)으로 발전하였다.[72][73]

## 7. 창조의 의미로서의 자연 개념

창조(Schöpfung)의 의미로서의 자연 개념은 이 세계는 신이 창조하였으며, 세계의 질서는 자연이 생성되고, 변화하고, 보존되고, 재생하는 신에 의하여 의도된 창조적인 질서로 이해한다.[74] 그러므로 창조의 의미로서의 자연은 또한 신이 창조한 세계를 자연으로 파악한다. 신이 창조한 세계는 우주이며, 각 피조물은 신에 의하여 그 자신의 고유한 질서를 가지고 있으며, 또한 신은 각 피조물에 지속적으로 질서를 부여한다고 파악한다.[75] 이러한 창조의 의미로서의 자연 개념에 입각한 창조자에 의한 세계질서는 신법(神法)으로서의 영구법(永久法)이며, 자연법은 바로 영구법인 신법의 반사(反射, Abglanz)로 파악된다.[76] 신법의 반사인 자연법을 파악할 수 있는 것은 인간의 이성이라 한다. 가톨릭, 루터교, 개혁교파 등이 이러한 자연 개념과 자연법에 대한 입장을 취하고 있다.[77]

---

72) Wolf, a. a. O., SS.55-56.
73) 정법론의 전개의 역사에 관한 보다 자세한 내용에 관하여는, 김상용, 전게 자연법론과 법정책, 222면 이하 참조.
74) Wolf, a. a. O., S.57.
75) A. a. O., S.57.
76) 기독교신학에서는 자연법을 신법의 반사로 파악하나, 그 반사도 역시 신법이다. 기독교에서는 신법, 자연법, 인정법의 법체계를 유지하고 있으나, 오늘날은 기독교에서의 신법을 자연법의 내용으로 포섭하여 법체계를 실정법과 실정법을 인도해 나가는 자연법으로 법질서를 체계화함이 타당하다.
77) Wolf, a. a. O., S.57.

이와 같이 신이 창조한 세계질서인 영구법의 반사로서의 자연법은 절대적으로 정의로우며, 시원적(始源的)이며, 창조적인 질서이다.[78] 그러나 이러한 자연법에도 다시 두 종류로 나누어, 신(神) 자신 속에서 생성된 신법인 절대적인 자연법과 신법으로부터 생성된 자연법인 상대적인 자연법으로 분류하기도 한다.[79][80] 그러나 이러한 자연법의 분류에 관계없이 창조의 자연 개념에 입각한 신의 창조질서로서의 자연법은 모든 현상으로서의 다양한 세상의 법들의 생성의 근원이 되는 법이다. 신의 창조질서인 신법이 곧 자연법이다. 그러나 기독교신학에서는 신의 법을 신법이라고 하고 인간의 이성에 의하여 이해된 신법을 자연법으로 구분한다. 이렇게 신법과 자연법으로의 구분은 신법은 무한하고 신이 창조한 법이지만, 자연법은 인간 이성에 의해서 이해된 제한된 범위 내의 신법이고, 인간은 신이 창조한 피조물이라는 사상에 입각한 것으로 이해된다.[81]

여기서의 창조의 의미로서 자연 개념으로부터의 신법과 그 반사로서의 자연법론은 기독교적 자연법론의 이론적 근거가 되어 있다. 이에 관하여 좀 더 자세히 살펴보면 창조개념으로서의 자연과 그것에 기초한 자연법의 사고는 성서에 이미 기록되어 있다. 로마서 제2장 제14절에서, 율법(여기서는 율법은 실정법으로 이해될 수 있다) 없는 이방인이 본성으로 율법의 일을 행할 때는 이 사람은 율법이 없어도 자기가 자기에게 율법이 되

78) A. a. O., S.58.
79) A. a. O., S.58.
80) 여기서의 신 자신 내에서 신 스스로에 의하여 생성된 신법인 절대적 자연법과 신법으로부터 생성된 상대적 자연법으로의 분류는 인간의 타락 이전의 자연상태에서의 절대적 자연법과 타락 이후의 시민상태에서의 상대적 자연법으로의 자연법의 분류와는 그 분류기준이 동일하지 아니하다.
81) 인간은 신의 피조물이지만 신의 형상(image of God)을 따라서 창조되었기 때문에 인간도 신의 본성을 제한적이지만 갖고 있다고 생각된다.

나니(Indeed, when Gentiles, who do not have the law, do by nature things required by the law, they are a law for themselves, even though they do not have the law)라고 기록하여, 이방인도 율법 이전에 율법창조의 근원을 이미 내재적으로 가지고 있다고 하였다. 율법을 가지고 있는 기독교인들의 율법은 신법이 그 근원이지만, 이방인들은 신을 믿지 아니하였으므로 이방인들이 율법을 가지고 있지 않았지만 이방인들이 그의 본성에 의하여 율법에 의하여 요구되는 일을 하였다면, 그것은 이방인들의 양심법(Gewissenrecht)으로서 그 양심이 율법을 창조한 것으로 이해하였다. 그리하여 신법과 양심이 율법을 창조하는 것으로 이해하였으며, 인간의 양심법을 이미 자연법으로 이해하였다. 이러한 성서의 말씀은 인간이 기독교이든 이방인이든 신의 형상인 선한 양심을 내재적으로 갖고 있다는 사상을 전제로 하고 있다고 생각한다.

이러한 창조의 의미로서의 자연 개념과 그러한 자연 개념에 기초한 신학적 자연법은 유대인으로서 헬레니즘 철학자였던 알렉산드리아의 필로[82](Philo of Alexandria: BC c.25 - AD. c.50)에 의해 스토아학파의 로고스에 기초한 자연법론을 계승하여 이어간 기독교 신학자였던 알렉산드리아의 클레멘스[83](Titus Flavius Clemens, 또는 일명 Clement of

---

82) 필로는 알렉산드리아의 유대인 사회의 지도자로서 그리스 철학, 특히 플라톤의 이데아 사상을 사용하여 성서해석을 최초로 시도한 학자이다. 필로의 사상은 알렉산드리아 학파와 알렉산드리아 교리학교의 신학자들에게 큰 영향을 주었다. 그는 그리스 철학과 유대신앙을 결합하는 시도를 행하였다. 그리하여 필로는 모세의 율법을 자연의 원칙에 기초한 법으로 이해하였다(See, Norman Doe, "Natural Law in an Interfaith Context: The Abrahamic Religions", in: Christianity and Natural Law(edited by Norman Doe, Cambridge University Press, 2017), p.186). 그리고 필로는 플라톤과 모세를 합일(合一)하려고 하였으며, 스토아철학의 영향을 받아, 스토아철학에서의 로고스(logos)를 신의 형상으로 이해하고자 하였으며, 로고스는 불멸적인(imperishable) 것으로 이해하였다.

Alexandria: AD c.150-c.215 AD)와, 아우구스티누스에게 바울의 시각으로 성서를 읽을 것을 권유한 로마의 주교(主教) 암브로시우스(Aurelius Ambrosius: AD 340-397)에게 강한 영향을 주었다.[84] 그리하여 창조의 의미로서의 자연 개념에 입각한 철학적 자연법사상은 유대교의 신학적 자연법 사고에 영향을 주었으며, 그 후 교부들의 사회사상으로 발전되어 갔다.[85]

개혁파의 신학은 그리스도의 사랑의 법과 인간의 자연법을 엄격히 구별하고, 인간의 자연법은 그리스도의 법인 사랑을 실천하는 법이라고 이론을 구축하여, 자연법을 사랑을 의무화한 의무질서의 법으로 정립하였다.[86]

그리고 양심에 기초하여 인정되는 초실정법적 권리인 저항권(Widerstandsrecht)도 바로 이러한 창조의 의미로서의 자연 개념에 입각한 자연법론으로부터 도출된다.[87] 그리고 여기서 창조를 하는 자연은 기독교인에게는 신이지만, 기독교인이 아닌 사람들에게는 그들 내면의 양심인 것이다. 또한 이러한 신과 양심으로부터 황금률(goldene Regel: golden rule)이 창조되고 그 황금률을 바로 자연법으로 이해하였다. 황금률은 당신이 다른 사람에 대하여 자신을 대접해 주기를 원하는 그대로 당신도 다른 사람을 대접하라(Behandle andere so, wie du von ihnen behandelt werden willst; Do unto others as you would have them do unto you)는

---

83) 클레멘스는 기독교 신학자이며 교부이었지만 그리스철학과 그리스문학에 영향을 받았다. 그리고 그는 특히 헬레니즘의 영향을 크게 받았으며, 플라톤과 스토아철학의 영향을 받았다. 그는 서방기독교에서보다는 콥틱 기독교, 동방정교, 이집트 기독교, 성공회에서의 성자로 칭송받고 있다.

84) Wolf, a. a. O., S.59.

85) A. a. O., S.63.

86) A. a. O., S.61.

87) A. a. O., S.58.

도덕률로서, 성서가 이를 가르쳐 주고 있다.[88] 이와 같이 황금률도 신으로부터 주어진 창조의 의미로서의 자연 개념에 입각한 자연법이며, 또한 그 자연법은 일반적 의무질서의 법이다.[89]

이와 같은 창조의 의미로서의 자연 개념에 입각한 기독교의 자연법 사상에 기초하여, 십계명(Dekalog)은 신법(lex divina)이며 영원히 변하지 아니하는 영구법(lex aeterna)이며, 인간의 로고스에 의하여 이해된 신법을 자연법으로, 그리고 자연법(lex naturae; lex naturalis)에 기초하여 인간의 관습, 계약, 권위 등에 의하여 존재하는 법을 인정법(lex humana)이라는 법체계를 수립하였다. 이러한 신법, 자연법, 인정법의 법의 상하질서를 처음으로 수립한 자는 교부, 아우구스티누스(Augustinus

88) 마태복음 7:12, 누가복음 6:31

89) 서양법은 의무중심으로 시작되었다. 서양의 사상적 뿌리인 기독교에서는 창조주가 엿세 동안 이 세상과 인간을 창조하고 제7일은 안식일로 쉬도록 명하였다. 인간이 권리를 인정하기 이전에 의무부터 명하였다. 또한 기독교에서는 인간은 창조주인 신의 형상(image of God)을 따라서 창조된 피조물로서 인간의 타락에 의하여 하나님의 형상을 잃게 되었다. 그러므로 인간이 창조주에 대하여 어떠한 권리도 가질 수 없었으며, 창조주의 섭리와 은혜로 살아야만 하였다. 또한 서양의 자연법도 권리중심의 법이 아니라 일반적 의무질서의 법으로 이해되었다. 정언명령, 황금률 등의 자연법의 핵심내용도 일반적 의무질서를 그 내용으로 하고 있다. 그러므로 서양법은 의무중심으로 시작되었다. 그러나 근세에 들어오면서 인간이 신의 지배에서 벗어나 인간 자신의 존엄성이 인정되고 인간 이성이 인정되고, 인격과 인권이 보호되기 시작하면서 서양법은 의무중심에서 권리중심으로 그 내용이 변화를 하였다. 아이러니하게도 권리는 인간이 인간의 창조주인 신으로부터 멀어지려고 하면서 법도 의무중심에서 인간의 권리중심으로 전환하였다. 한편으로 인간은 자신의 이성의 발현에 의하여 자신이 창조주로부터 멀어지려고 한 노력의 결과가 문명의 발전을 가져왔다. 그러나 인간이 창조주로부터 너무 멀어져서 인간이 창조주를 잊어버린 상태로까지 간 것이 오늘의 인간문명이 아닌가 생각한다. 인간과 인간의 창조주인 신과의 관계가 조화와 협력을 이루는 관계의 재설정과 실현이 요청된다고 생각한다. 인간이 신으로부터 멀어진 상태가 오늘의 인간사회라 판단되지만, 오늘날까지도 서양법은 의무를 중심으로 하여 시작된 역사적 잔재가 남아 있다. 서양에서 채권법을 채무법(Schuldrecht; law of obligations)이라고 하는 것은 바로 의무중심으로 서양법이 시작되었다는 서양법의 역사를 보여주는 예이다.

von Hippo: AD 354-430)였다.[90] 이와 같은 아우구스티누스에 의하여 수립된 신법, 자연법, 인정법으로의 법질서의 체계는 그대로 토마스 아퀴나스(Thomas Aquinas: 1225-1274)에게로 이어져 갔다.[91] 그러나 루터는 자연법을 부인하였다. 루터는 세계를 신의 나라와 세속의 나라로 분리한 2왕국론에 입각하여, 신의 나라의 법은 신법으로, 세속의 법을 인정법으로 나누고, 신법인 십계명으로부터 인간의 양심에 의하여 도출되고 인간의 이성적 법감정에 의하여 인정된 형평(Billigkeit)의 총체가 자연법이라고 하였다. 그러므로 루터에게서는 인간의 양심법이 자연법이었던 것이다.[92] 그러므로 루터도 결국 양심법을 자연법으로 인정하여 자연법을 부인한 것이 아니라 인정한 결과에 이르렀다. 따라서 루터는 자연법을 양심법으로 표현하였을 뿐 신법인 십계명에 기초한 양심법을 자연법으로 정립하였다. 이러한 기독교의 창조의 의미로서의 자연 개념에 입각한 자연법은 인간의 이성에 의해 이해된 신법이 자연법이었으며, 인간 내면의 선한 양심에 기초한 양심법이 자연법으로 인정된 것이다.

이러한 우주 창조의 의미로서의 자연 개념과 창조질서로서의 법인 신법의 관념은 신중심시대의 자연과 창조질서로의 신법이었다. 시대가 변하여 신중심에서 인간중심으로 인본주의(人本主義)로 발전함에 따라서 신법은 우주적인 법으로서 점차 하나의 이념으로 물러나고 인정법을 창조하는 법이 바로 자연법이라는 사고체계로 바뀌어 갔다. 그리하여 자연이 창조의 의미를 보다 분명하게 갖게 되고, 자연법은 인정법(즉, 실정법)을 만들어 내는 창조의 법으로서 발전되어 갔다. 신중심시대의 자연법은 본

90) Wolf, a. a. O., S.66.
91) A. a. O., S.66.
92) A. a. O., S.75.

질적으로 신법이었다. 그러나 인간중심시대의 자연법은 인간의 이성법으로 이해되었다.

자연 개념을 창조의 의미로 이해하고, 자연은 창조의 법이 자연법이 아니라 신법이라고 하고, 인간 이성에 의하여 이해된 신법을 자연법으로 체계정립한 자연법론은 이해하기가 극히 어렵다. 이성에 의하여 이해된 신법도 모두 자연법이라고 한다면 보다 이해가 쉬울 것인데 그러하지 아니하다. 이러한 자연법 이해의 어려움은 신은 인간도 자연도 다 창조한 창조자이고 창조자의 창조질서의 법이 신법이기 때문이다. 그리하여 신의 절대적이고 완전한 질서인 신법과 신법에 비하여 인간의 상대적이고 불완전한 질서인 자연법을 구별하지 아니할 수 없는 것이다. 따라서 신법(Göttliches Recht), 자연법(Natürliches Recht), 인정법(人定法, Satzungsrecht)의 체계구성에 관하여 보다 쉽게 이해하기 위하여, 신법은 인간의 사회질서를 위한 지침(Richtlinie) 내지 지시(Weisung)를 하는 성서의 말씀으로서 이는 제정된 규범은 아니지만 인간법 질서의 절대적인 지침, 기본, 모범이며, 자연법은 인간이 원죄로 인하여 신법을 다 이해할 수 없게 되었으므로 기독교인이 아닌 사람들에게도 구속력이 있는 이성적인 형평(vernünftige Billigkeit)을 내용으로 하는 상대적인 원칙으로 이해한다. 그리고 인정법은 인간이 제정한 법률과 형평의 관습법이 이에 속한다고 이해한다.[93]

## 8. 사물의 본성의 의미로서의 자연 개념

사물의 본성(Natur der Sache)의 의미로서의 자연 개념은, 자연을 변화하는 사회현상 속에서 경험에 의하여 관찰되는 법칙성(Gesetzmäßig-

93) A. a. O., S.77.

keit)을 말한다.[94] 이러한 법칙성의 자연 개념에 입각한 자연법은 사물의 이치(Sachgerechtigkeit) 내지 자연의 이치이다.[95] 이와 같은 법칙성의 자연 개념에 기초한 자연법은 우연(Zufall)이나 자의(Willkür)를 허용하지 아니하며, 사물의 발전법칙 내지 이치에 따라서 지속적으로 발전을 추구하며, 이러한 자연법으로부터 끊임없이 2차적이고 구체적인 질서가 도출된다고 이해한다.[96] 이러한 법칙성의 자연 개념과 자연법은 정치, 이념, 힘으로부터 독립성을 유지한다. 따라서 사물의 본성은 독자적, 독립적 존재의 본질을 이루며, 외부의 변화로부터 독립해 있는 객관적 가치(objektive Werthaftigkeit)이다.[97]

이러한 사물의 본성으로서의 자연 개념은 로마법에서의 사물의 자연본성(natura rerum)의 관념에 그 뿌리를 두고 있다. 사물의 자연본성의 이념은 자연이성(naturalis ratio)으로 발전해 나갔으며, 물건의 본질(Wesen der Dinge) 또는 물건의 원인(Ursache der Dinge)의 의미로도 이해되었다.[98] 이 사물의 본성으로서의 자연 개념과 그 자연 개념에 기초한 자연법 사상은 역사적으로 스토아학파의 로고스의 작용에 의한 자연법 사상, 칼빈의 절대적 예정론 등과 결합하여 자연은 근원으로서 창조의 원천이며, 자연법은 구체적인 현상질서를 생성해 나가는 창조법으로 이해하게 되었다.[99] 그리하여 사물의 본성이 객관적으로 존재하느냐, 아니면 사물의 본성이 누군가의 의사에 의해 결정되느냐라는 문제와, 변하

94) A. a. O., S.79.
95) A. a. O., S.79.
96) A. a. O., S.79.
97) A. a. O., S.82.
98) A. a. O., S.81.
99) A. a. O., S.82.

지 아니하는 자연법이 객관적으로 존재하고 인간은 그 자연법을 인식할 뿐이냐, 아니면 자연법이 계속적으로 창조되고 만들어져 가느냐는 서로 다른 관념을 싹트게 하였다. 전자의 자연법이란 객관적으로 존재하고 인간이 인식할 뿐이라고 이해하는 사상이 주지주의(主知主義)이고, 후자의 자연법은 계속적으로 창조하고 만들고 결정하여 형성되어 간다는 주의주의(主意主義) 사상이다.[100]

사물의 본성에 기한 자연법론을 전개한 대표적인 사상가가 바로 몽테스큐(Montesquieu: 1689-1755)이다. 몽테스큐는 사회의 사물의 본성으로 4가지를 들었다. 즉, 첫째로 자유, 둘째로 주택, 의복, 영양 등의 인간의 생존을 위한 기본적인 필요의 충족, 셋째로 혼인, 가족 등과 같은 인간이 이루고자 하는 자연적 성향, 넷째로 인간의 사교성을 들었다.[101] 이러한 사물의 본성의 법이 자연법이며, 이러한 자연법으로부터 구체적인 현상의 법들이 도출된다고 하였다. 이와 같은 사물의 본성법인 자연법은 인정법이 바뀌더라도 변하지 않는다고 하였다. 따라서 그는 자연법을 인간이기 위한 조건을 충족해 주는 법으로 이해하였다.[102] 이러한 사물의 본성에 기한 자연법론은 변화하는 인정법의 안정을 위한 전제조건으로 기능한다.[103]

그리고 역사적으로 나치의 악법의 시대를 겪고 제정법에 의한 불법의 시대를 청산하고 극복하기 위하여 주장된, 현대의 자연법의 재생(Renaissance des Naturrechts)은 사물의 본질의 의미로서의 자연 개념에 입각한 자연법

---

100) 사상사에 있어서 주지주의(主知主義)는 토마스 아퀴나스가 주의주의(主意主義)는 윌리엄 옥캄(William of Ockham: 1285-1347)이 시초의 대표적인 주장자이다.
101) Wolf, a. a. O., S.85.
102) A. a. O., S.86.
103) A. a. O., S. 83

론에 기초하여 일어났다고 평가된다.

## 9. 활력 내지 추동력의 의미로서의 자연 개념

활력 내지 추동력(Vitalität; Triebnatur)으로서의 자연 개념에서의 자연은 삶의 의지, 생명력의 의미를 갖는다.[104] 이러한 생명력, 추동력, 추진력, 활력으로서의 자연 개념은 후기 스토아학파의 자연법의 법원천으로서의 자기보존의 추진력으로 이해되었으며, 그 대표적인 법원칙이 바로 정당방위(Notwehr)와 긴급피난(Notstand)의 정당성의 근원으로 활용되었다.[105] 이러한 자연법이론을 추진력 있는 자연법론(vitale Naturrechtslehre)이라 한다. 그러나 정당방위, 긴급피난을 자연법으로 그 정당성을 인정함에는 적절하지만, 역사적으로는 주로 법실증주의의 이론적 근거로 이용되었다. 법실증주의에서는 여기서의 활력을 힘(Macht)과 동의로 이해하고, 강자의 법에 정당성을 부여하는 법사상의 근거로 이용하였다. 마키아벨리(Niccolò Machiavelli: 1469-1527)가 바로 이러한 자연 개념을 그의 강자의 법을 이상적인 법으로 인정하는 법실증주의 법이론을 발전시키는 데에 이용하였다.[106] 이처럼 자연법이론이 반대로 법실증주의의 정당성의 근거로 활용되기도 하였다.

104) A. a. O., S.88.
105) A. a. O., S.88.
106) A. a. O., S.89.

## 10. 반인습(反因習) 내지 반전통(反傳統)의 의미로서의 자연 개념

반인습(unkonventionell) 내지 반전통(antitraditionell)의 의미로서의 자연 개념은 낡고 고루한 유산(Überlieferung)에 대한 저항과 반대의 의미를 가지며, 발전과 운동과 자유를 주장하는 원칙으로 작용한다.[107] 따라서 이러한 반인습 내지 반전통의 자연 개념에 기초한 자연법은 기존의 낡은 법을 부인하고 보다 나은 질서를 향해 나아가고자 하는 혁명성(Revolutionärität)을 가지며, 그러한 자연법을 혁명적 자연법이라 한다.[108] 혁명적 자연법론은 미래지향적이며, 현재에 이바지하기보다는 당연히 있어야 할 법과 언젠가는 실현되어야 할 법을 추구하는 법사상이다.[109] 그러므로 혁명적 자연법론은 보다 나은 법에 대한 요청의 표현이면서 동시에 현존하는 고루한 낡은 법에 대한 부인이다.[110] 근세 인간 이성에 의한 자연법론이 바로 이러한 혁명적 자연법론으로서, 중세의 신중심의 낡은 법을 부인하고 인간이 중심이 되고 인간의 존엄과 인격이 존중되는 인간 이성의 법을 추구한 급진적이고 혁명적 자연법이었다.

---

107) A. a. O,, S.91.
108) A. a. O., S.91.
109) A. a. O., S.91.
110) A. a. O., S.92.

## III. 자연법에서의 자연 개념에 대한 평가

자연법에서의 자연 개념은 그 내용이 극히 다양하다. 자연은 현상으로서의 존재이다. 현상에서 어떻게 자연법이란 규범이 발생할 수 있는가? 그 의문은 스토아철학에서 생명 있는 모든 것들은 다 이성인 로고스가 있고 그 로고스는 자기 존재의 법칙에 따라서 생명 있는 것을 스스로 변화시킨다고 하였다. 스토아학파에서의 로고스에 의한 사물의 변화 원리가 바로 자연법칙이었다. 그 후 역사의 변천과 함께 자연법칙이 자연법으로 이해되고, 따라서 자연법은 가장 궁극의 이상적인 법으로 이해되어 다양한 자연법론이 전개되었다. 제정만 하면 법이라고 이해한 법실증주의에서도 자연법에서의 자연의 개념을 원용하여 만들어진 법의 정당성을 옹호하기도 하였다.

이와 같이 자연법에서의 자연 개념은 사물의 본질, 궁극, 근원, 이상, 창조, 필연, 법칙, 반인습 등의 의미로 다양하게 발전되어 왔다. 이러한 자연 개념에 입각한 자연법은 변화하는 현상의 법에 대하여 변하지 아니하는 본질적인 법이며, 현상법을 창조하는 법이며, 이상을 향하여 기존의 인습적인 전통법에 대한 저항을 내용으로 하는 법이며, 순수한 궁극의 법으로 이해되었다. 이러한 자연법은 법 중에서 가장 이상적인 법으로 세상의 세속법의 정당성을 부여하고 세속법의 형성과 발전을 위하여 세속법을 지도하는 기능의 법이다.

그러면 과연 그러한 이상적이고 순수한 자연법이 실제로 존재할까? 실제로 존재한다면 자연법의 이상은 무엇이고 가장 순수한 자연법의 내용은 무엇인가라는 물음이 당연히 뒤따른다. 다양한 의미의 자연 개념과 그러한 자연 개념에 입각한 자연법이 실제로 존재하고 그 자연법대로 이 세상이 질서를 유지할 수 있다면, 이 세상은 가장 아름다운 인간세계가 될 것이다. 그러나 그러한 궁극의 이상세계와 가장 이상적인 자연법은 인간의 선한 이성으로 바라는 법이지 이 세상에 그러한 자연법의 세계가 온전히 실현될 수는 없는 것이다. 그럼에도 불구하고 자연법을 추구하는 것은 인간이 만든 실정법이 나가아야 할 방향을 제시하고 실정법이 담아야 할 내용을 제시해 주는 법이기 때문이다. 자연법은 제정법이 악법일 때에 강하게 요청된다. 인간의 이성은 선을 향한 작용을 하여야 하지만 악한 것을 이성의 이름으로 행하는 경우도 허다하다. 또한 역사에 있어서 신중심의 중세에서 인간중심의 근세로 발전되어 오면서, 인간은 신과 멀어지고 인간은 인간 이성으로써 인간사회를 스스로 이상적인 세계를 계획하고 구축할 수 있다는 방향으로 발전하여 왔으며, 인간 이성에 의한 과학과 경제의 발전을 추구하여 왔다. 그러한 인간 이성에 의하여 인간 스스로가 인간사회를 이상적으로 만들어 나갈 수 있다는 의지와 확신에 의하여 이룬 변화를 문명(civilization)이라는 이름으로 이를 정당화하였다. 지금도 그러한 방향으로 역사는 진행되고 있다. 그 결과로 오늘날은 자연법론은 뒤로 밀려나고 법실증주의 시대를 이루고 있다.

현재까지 주장되고 이론화가 이루어진 자연과 자연법론만으로도 이상적인 세계를 이룰 수 있다. 그러나 그러한 이상세계를 현실에서는 이루지 못하고 있다. 그렇지만 인간은 현재보다는 더 나은 세계로 나아가야 한다. 현재보다 더 나은 세계로 나아가기 위하여 지금까지의 자연 개념과 자연법론보다 더 타당하고 설득력이 있는 자연 개념과 자연법론을 창조해 내어야 할 것으로 생각한다. 그것이 과연 무엇일까? 인간 스스로 인간이 가진 인간 이성으로 그러한 자연 개념과 자연법론을 창조해 낼 수 있을까? 저자는 현재까지의 자연 개념과 자연법론을 충분히 이해하면서 더 나아가 새로운 자연 개념과 자연법론을 전개할 수 있는 근원과 이론적 방안을 찾고자 한다. 그것을 인간 본래의 인간의 정체성(identity)으로부터 찾고자 한다. 인간의 정체성을 찾고 그 정체성을 회복할 수 있는 길이 바로 자연이고 그 길에서의 질서가 자연법이라 생각한다. 인간은 창조주인 신(神)의 형상(形相)(image of God; imago Dei)을 따라서 창조된 피조물이다.[111] 인간이 신의 본성을 따라서 창조되었다는 것이다. 그러나 인간은 타락에 의하여 하나님의 형상을 잃어버렸다. 인간 스스로 인간의 정체성을 잃어버리게 되었다는 것이다. 그로 인하여 정도(正道)가 아닌 이 세상의 질서가 형성되어 인간은 인간 본래의 선한 이성의 존재로서보다는 악하고 이기적인 인간으로 변하고 인간사회 역시 비정상적인 혼탁한 질서 속에서 살아가고 있다고 생각한다. 저자는 바로 인간의 정체성인 인간의 신의 형상의 회복을 위한 자연 개념과 자연법론을 정립해 나가고자 한다. 결국 이러한 저자의 사고는 기독교의 성서의 말씀, 그 중에서도 인간은 하나님의 형상을 따라서 창조되었으며, 인간은 타락으로 인하여 하나님의 형상을 잃어버렸으나, 다시 하나님의 형상을 회복할 수 있는 길과 그 길에서 갖추고 지켜야 할 법을 자연법으로 정립하고자 한다.

111) 창세기 제1장 제26-27절

# III

# 자연법의 존재 모습과 유형

# 제3장 자연법의 존재 모습과 유형

## I. 자연법 존재 모습의 다양성

자연의 개념이 다양하듯, 자연법의 개념도 다양하다. 그러므로 자연법의 개념을 일의적(一義的)으로 정의(定義)할 수도 없다. 그러나 자연법의 개념을 대체적으로는 정의할 수 있다. 자연법은 실정법에 정당성을 부여하는 법이다.[112] 실정법은 조문화되어 있으나 자연법은 조문화되어 있지 않다. 실정법은 세부적으로 자세하게 구체적으로 규정되어 있다. 그러나 자연법은 일반적인 원칙규범(allgemeine Grundnormen)으로 구성되어 있다. 실정법은 국가권력에 의하여 제정됨이 일반적이다. 그러나 자연법은 자연으로부터도, 종교로부터도, 인간 이성으로부터도 도출되는 법원칙이다. 자연법은 조문화되어 있지 않지만 때로는 법전에 실정법 조문으로 규정되어 있기도 하다.[113]

---

112) Wolf, a. a. O., S.94.

113) 실정법에 규정된 자연법을 실정법에 내재하는 자연법이라 한다. 헌법상의 기본권에 관한 규정, 삼권분립에 관한 규정, 독일 기본법에서의 저항권에 관한 규정 등은 실정법에 내재된 자연법으로 이해된다. 그리고 세계인권선언(Universal Declaration of Human Rights)에서의 인권보호 규정도 역시 실정법에 내재하는 자연법으로 이해된다. 또한 신법과 자연법을 구별하지 않으려고 하는 사견(私見)에 의하면 성서상의 십계명(Decalogue; The Ten Commandments)도 실정법(출애굽기 제20장 제1절-제

법을 일반적으로는 두 부류, 즉 실정법과 자연법으로 나눌 수 있다. 실정법에는 국가제정법, 국가권력에 의하여 강제력이 부여된 제정법은 아니지만 법학자들의 학문적 노력에 의하여 조문화된 리이스테이트먼트(Restatement), 판결의 집적에 의하여 형성된 판례법 등이 있다. 자연법은 인간의 이성에 의하여 정립된 이성법(Vernunftrecht)이다. 중세에는 신의 명령인 신법이 자연법의 상위법으로 자리하고, 인간의 이성에 의하여 인식된 신법을 자연법으로 이해하였다. 그리하여 중세에는 법의 위계질서를 신법,[114] 자연법, 인정법으로 나누었다.[115] 이제 법은 자연법과 실정법으로 분류함이 타당하다고 생각한다. 왜냐하면 신법을 자연법으로 포섭함이 타당하기 때문이다. 자연법의 근거를 인간의 하나님의 형상으로부터 구하고 신인협력으로 계속적인 창조가 이루어지고 있다는 사견(私見)에 의하면, 신과 인간이 소통하면서 자연법도 계속적으로 창조되어 나가는 법으로 이해하므로, 굳이 신법과 인간 이성에 의한 자연법을 구별할 필요가 없다는 결론에 이른다. 따라서 법은, 크게 분류하면, 제정된 실정법과 신의 명령과 인간의 이성에 의한 자연법으로 나누고,[116] 자연

---

17절)에 내재하는 자연법으로 이해된다.

114) 신법은 신의 명령이다. 그리고 신은 영원하기 때문에 신법을 영구법(lex aeterna)이라고도 하였다.

115) 이와 같이 중세에는 법을 신법, 자연법, 인정법으로 나누는 것이 일반적이었다. 네덜란드(和蘭)의 철학자 에라스무스(Erasmus of Rotterdam or Erasmus; 1466-1536)도 이러한 법의 3단계 분류법을 이어받아 신법(divine law), 자연법(natural law), 인정법(human law)으로 나누고, 신법은 불변이며(immutable), 자연법은 항구적으로 유효하고 범할 수 없으며(inviolable), 인정법은 권한 있는 자 또는 인정된 관습에 의하여 유효하다고 하였다((Erik Wolf, "Religion and Right in the Philosophia Christiana of Erasmus from Rottererdam", in: Religion, Law and Ethics: A Symposium (The Hastings Law Journal, Vol. 29, 1978),p. 1543). 이러한 법분류를 통하여 에라스무스는 세속의 법과 종교를 결합시키고자 하였다(Ibid., p.1559).

116) 십계명(Dekalog)을 신적 자연법(神的 自然法)이라고 하여, 신법을 자연법으로 분류하는 견해가 없지 않다(Wolf Erik, Das Problem der Naturrechtslehre. 2.

법은 실정법의 내용의 정당성을 부여하고, 실정법을 지도해 나가는 법으로 이해함이 타당하다고 생각한다.

자연법 내지 자연법론은 그 근원을 따라가 보면 신중심의 자연법론(theocentric theory of natural law)과 인간중심의 자연법론(anthropocentric theory of natural law)으로 대별할 수 있다. 이 세상의 중심을 신에게 두고 신이 세상의 질서자이며, 인간은 신이 정한 질서에 따라서 살아야 한다는 사상에 입각한 자연법론을 신중심의 자연법론이라 할 수 있다. 신중심의 자연법론은 인간의 질서는 신이 인간을 위해 세운 질서로서, 인간은 신이 주신 이성으로 신의 법질서를 알고 실천하는 것이 주된 내용이다. 그러므로 신중심의 자연법론에서는 인간이 이성으로 파악한 신법이 자연법이므로 신법이 자연법의 근원이며, 신법이 자연법보다 더 중요하다. 이러한 신중심의 자연법론은 중세의 기독교 시대의 자연법 사상이었다. 인간을 개인으로보다는 사회인(social person)으로 이해하였으며, 인간의 이성도 신이 결정한 질서를 이해하는 인간의 능력으로 파악하는 주지주의(intellectualism)의 시대였다.

그러나 중세의 신의 인간지배를 인간은 점차 벗어나 인간이 이 세상의 중심이고, 인간은 이성에 의하여 인간 스스로가 신의 섭리를 받지 않고서도 이 세상을 스스로 계획하고 스스로 치리해 나갈 수 있다는 시대로 변하여 갔다. 그것이 바로 인본주의로서 신이 이 세상의 주인이 아니라

---

Aufl.(Karlsruhe, Verlag C.F.Müller, 1959), S.59). 십계명을 포함한 모든 신의 계명(God's Commandments)은 신의 인간 사랑의 표현이다. 그리고 인간의 신의 계명에의 복종은 인간의 신에 대한 사랑이다(See, Elliot Dorff, "Judaism and a Religious Legal System", in: Religion, Law and Ethics: A Symposium (The Hastings Law Journal, Vol. 29, 1978), p. 1355). 이러한 사상은 유대교에서 특히 강하게 나타나는 법관(法觀)이다.

인간이 이 세상의 주인으로서 이 세상을 스스로 치리하고자 한 근세의 인간중심의 자연법론이다. 인간중심의 자연법론은 인간의 이성을 가장 중요시하고 이성에 의하여 세상을 치리하고자 하는 사상이므로, 자연법은 바로 인간의 이성에 의하여 정립한 이성법(Vernnunftrecht)이었다. 이러한 인간중심의 자연법론은 인간이 신으로부터 독립한 존재로서 신으로부터 멀어짐으로써 이루어진 자연법론이다. 이와 같이 인간이 신으로부터 독립하고자 신으로부터 멀어지려는 사상의 단초는 중세의 윌리엄 옥캄의 주의주의(voluntarism)에 있었다. 주의주의가 점차로 개인주의로 발전하게 되어 인간 개인(Individuum)이 가장 존중받고 개인의 인격의 존엄을 강조하는 방향으로 진행하여, 신을 부인하는 인간 이성 절대의 사상으로 발전하였다. 이러한 주의주의와 개인주의가 결합한 주의주의적 개인주의는 종교개혁자들의 사상을 거처 칸트에 이르러서는 신을 부인하는 인간 이성 절대 시대를 지남으로써, 신이 이 세상의 주인이 아니라 인간이 이 세상의 주인으로 바뀌게 되었다. 이러한 주의주의적 개인주의는 자유주의와 결합하여 과학과 경제 발전의 동력이 되었다. 이러한 주의주의적 개인주의는 근세 이래로 발전되어 지금도 극단적인 개인주의, 신자유주의로 발전해 나가고 있다.

창조주 신을 멀리하고 인간이 중심이 되어 인간의 이성에 의하여 이 세계를 질서 있게 관리해 나갈 수 있다는 근세 이래의 인간중심의 자연법론이 인간문명의 발전을 가져오기는 하였지만, 사회문제도 병행해서 발생하였음은 역사가 이를 입증해 주고 있다. 이성에는 그 한계가 있으므로 이성의 불완전으로 인하여 사회문제가 많이 발생하고 있음을 역시 역사가 이를 입증해 주고 있다. 아무리 이성에 의하여 과학이 발전하고 경제가 풍요로워진 인간문명을 이루어 나가고 있으나, 인간 내면은 이기심이 더 강해져 안전사회로 나아가지 못하고 위험사회, 불안사회로 점차 빠져들어 가고 있다. 이성이 완벽하였더라면 이러한 인간사회의 불안과 위험에로의 진입은 없었을 것이라 진단해 볼 수 있다. 생각건대 인간중심의 자연법론도 인간의 안전과 사회의 평화를 가져다 주지는 못하였다고 진단된다. 그것은 인간의 이성의 불완전에 그 원인이 있다고 생각한다. 이제는 창조주와 피조물인 인간이 서로 협력하여 새시대를 열고 새로운 자연법론을 전개해 나가야 할 것으로 생각된다. 그 자연법론이 바로 인간의 신의 형상론에 입각한 인간의 신의 형상의 회복을 위한 자연법이다.

인간의 신의 형상의 회복의 길로 이끌어갈 수 있는 새로운 자연법론을 정립하기 위하여 여기에서는 역사상 발생하였던 자연법의 다양한 모습을 섭렵해 보기로 한다.[117)]

## II. 객관적 질서로서의 자연법

자연법을 객관적인 질서(Ordnung der Objektivität) 내지 객관적인 법으로 파악하는 자연법론은 인간의 자의적인(willkürlich) 법은 법이 아니라고 본다.[118)] 자연에 부합하는(natürgemäß) 법이 법이며 또한 자연적인 이치에 맞는(sachgerecht) 법이 자연법이라고 한다.[119)] 그리하여

117) 본장에서도, 자연법의 다양한 모습에 관하여 자연 개념의 다양성에 관하여 정리를 한 에릭 볼프의 자연법의 9가지 유형에 관한 설명을 기본으로 하여 이를 살펴보기로 한다.

118) Erik Wolf, Das Problem der Naturrechtslehre, 2. Aufl.(Karlsruhe, Verlag C.F.Müller, 1959), S.96.

119) A. a. O., S.96.

자연법을 객관적인 질서, 객관적인 법으로 이해한다. 그러나 자연적인 질서는 혼인, 자녀관계, 상속, 자유, 정당행위, 인간의 동물지배 등 인간의 사회생활에 있어서 주어진 객관적인 질서이며, 이러한 객관적인 질서의 법이 자연법이라고 한다.[120)121)]

자연법을 객관적 질서의 법으로 이해하는 자연법론에서는 신은 법의 창조자(creator)가 아니라 법의 관리자(director)로 이해한다.[122)] 이러한 객관적 질서로서의 자연법론은 추상적이고 초역사적인 법의 모범(Rechtsvorbild)을 자연법으로 이해하는 것이 아니라, 구체적인 법생활과 관련하여 실제적인 필요성과 역사적으로 지켜져 전승되어 온 전통의 법제도들과, 신학, 철학 등과 같이 현실생활을 지도하고 이끌어가는 높은 차원의 객관적인 질서의 법을 자연법으로 이해한다.[123)]

이러한 객관적 질서로서의 자연법론은 스토아철학에서의 윤리로 시작하여 교부들과 초기 스콜라철학으로 이어져 발전되어 왔으며, 16세기 스페인의 가치객관주의[124)](Wertobjektivismus)에 입각한 자연법론으로 발전되었다.[125)] 중세의 도덕신학에 기초한 교회법도 역시 객관적 질서의

---

120) A. a. O., S.99.

121) 객관적 질서를 자연법으로 파악하는 자연법론에서는 사소유권은 객관적 법제도가 아니라고 보며, 인간에 의하여 창조된 만민법(ius gentium)은 자연법으로 이해한다(A. a. O., S.99).

122) Wolf, a. a. O., S.99.

123) A. a. O., S.98.

124) 가치객관주의는 가치가 단순히 주관적이거나 인위적인 것이 아니라 가치는 실제로 존재한다고 보는 견해로서, 플라톤의 이데아는 객관적, 실제적으로 존재하는 가치에 속한다고 본다. 가치객관주의에 대하여 가치주관주의는 가치가 실제로 존재하는 것이 아니라 가치는 인간 의존적, 인식 의존적, 욕구 의존적인 인간의 주관적 인식 내지 투사에 불과하다고 한다. 그리고 가치객관주의와 가치주관주의의 통합론인 절충설은 가치의 존재 그 자체는 이데아처럼 객관적으로 존재하고 영원불변하지만, 가치에 대한 느낌과 인식은 시대, 장소, 개인에 따라서 가변적이라고 한다.

125) Wolf, a. a. O., S.98.

자연법론에 기초하고 있다.[126]

근세에 와서 자연법의 아버지로 칭송받는 그로티우스(Hugo Grotius: 1583–1645)는 바로 이러한 객관적 질서로의 자연법론에 입각한 자연법론을 주장하였다. 그는 자연법은 신이 없어도, 그리고 신이 인간사에 걱정을 하지 않아도, 인간의 일에 적용될 수 있는 법을 자연법이라고 하여 객관적 질서의 법을 자연법으로 주장하였다.[127] 그러나 그로티우스는 신은 최고의 법원(法源, Rechtsquelle)으로 남아 있긴 하지만, 신은 인간을 위하여 오직 성서를 통한 신의 계시에 의하여 주어진 법만이 인간에게 남아 있으며, 성서를 통한 계시는 성서의 해석에 기초한 도덕신학으로 전개되며, 그것도 종교적 의미를 가질 뿐이라고 하여, 신법을 부인하지는 않았지만 그 효력을 극히 축소하였다.[128]

그로티우스의 자연법론은 푸펜돌프(Samuel Freiherr von Pufendorf: 1632–1694)가 이를 이어받아, 법의 근원을 인간의 이성, 권위 있는 관헌에 의한 법률과 신의 계시라고 주장하였다.[129] 그는 인간의 이성으로부터 인간의 모든 사람에게 효력이 있고 인간과 인간을 결합시키는 일반적인 의무가 발생하며,[130] 신의 계시에 의하여 기독교인으로서의 인간의 의무가 발생하며,[131][132] 인간의 사회성(socialitas)에 의하여 개인에게서부터 결혼, 가족, 가공동체(家共同體), 조합, 협동단체, 지역공동체, 도시

126) A. a. O., S.98.
127) A. a. O., S.102.
128) A. a. O., S.101.
129) A. a. O., S.104.
130) 그리하여 푸펜돌프에게 있어서의 자연법은 의무로 구성되었다(A. a. O., S. 104).
131) Wolf, a. a. O., S.104.
132) 푸펜돌프에게 있어서는, 신의 계시에 의한 기독교인의 사회적 의무와 개인적인 의무에 관한 학문이 바로 도덕신학(Moraltheologie)이었다(A. a. O., S.104).

및 국제공동체에 이르기까지의 객관적인 의무로 구성된 자연법론을 발전시켰다.[133] 이러한 인간의 의무에서 인간의 존엄이 생성되며, 그 인간의 존엄은 자유와 평등으로 실현된다고 하였다.[134]

이와 같은 객관적 질서로서의 자연법론은 토마지우스(Christian Thomasius: 1655-1728)에 이르러서는 점차 주관적 자연법론이 가미되는 방향으로 변화를 하였다. 토마지우스는 객관적 질서를 자연법으로 파악하는 스콜라철학을 거부하고, 개인의 행복을 증진하는 자연법론을 전개하였다.[135] 그리하여 토마지우스에게 있어서는 객관적인 생활질서가 중요한 것이 아니라 주관적인 행복함의 판단이 중요하였다. 그리고 그는 더 나아가 개인의 행복을 위하여는 대외적인 평화도 중요함을 인정하는 내용으로 자연법론을 확대해 나갔다.[136] 토마지우스의 이러한 행복 증진을 위한 법을 자연법으로 전개한 것은 근대시민을 개화(Zivilisation)의 길로 인도한 자연법론으로서 인간 개인의 자기의사에 의한 시민사회를 추구한 선구적인 자연법론이었다.[137] 이렇게 하여 그로티우스, 푸펜돌프, 토마지우스로 이어지는 인간 이성에 의한 자연법론은 중세의 신중심의 객관적 자연법론을 거부하고 이성법을 자연법으로 인정한 길을 열었다. 그러나 이들은 신의 존재와 신법을 부인하지는 않았다. 그렇지만 칸트(Immanuel Kant: 1724-1804)에 이르러서는 신의 존재 자체까지도 부인하고 인간의 이성의 절대성을 주장하여 이성법만이 자연법으로 이해하는 방향으로 발전하여 신를 멀리하다가 끝내 신을 부인하는 결과에까지 나아가게 되었

133) Wolf, a. a. O., S.105.
134) A. a. O., S.105.
135) A. a. O., S.107.
136) A. a. O., S.109.
137) A. a. O., S.109.

다. 그리고 자연법도 신 또는 자연에 의해 주어져 존재하는 자연법에서 인간 이성에 의하여 만들어 가는 자연법으로 자연법의 개념도 변화해 나 갔다.[138]

객관적 질서로서의 자연법을 따라서 프로이센에서는 1794년에 프로이센 일반분방법(ALR: Allgemeines Landrecht für die Preuβischen Staaten))을 제정하였다. 프로이센 일반분방법 제정에는 자연법론자였던 볼프[139](Christian Wolff: 1679–1754)의 영향을 받은 스바레즈(Carl Gottlieb Svarez: 1746–1798)의 객관적 자연법론의 지원을 받아 제정되었다.[140] 스바레즈는 그의 객관적 자연법론에 따라서 권력자는 자신의 완전한 이성으로 백성들의 삶을 이끌어나가야 하며, 프로이센에서의 입법은 백성을 위한 교육적 기능을 담고 있어야 한다고 주장하였다. 그리하여 프로이센 일반분방법은 백성들에게 법을 알려주기 위하여, 백성들이 이해할 수 있도록 일일이 설명하는 방식의 카주이스틱하게 상세히 설명하는 입법방식으로 제정되었다.[141][142] 이러한 프로이센 일반분방법의 입법에 반영된 객관적 질서로서의 자연법을 프로이센 자연법(preussisches

---

138) A. a. O., S.110.

139) 볼프는 자연법을 인간의 본성과 사물의 본성에 근거하고 있는 자연적인 법이라고 한 객관적 자연법론자였으며, 자연법은 인간의 행동을 지도하고 인간의 완성에 봉사하는 데 있다고 하였다(볼프의 자연법론에 관하여는, 김상용, 자연법론과 법정책(피앤씨미디어, 2015), 82–83면 참조).

140) Wolf, a. a. O., S.114.

141) 이에 관하여는 김상용, 서양법사와 법정책(피엔씨미디어, 2014), 196–199면 참조.

142) 1811년의 오스트리아 민법전 제정에는 자연법론자였던 자일러(Franz von Zeiller: 1751–1828)가 크게 기여하였으며, 자일러는 푸펜돌프, 토마지우스의 자연법 사상을 이어받았다(Wolf, a. a. O., S.115). 그리고 1804년의 프랑스 민법전의 제정에는 자연법론자였던 도마(Jean Domat: 1625–1696)의 자연법 이념의 영향을 크게 받았다(A. a. O., S.115).

Naturrecht)이라고도 한다.[143)]

영국에서는 블랙스톤(William Blackstone: 1723–1780)이 객관적 자연법론자였다. 그는 자연법이란 신에 의하여 인간 이성에 확실히 새겨진 규범으로서, 모든 사람들이 승인하여야만 하는 규범이라고 하였다.[144)] 그는 자연법의 본질을 4가지로 나누어 설명하였다. 자연법의 첫째원칙은 도덕적 생활을 위한 의무, 타인의 권리에 대한 존중, 그리고 모든 법적 의무의 이행으로 전개되는 로마법학자들의 법언(法諺)들이 자연법이며, 둘째의 원칙으로는 사회생활에 있어서 질서, 안전 그리고 복지를 위한 법적 규범이 자연법이며, 셋째로 자연법은 인간의 이성과 신의 의사에 의하여 설정되었기 때문에 불변적이며, 침해할 수 없으며, 자연법에 모순되는 실정법률은 더이상 유효하지 아니할 뿐만 아니라 개별적인 사건에서 더 이상 복종해서는 안 되며,[145)] 넷째의 원칙은 자연법은 신의 요청에 의하여 보충하여야 할 필요성이 인정된다고 하였다.[146)]

그리고 사회는 개인의 법적 지위를 결정하기 위하여 조직되어 있는 것이 아니라, 개인을 보호하기 위하여 조직되어 있으며, 국가와 정부는 사회의 보전을 위하여서만 조직되어 있다고 하였다.[147)]

---

143) Wolf, a. a. O., S.114.
144) A. a. O., S.111.
145) A. a. O., S.111.
146) A. a. O., S.111.
147) A. a. O., S.112.

## III. 법적 확신인 형평의 질서(Ordnung der Konsensualität)로서의 자연법

자연법은 한 지역 또는 한 국가의 공통적인 법관(法觀, Rechts-anschuung)으로 침전되어 있으면서, 사회적 공동체의 구성원들의 의식(Bewußtsein) 속에 살아있다.[148] 그러므로 자연법은 사회의 구성원들의 법의식에 의하여 법적 확신의 모습으로 존재한다.[149] 특히 분명한 일반적인 법관념(Rechtsvorstellung)은 역사적으로 같은 시대를 같이 살아가는 모든 사람들에게 전통으로 또는 교육에 의하여 모두에게 효력을 갖는다. 또한 그러한 사회의 일반적인 법관념은 그 자체가 그 사회의 법인식의 근원(Rechtserkenntnisquelle)이 된다.[150] 그러한 법적 확신으로 의식화되어 있는 대표적인 법관(法觀)이 형평(衡平)의 관념(aequitas, equity, Billigkeit)이 이러한 사회구성원의 공통의 법의식에 의하여 법적 확신으로 남아, 법률을 수정하는 작용을 한다. 그러한 형평의 관념이 바로 자연법이다. 왜냐하면 형평의 관념은 사회구성원의 공통의 법적 확신으로서 사회구성원 모두는 그러한 형평의 관념에 동의하고 있는 것이다. 그리하여 자연법은 법적 확신에 의하여 사회구성원 모두가 동의하는 형평법으로 존재하기도 한다. 여기서 확신의 질서로서의 자연법은 사회구성원 모두가 그들의 법의식에 의해서 당연히 동의하는 동의의 질서로서의 자

148) A. a. O., S.116.
149) A. a. O., S.116.
150) A. a. O., S.117.

연법을 의미한다. 또한 동의에 의한 자연법은 바로 형평법이다. 이와 같이 자연법은 법적 확신으로, 동의에 의한 질서로, 형평법으로 존재한다. 이러한 형평의 관념은 아리스토텔레스가 정의를 배분적 정의(austeilende Gerechtigkeit; justitia distributiva)와 평균적 정의(ausgleichende Gerechtigkeit; justitia correctiva; justitia commutativa)로 나누어 사회가 조화로울 수 있도록 기준을 제시하였으나, 구체적인 개별사건에서 그의 정의를 그대로 적용하면 정의롭지 못한 결과에 이르는 경우가 발생할 수 있기 때문에, 이를 수정하고 보완하기 위한 법원리로 형평 개념을 정립하여, 구체적인 개별사건에서는 획일적인 정의를 수정·보완하여 실질적으로 정의로울 수 있는 방안을 정의와 함께 제시하였다.[151)][152)] 형평은 개별사건에서 정의를 수정하는 기능을 한다.[153)] 형평은 법률을 정당화하는 정의보다 더 높은 차원의 규범은 아니다. 그러므로 자연법으로서의 형평은 객관적 법이론의 체계는 아니며, 입법모델도 아니며, 법관에 의한 법적 지혜의 총체이며, 개별사건에서 정의를 지켜주는 조정(調整)의 기술(Schlichtungskunst)이며, 법률의 규정에 의하여 법현실을 추상화하는 경향에 대하여 개별사건의 정의를 지켜주며, 법생활의 통일화, 중앙화, 획일화를 저지하는 작용을 하는 자연법이다.[154)] 이러한 자연법으로서의 형평은 오로지 실정법을 보충하고 수정하는 효력만을 갖는다.[155)] 바로 이 형평의 질서가 자연법

151) 아리스토텔레스의 정의와 형평에 관하여는, 김상용, 전게 자연법론과 법정책, 33-34면 참조.

152) 형평은 정의의 보정(補整)이므로 형평도 역시 정의에 속한다. 그리하여 형평은 구체적인 사건에서 정의를 섬세화한 것(Feinheit der Gerechtigkeit)이라고도 한다 (Günther Küchenhoff, Naturrecht und Liebesrecht (Hildesheim, Georg Olms Verlagsbuchhandlung, 1962), S.63).

153) Wolf, a. a. O., S.117.

154) A. a. O., S.118.

이다. 형평으로서의 자연법은, 형평의 관념이 사회공동체 구성원 전원의 법적 확신으로 침전되어 있기 때문에 법적 확신의 질서로서의 자연법, 법적 확신 속에 이미 사회구성원 모두의 동의가 내재하고 있기 때문에 동의의 질서로서의 자연법이라고도 한다.

## Ⅳ. 주관적 권리질서(Ordnung der Subjektivität) 로서의 자연법

주관적 질서의 의미로서의 자연법은 각 개인이 자기 자신에게, 사회의 구성원으로서, 국가의 국민으로서, 또는 인류(Menschheit)로서 자연적으로 주장할 수 있는 청구권, 요청권(Anrecht) 혹은 권능의 모습으로 존재하는 자연법이다.[156] 주관적 질서로서의 자연법은 주관적인 권리질서의 자연법이다. 여기서의 주관적인 권리는 생래적인 권리(angeborenes Recht)를 말하며, 인간의 생명, 신체, 자유, 노동, 양육의 권리 등이며, 인권(Menschenrechte)과 인류로서의 천부인권(Menschheitsrechte)도 여기에 속하며, 법률에 의하여 취득한 권리가 아니라 생래적, 자연적으로 주어진 권리에 관한 법이다. 따라서 주관적 질서로서의 자연법은 개인의 생래의 권리에 관한 법질서인 자연법이다. 이와 같이 자연법은 생래적, 자연적 권리의 질서에 관한 법의 모습으로 존재하기도 한다.

이러한 주관적 질서로서의 자연법에 의하여 보호되는 권리로는, 정당방위(Notwehr), 자구행위(Selbsthilfe), 저항권(Widerstandsrecht), 인

---

155) A. a. O., S.118.
156) A. a. O., S.119.

권, 인류애에 기한 권리 등을 열거할 수 있다. 이러한 권리들은 생래적, 자연적으로 주어진 권리로서, 지금은 실정법으로 규정되어 보호되고 있지만, 그 권리의 본질은 자연권으로서 인간의 존엄으로부터 당연히 도출되어 인정되는 권리들이다. 이러한 자연권의 인정과 그 권리질서에 관한 법이 바로 주관적 권리질서로서의 자연법이다.157)

이와 같은 주관적 권리인 생래적 권리의 질서에 관한 자연법은 인간의 존엄과 평등사상에 기초하고 있다. 인간의 존엄은 근세의 자연법 사상에서 인정되었지만 인간의 평등사상은 고대로부터 주장되었다. 인간의 평등사상은 전기(前記) 스토아철학에 거슬러 올라간다.158) 그 후 평등에 관한 스토아사상은 세네카(Seneca: BC 4-AD 65), 후기 스토아철학자였던 에픽테트(Epiktet: AD 55-135), 마르크 아우렐(Marc Aurel: AD 121-180) 등에 이어졌으며, 스콜라철학자들에게도 계속되어 발전되었다. 이러한 자연법 내지 이성법의 인간의 평등사상은 인간의 존엄(Menschenwürde)과 인류애, 인류의 형제애의 사상으로 발전하고, 인류애 및 형제애의 사상은 기독교신학에 영향을 주어 기독교적 자연법의 근본규범으로 전환되었다.159)

그리고 근세의 사회계약이론도 이러한 생래의 자연적인 권리보호를 위한 이론으로 형성되었다. 사회계약론은 천부의 자연권을 유지하기 위한 이론으로도, 천부의 자연권을 포기하는 합의의 이론으로도 주장되고 형성되었다. 크리스찬 볼프, 존 록크, 블랙스톤 등은 천부의 자연권을 유지·보호

157) Günther Küchenhoff, Naturrecht und Liebesrecht (Hildesheim, Georg Olms Verlagsbuchhandlung, 1962), SS.53, 90.
158) Wolf, a. a. O., S.120.
159) A. a. O., S.121.

하기 위한 이론으로 사회계약론을 주장하였으며, 영국의 토마스 홉스(Thomas Hobbes: 1588-1679), 프랑스의 살마지우스(Claudius Salmasius: 1588-1653), 독일의 푸펜돌프 등은 자연권을 포기하고 이를 전적으로 국가에 이양하는 이론으로 사회계약론을 구성하여 주장하였다.[160] 이러한 인간의 존엄과 평등에 기초한 자연권으로서의 천부인권에 관한 사상은 시민사회에서는 실정법에 의하여 보호받는 인권과 인격권으로 발전하게 되었다.[161] 이러한 천부인권은 오늘날은 국제적으로도 인정되어 국제연합 인권선언으로 선포되어 국제법에 의한 보호를 받게 되었다. 이처럼 자연법은 생래적인 자연권인 천부적인 권리에 관한 질서법의 모습으로도 존재한다.

## V. 양심적인 법감정 질서(Ordnung der Emotionalität)로서의 자연법

자연법은 법감정(Rechtsgefühl)의 형태로도 존재한다.[162] 그 법감정은 인간의 양심이며, 따라서 자연법은 양심법(Gewissensrecht)의 모습으로도 존재한다. 그러므로 여기서의 자연법은 인간의 삶에 있어서 인간 내면의 사실로서의 법감정이며, 그 법감정이 유효한 실제적인 법(wirkliches Recht)이며, 이성과 의사가 아니라 애정과 가슴에 의하여 결정된 법이다.[163] 이러한 법감정은 가치감정(Wertgefühl)이기 때문에, 법감정은 법본질적으로 느껴지는 실상(實相, Sachverhalt)에 대하여 가치판단을

160) A. a. O., S.123.
161) A. a. O., S.123.
162) A. a. P., S.125.
163) A. a. O., S.125.

하는 성격을 갖고 있다.[164] 따라서 법감정은 법가치판단이 그 본질이다.

법감정은 주관적 또는 집단적 경험에 의하여 갖게 되지만, 법감정이 교육에 의해 정제(淨濟)되어 학문적으로 설명할 수 없는 현상으로 변화되기도 한다.[165] 또한 양심적인 법감정은 인간의 본능적인 충동 또는 경제적 이익에 의해 변질되기도 한다.[166] 때로 법감정은 권력본능의 은폐를 위한 합리화의 수단으로 이용될 수도 있다.[167] 그러므로 사려깊고 균형잡힌 법이성(Rechtsvernunft)이 분별 없이 표출된 법감정보다는 더 온건하고 인간적이다.[168] 그러나 법률가들은 고통스런 법감정이 살아있는 법양심의 표현일 수 있음을 망각해서는 안 된다.[169][170] 이와 같이 자연법은 양심적인 법감정의 모습으로 존재하기도 한다.

## VI. 정의의 이상질서(Ordnung der Idealität)로서의 자연법

자연법은 정의의 질서로서 존재한다.[171] 정의의 질서로서의 자연법은 존재하는 법이 아니라 존재하여야 하는 법이며, 사실적으로 주장할 수 있는 법이 아니라 윤리적으로 의무지우는 법이며, 역사적인 법이 아니라

---

164) A. a. O., S.126.
165) A. a. O., S.126.
166) A. a. O., S.126.
167) A. a. O., S.126.
168) A. a. O., S.126.
169) A. a. O., S.126.
170) 이러한 법감정은 법심리학(Rechtspsychologie)으로 발전하게 된다(A. a. O., S. 128).
171) Wolf, a. a. O., S.128.

정법(正法, richtiges Recht)이다.[172] 정의(Gerechtigkeit)는 실질적, 객관적이며, 올바른 사회질서를 결정하며, 법의 이상(Rechtsideal)으로 기능한다.[173] 자연법은 그 세계상(世界像, Weltbild)에 따라서 요청되는 법질서의 근본규범이다.[174] 예컨대 자유는 독일 이상주의에서, 평등은 프랑스 합리주의에서, 계급 없는 사회는 고대의 사회주의에서의 이상적인 근본가치였으며, 이를 실현하는 법이 근본규범이었다.[175]

정의의 이상적인 절서법이 정법(正法)이다. 플라톤은 정의를 각자가 각자의 덕목을 수행하는 것(das Seine tun)이라고 표현하였다.[176][177] 이는 각자는 다른 사람에 대하여 그가 그의 것을 하게 하도록 하는 요청이었다. 이는 더욱 세련화되어, 정의는 각자가 각자에게 그의 것을 주고, 그의 일을 할 수 있게 하여야 하는 것(Jeder muß Jedem das Seinige geben und lassen)의 의미로 발전되었다.[178] 이러한 정의의 개념은 로마법에 영향을 주어 학설휘찬(Digesta)에서 정의는 각자에게 그의 권리를 주고자 하는 확실하고 또한 항구적인 의사라고 규정하였다.[179][180]

아리스토텔레스는 정의를 배분적 정의(ditributive justice)와 교정적

---

172) A. a. O., S.128.

173) A. a. O., S.128.

174) A. a. O., S.128.

175) A. a. O., S.128.

176) A. a. O., S.131.

177) 플라톤은 정의를, 각 개인이 타고난 재능에 따른 자기 역할을 수행함으로써 국가가 조화로운 상태로 유지되는 것이라고 하였다.(김상용, 전게 법정책 방향으로서의 정의와 사랑, 84-85면). 그리하여 플라톤은 보편적 정의를 주장하고, 정의의 세분화는 아리스토텔레스에 와서 이루어졌다(상게서, 85면).

178) Wolf, a. a. O., S.131.

179) A. a. O., S.131.

180) D. 1. 1. 10: Justice is a steady and enduring will to render unto everyone his right.

정의(corrective justice; justitia correctiva)로 나누어 정의를 2가지로 분류하였으며, 이러한 아리스토텔레스의 정의의 분류체계를 로마로 전수(傳受)한 키케로는 정의를 배분적 정의(justitia ditributiva)와 교환적 정의(justitia commutativa)로 그 명칭을 바꾸었다.[181][182]

법사(法史)에 있어서 정의는 부정의와 불법이 만연(漫然)된 시대에 더욱 강하게 요청되었다. 현대에는 한스 벨첼(Hans Welzel: 1904-1977)의 실질적 정의론(materiale Gerechtigkeit), 하르트만(Nicolai Hartmann: 1882-1950)의 실질적 가치윤리론(materiale Wertethik), 라드부르흐(Gustav Radbruch: 1878-1949)의 법철학적 상대주의[183](rechtsphilosophischer Relativismus) 등에 의하여 정의론이 전개되어 왔다. 실질적 정의론에 대하여 형식적 정의론에 의하면, 객관적 의미에서 옳은 것 또는 옳다고 의식되는 것이 정의이고 그러한 정의의 질서가 자연법이다.[184]

인간관계에서의 정의는 세속세계의 정의이다. 세속세계를 넘어 초월적 세계에서의 신과 세속세계의 인간과의 관계에서의 정의를 신적 정의(justitia Dei; göttliche Gerechtigkeit)라 한다. 신적 정의는 초월적 세계의 신이 정한 질서로서 세속의 인간에게는 이상질서이다. 그러므로 신적 정의는 세속세계의 인간을 위한 초월적 정의이다. 모세법, 탈무드의 여러 규정 등은 신적 정의의 법으로서 세속세계의 인간을 위한 정의의

181) Wolf, a. a. O., S.132.

182) 정의의 내용과 분류에 관한 보다 자세한 내용에 관하여는, 김상용, 전게 법정책 방향으로서의 정의와 사랑, 13면 이하 참조.

183) 법철학적 상대주의는, 법에서는 법적 안정성이 정의에 우선함이 원칙이지만, 제정법이 참을 수 없을 정도로(unerträglich) 악법일 때에는 정의가 법적 안정성에 우선한다는 라드부르흐의 정의론이다.

184) Wolf, a. a. O., S.133.

법이다.[185]

## VII. 공리(功利)의 효용질서(Ordnung der Utilität)로서의 자연법

자연법은 유용성(Nützlichkeit)과 결합하여, 개인의 이익 내지 복지를 증진하고 이를 보장하여 개인이 행복할 수 있도록 하고, 사회 전체적으로는 일반적인 행복 증진에 이바지하는 효용질서법의 모습으로도 존재한다.[186] 이러한 자연법은 바로 공리주의에서의 자연법의 존재모습이다. 공리주의는 그리스의 쾌락주의[187] 사상에 기초를 두고 있으며, 효용의 극대화는 행복의 극대화이며, 효용 · 행복의 극대화가 정의이고, 효용 · 행복을 극대화하는 법을 자연법으로 파악한다.[188] 그러므로 공리주의에서는 효용 · 행복의 극대화는 정의이며, 그들에게서의 자연법은 행복의 극대화를 향한 법이다. 따라서 공리주의에서는 그들의 모토인 최대다수의 최대행복을 위한 법을 자연법의 존재 양태(樣態)로 파악한다.

이와 같이 효용 · 행복의 증진을 위한 법질서를 자연법으로 파악한 공리주의자들의 주장은, 영국에서의 공리주의 자연법에서, 벤덤(Jeremy Bentham: 1748-1832)은 개인의 행복의 증진에 중점을 두었으며, 아담 스미스(Adam Smith: 1723-1790)는 사회 일반의 행복 증진에 중점을

185) A. a. O., S.134.

186) A. a. O., S.135.

187) 그리스철학에서의 쾌락주의는 에피쿠르(Epikur: BC 341- BC 271)가 주장하였으며, 쾌락주의는 쾌락을 최고선이자 삶의 궁극적 목적으로 파악하였다.

188) Wolf, a. a. O., S.136.

두고 효용의 극대화를 주장하였다.189) 그리고 독일에서의 크리스티안 토마지우스, 크리스티안 볼프도 효용 · 행복 증진의 법을 자연법으로 파악하였다.190) 이러한 공리의 효용질서로서의 자연법은 오늘날에도 반복적으로 주장되고 있다.191) 오늘날 사회복지의 증진을 내용으로 하는 사회복지법 역시 효용 · 행복 증진을 목적으로 하는 효용질서의 자연법의 존재 모습이다.

## VIII. 안전질서(Ordnung der Sekurität)로서의 자연법

안전질서로서의 자연법은 인간의 사회생활의 안전에 이바지하는 법을 자연법으로 파악한다. 이러한 안전질서로서의 자연법은 사법(司法)의 견실성(Stetigkeit der Rechtspflege), 행정의 합법성, 법관의 신분보장 등과 같은 법생활의 안전을 보장하는 원칙으로 그 모습이 나타난다.192) 이러한 자연법은 법치국가적 안전을 지향하는 법으로서, 안전질서의 법은 실정법으로 존재함이 일반적이지만, 이 자연법은 불완전한 내용으로 규정된 안전질서의 실정법을 비판하는 기능을 수행한다.193) 이러한 안전질서를 내용으로 하는 법은 실정법과 자연법이 서로 대립하는 관계에 있는 것이 아니라, 안전질서의 자연법이 실정법으로 제정되며 제정된 안전

---

189) A. a. O., S.135.
190) A. a. O., S.136.
191) A. a. O., S.137.
192) A. a. O., S.138.
193) A. a. O., S.138.

질서의 실정법의 흠결을 보충 · 보완하는 관계에 있다.[194)]

자연법을 안전질서의 법으로 이해하고 법이론을 정립한 법학자로는, 영국의 베이컨(Francis Bacon: 1561-1626))과 홉스(Thomas Hobbes: 1588-1679)를 들 수 있다. 베이컨은 신을 부인하고 세속세계만을 인정하였으며, 그는 인간의 행동의 목표로 급진적인 쾌락주의와 공리주의에 입각한 윤리원칙을 세웠다.[195)] 그는 인간은 도덕적 인격자가 아니며, 인간 복지에 필요한 생활필수품의 만족을 갈구하는 동물의 일종이라고 하였다.[196)] 베이컨에 있어서 자연법은 순수한 자연법칙이며, 실정법에 대하여 우월적 효력을 갖는 법일 뿐이다.[197)] 베이컨에게 있어서의 자연법은 인간의 삶의 안전을 위하여 인간생활에 필요한 생활필수품을 충족시켜주는 법질서의 모습을 갖는다.

그리고 홉스는 사회에 대한 이해에 있어서 원초적인 사회질서인 자연상태는 혼돈(chaos)이었으며 인간공동체는 출현하지 않았으며, 인간은 동물상태를 벗어나지 못하고, 만인의 만인에 대한 투쟁상태라고 파악하였다.[198)] 그가 파악한 자연상태는 지배하려는 독재권력과 공포상태로서, 인간은 그러한 공포의 자연상태를 벗어나 합의에 의해 사회상태로 이행함이 인간에게 안전하다는 결론을 도출하여, 인간은 최강자에게 자기의 권리를 이양하고 강자가 정한 법에 무조건 복종하는 것이 안전하다고 주장하였다. 홉스에게서의 안전질서로서의 자연법은 인간이 무조건 복종하

---

194) 인전질서의 자연법은 계속적으로 실정법으로 전환된다. 이러한 법의 현상을 자연법적 법실증주의라 한다(A. a. O., S.140).
195) A. a. O., S.141.
196) A. a. O., S.142.
197) A. a. O., S.142.
198) A. a. O., S.143.

여야 하는 최강의 권력자가 정한 실정법으로 이해하는 무리한 결론에 도달하고 말았다. 홉스의 사회계약론은 인간이 자연상태의 공포로부터 벗어나기 위한 근거이론으로 제시되었을 뿐이다. 그리고 그에 의하면 최강의 권력자가 정한 실정법이 인간을 위한 안전절서의 법이라고는 할 수 있지만, 그 안전질서의 법을 자연법으로 파악하는 것은 잘못이라 생각한다. 왜냐하면 권력자가 정한 법은 그 내용이 악법일 수도 있기 때문이다.

오늘날 안전질서로서의 자연법에는 사회보장법이 이에 속한다. 사회보장법은 사랑의 법이다. 역사적으로 사랑은 교회의 덕목이었지 세속국가의 의무가 아니었다. 그러나 오늘날에는 자연법으로서의 사랑의 법이 사회보장법으로 전환되어, 세속국가에서도 부분적이지만 자연법의 존재 모습의 하나라 할 수 있다. 그러나 사회보장법은 국가의 국민을 위한 제도적 사랑의 법이다. 인간 모두가 인류애, 형제애로서의 사랑의 실천을 내용으로 하는 사랑의 자연법은 앞으로 이루어가야 할 장래의 자연법이다.

또한 안전질서로의 자연법은 평화를 지향하는 평화질서의 법이다.[199] 평화는 자연법이 이루고자 하는 핵심적인 가치의 하나이다.

## IX. 역사적 전통 · (반복)질서(Ordnung der Probität)로서의 자연법

자연법은 전승(傳承)되어 왔거나, 전승되고 있거나, 장래에 전승될 반복적인 역사성(Geschichtlichkeit)을 갖는 모습으로도 존재한다. 이러한

---

199) A. a. O., S.139.

자연법은 역사적인 전통법으로서 오래된 법이 더 나은 법이라는 관념을 형성하며, 그러한 관념에 기초하여 자연법은 좋은 옛법(gutes altes Recht)의 모습으로 존재한다.[200] 역사법학자 사비니(Friedrich Carl von Savigny: 1779-1861)는 합리적 자연법을 반대하고 역사적으로 오래된 법이 이성법이라고 하였다.[201] 사비니가 오래된 법이 이성법이라고 한 것은, 역사성이 이성에 갈음하여 법의 합법성 및 규범성의 기준이 되는 것이 아니며, 역사성 속에서 이성적인 것을 찾을 수도 있다는 것이다.[202]

이와 같은 역사적으로 전승되어온 전통법의 모습으로서의 자연법론은 독일에서 기독교 자연법론과 결합되어 있다.[203] 길케(Otto Friedrich von Gierke: 1841-1921) )도 역시 역사주의와 자연법을 결합하였다.[204] 이러한 역사적으로 전승되어 온 전통법을 자연법으로 이해하는 것은 독일 낭만주의 법철학에서 형성되어, 독일에서는 구체적 법질서(konkrete Ordnung)의 법이론에 의하여 각 민족, 각 국가는 각각 고유한 전통질서를 갖고 있고, 현행법은 각 민족, 각 국가의 고유한 전통법을 현실화한 법이라는 법이론을 정립하기도 하였다.[205] 칼 쉬미트(Carl Schmitt: 1888-1985), 칼 라렌츠(Karl Larenz:1903-1993)가 그 대표적인 법학자들이다. 그러나 구체적인 질서이론은 악법을 그들의 전통법에 기한 법이라고 함으로써 현재의 악법의 정당성을 전통법에서 찾고자 한 법이론이며, 나치시대의 나치 악법의 정당화를 위해 오용(誤用)되었다. 법은 보편

---

200) A. a. O., S.146.
201) A. a. O., S.146.
202) A. a. O., S.146.
203) A. a. O., S.147.
204) A. a. O., S.147.
205) A. a. O., S.149.

가치의 실현을 위한 법이어야 하며, 전통법에 근거하여 악법의 정당성을 부여하는 구체적 질서이론은 취할 바는 아니라고 생각한다. 그러나 오래된 전통법에서 보편가치를 지닌 자연법을 찾을 수 있는 경우가 있고, 그 때의 자연법은 전통법의 모습으로 존재한다.

## X. 인간의 사회성의 질서(Ordnung der Sozialität)로서의 자연법

인간은 더불어 살아가야 하는 사회성을 가졌다. 인간의 사회성에 의하여 결성된 인간사회에는 역사가 바뀌어도 변하지 않고 항상적(恒常的)으로 행하여지는 사회제도가 있다. 소유권, 혼인, 계약, 형벌 등 사회유형으로서의 제도는 역사의 변화에도 불구하고 항상적으로 역사의 위기시에도 역시 확고하게 존속하고 있다. 법사회학에서는 이러한 인간사회에 항상적으로 확고하게 존속하는 사회제도로서 현재 효력이 있는 현존하는 법을 자연법의 존재모습으로 파악한다. 이러한 자연법을 현재 효력이 있는 실제의 자연법(wirkliches Naturrecht)이라 한다.[206] 법사회학에서는 법을 당위규범으로 이해하는 것이 아니라 존재로 파악한다. 그러므로 법사회학에서의 자연법은 사회제도가 발전해 나가야 할 이념으로서의 자연법이 아니라, 역사의 변화에도 불구하고 변함없이 존재하고 반복적으로 행하여지는 사회제도에 관하여 현재 효력이 현존하는 법을 말한다. 이와 같이 역사의 변화에도 불구하고 계속적으로 반복해서 행하여지

206) A. a. O., S.151.

며, 사회를 영속적으로 존속케 하는 사회제도의 규칙성을 부여하는 법제도가 자연법의 존재 모습의 하나일 수 있다. 법사회학에서는 지속적으로 반복되는 사회제도로서 사회의 영속성을 부여하는 사회제도들에 대한 현재의 법을 자연법의 존재 모습의 하나로 파악한다.

이러한 법사회학에서의 자연법은 비교법학(Rechtsvergleichung)에 의해 서로 다른 사회에서의 사회제도의 공통적인 규칙성과 공통적인 규칙적인 법을 찾을 수 있다.[207] 이를 사회학적 자연법론이라 한다. 또한 이러한 사회학적 자연법론에서는 법현실으로부터 법의 가치를 찾고자 하는 자연법 이론 내지 자연법 사상으로서 현존하는 법실재로부터 법가치를 도출하여 사회학에서의 가치회의주의(Wertskeptizismus)를 거부하고 객관적 법가치론(objektive Rechtswertlehre)을 발전시켰다.[208] 자연법론은 일반적으로 이상과 이념으로부터 현재의 법의 가치를 도출하고자 하는 법이론 내지 법사상임에 반하여, 사회학적 자연법론은 항상적으로 반복되어 일어나는 사회제도를 규율하고 있는 법현실에서 법의 가치를 도출하고자 하는 법사상 내지 법이론이다. 이는 인간이 함께 더불어 살아가고자 하는 집단적 연대(kollektive Solidarität)를 향한 인간본성의 하나인 인간의 사회성 내지 사교성에 그 근거를 두고 있다.

---

207) A. a. O., S.151.
208) A. a. O., S.153.

# IV

# 자연법의 분류

# 제4장 자연법의 분류

## I. 고대 자연주의 철학에 기초한 자연법론의 생성과 발전

자연법은 스토아철학에서 시작되었다는 것은 이미 서술하였다. 스토아철학에서 모든 생물은 로고스를 갖고 있고 로고스에 의한 자연질서를 자연법으로 이해하였다. 그리고 스토아철학의 발전에 따라서 법을 신법, 자연법, 인정법으로 분류하여 중세 기독교 자연법의 생성에 기여하였다.

스토아철학 이전의 역사에서도 자연법이란 용어로 표현하지는 않았지만, 자연법의 관념이 있었다. 플라톤과 아리스토텔레스의 자연철학(natural philosophy)이 자연법의 관념을 내포하고 있었다. 스토아철학에서의 자연법의 정립은 이러한 그 전의 자연철학에서 현상세계와는 다른 질서 있는 현상세계의 근원이 되는 세계가 있음을 인정한 데서 그것이 더욱 발전된 법발전의 모습이라 생각한다. 플라톤은 현실세계의 저 위에 이상세계인 이데아(Idea)의 세계가 있음을 인정하였다. 그 이데아는 이상세계로서 그 이상세계의 질서가 있음을 인정하고 현실세계가 이상세계로 발전해 갈 것을 소망하였다. 그 소망이 플라톤의 에로스(eros)였다.

그리고 아리스토텔레스는 세상 만물의 현상에는 그 현상의 동인(動

因)이 그 현상의 개별 사물에 내재해 있다고 하였다. 그 사물에 내재된 현상을 움직이는 동인(動因)을 그는 엔테레히(Entelechie)라고 하고 그 엔테레히가 개별 현상을 움직이는 동인이라고 하였다. 플라톤에서의 이데아, 아리스토텔레스에게서의 엔테레히는 개별 현상의 이상세계 내지 이상질서로서, 현상세계를 이끌어가는 질서로 관념되었다. 바로 이러한 현상세계에 대한 이상질서가 자연법이다. 그리하여 플라톤과 아리스토텔레스가 자연법이라고 말하지는 않았지만, 현실세계의 법과는 다른 이상적인 질서가 있음을 인정하였다.

스토아학파는 이러한 이상질서는 바로 각 생명체에 내재해 있는 자기 이성인 로고스(logos)의 발현에 의한 질서로 발전시키고, 이러한 로고스의 발현에 의한 질서를 자연법이라고 하였다. 이러한 역사적 사고의 과정을 거쳐서 스토아철학에서 비로소 자연법이란 현상계의 현실법을 이끌어 가는 질서 있는 자연법과 자연법론이 역사에서 시작되었다.

이러한 그리스 자연철학에서 현상세계 위, 또는 현상세계 속에 이상의 질서와 그 이상질서의 법이 있음을 인정하고, 그것을 자연법이라 표현하였지만, 그 세상은 자연적으로 주어져 있는 것으로만 관념하였지, 신에 의해 창조되었다고 관념하지는 않았다.

그러나 동방의 유대교에서는 일찍부터 이 세상은 창조주 하나님이 창조하였다는 창조사상이 형성되어, 현실세계의 질서도 신에 의해 인간에게 주어진 질서로 관념하였으며, 그것은 신앙으로 발전되어 갔다. 법의 세계에서 신의 지혜로 만들어진 신법과 인간의 지혜, 즉 인간의 이성으로 파악한 신법을 자연법으로 이해하는 자연법론은 중세에 와서야 학문적으로 정립되었다.

그러므로 고대의 서방세계에서는, 자연법이 태동은 하였으나 인간 이성에 의하여 파악된 신법이 자연법이란 자연법론은 정립되지 못하였으며, 로고스[209]에 의한 질서 내지 로고스에 의한 질서의 법을 자연법으로 이해하였다. 로마법도 마찬가지로 창조주의 신에 의한 신법으로부터 자연법을 도출한 것이 아니라, 로고스에 의한 법을 자연법으로 파악하여 로마법을 발전시켜 왔다.[210] 따라서 고대 그리스로부터 적어도 로마법 대전(CIC: Corpus Iuris Civilis)의 편찬이 이루어지기까지의 로마법은 그리스의 자연철학에 입각한 자연법론이 형성되고 발전되어 왔다.[211] 물론 로마제국에서 서기 313년에 기독교가 공인되고, 로마법 대전 중 학설휘찬이 편찬되어 반포된 서기 533년까지의 기간 동안에 로마법이 기독교의 영향을 받아 학설휘찬을 편찬할 때에는 전래의 로마법이 부분적으로 기독교의 가르침으로 수정[212](interpolatio)되어 학설휘찬에 반영되었으나, 로마법이 신법을 인간이 편찬한 법이라고는 관념하지 않았다. 그러므로

---

209) 스토아철학에서의 로고스(logos)는 초월적인 이성이 아니라, 자연 그 자체에 내재해 있는 이성(ratio)이다(See, Matthew Levering, Biblical Natural Law: A Theocentric and Teleogical Approach (Oxford University Press, 2012), p. 145).

210) Levering, op. cit., p.145.

211) 스토아철학이 로마에 전수되어 로마법에서 자연법 개념이 인정되었다. 그러나 자연법의 개념이 스토아철학에서의 그것보다는 변화하였다. 스토아철학에서는 모든 생명 있는 있는 생명체는 각기 자기 로고스를 갖고 있다고 하였다. 그러나 로마법에서는 인간을 포함한 모든 동물이 이성을 가지고 있고, 그 동물의 이성질서가 자연법이라고 하였다(D(Digesta) 1. 1. 1. 3). 따라서 로마법에서는 생명체인 식물의 로고스는 인정치 않았다.

212) 인터폴라치오(interpolatio)는 학설휘찬을 편찬할 때에 학설휘찬에서 인용된 로마법학자들의 대부분이 로마법의 고전시대(BC 27-AD 283)의 법학자들이었으므로 로마법학자들의 학설을 그대로 인용하여 편찬한 것이 아니라, 그들의 학설에 가감, 삭제, 수정을 가한 것을 말한다. 이와 같이 고전시대 로마법학자들의 학설을 수정한 것은 기독교가 로마에서 공인되고 학설휘찬이 편찬될 때까지 로마에서 기독교가 학문적으로 연구되고 또한 기독교의 영향이 컸기 때문에 기독교 사상에 의하여 로마법학자들의 학설이 수정된 것으로 이해된다.

그리스, 로마의 전통의 자연주의 철학, 그 중에서도 스토아철학에서의 로고스 질서의 법을 자연법으로 파악하고 학설휘찬이 편찬되었다. 그러므로 고대 그리스, 로마에서의 자연법은 자연질서, 자연의 이치를 자연법으로 이해하고,[213] 신법을 인정하지는 않았다.

## II. 신중심의 자연법론과 인간중심의 자연법론

### 1. 신중심의 자연법론(theocentric theory of natural law)

#### (1) 자연주의 자연법론에서 신중심의 자연법론으로의 발전

신이 이 세상을 창조하였다는 사상은 유대교에서 출발하였다. 서방세계에서 신이 이 세상의 창조자라는 사상은 중세에 들어오면서 형성되었다. 그리고 유대교에서는 유일신 사상을 신앙으로 간직하였다. 서방세계에서 유일신 사상을 가지게 된 것도 역시 기독교가 로마에서 국교로 인정된 후에 정착되었다. 그 이전에는 다신교가 서방세계의 종교였다.

유대교에서는 유일신 사상과 신의 이 세상창조의 신앙에 입각하여 신의 지혜로 인간에게 주어진 질서를 계명으로 받아들이고, 그 신의 계명에 인간이 복종하여야 한다는 신앙으로 받아들여졌다. 유대교에서의 신의 계명은 바로 율법이었으며, 율법이 바로 신법이었다. 신의 계명은 신으로부터 직접 계명을 받은 믿음의 조상(祖上)들에 의해 구전(口傳)으로 전해 내려오다가, 모세[214]가 이를 모세 5경[215]의 경전으로 정리를 하여, 성

213) 로마에서는 자연법 이외에 시민법(ius civile), 만민법(ius gentium) 등의 인정법이 인정되었다. 시민법, 만민법, 자연법은 사법(私法)에 속하였으며, 국가의 일과 종교 및 제사직(祭祀職)에 관한 일을 규율하는 법은 공법으로 분류하였다(D. 1. 1. 1. 2).

214) 모세는 기원 전 16세기 경의 유대지도자로서 유대인을 애급으로부터 탈출시켰으

서로 문서화되어 오늘날에까지 전해 내려오고 있다.

로마에서 기독교가 공인되고 중세에 들어오면서 기독교의 유일신 사상이 정착하고 신의 지혜로 인간이 지켜야 할 계명들이 기독교의 율법을 넘어 인간의 법으로 발전되어 갔다. 중세의 교황권력이 세속권력을 지배하던 교회시대에는 교부들이 하나님의 계명을 인간 위의 신법으로 자리하게 하고, 인간 이성으로 파악한 신법을 자연법으로, 그리고 인간이 만든 실정법은 자연법의 지도를 받아야 하는 법으로 정립하여, 법을 신법, 자연법, 인정법으로 법의 상하질서를 체계화하였으며, 신법이 최상의 법으로서 신이 영원하듯 신법도 영원히 변함이 없는 영구법으로 체계화하였다. 그리하여 신법을 최고의 법으로 파악하고 신법으로부터 자연법이 도출된다는 법사고를 하였다. 이러한 신법을 최고의 법, 영구법으로 체계화한 자연법론을 신중심의 자연법론이라 한다. 이러한 신중심의 자연법론은 중세 교황권력 시대의 자연법론으로 출발하였지만 지금도 일부 신학자들에 의해 계속 유지되고 있다. 신중심의 자연법론은 자연법을 인간의 이성으로 이해한 신법으로 파악하며, 인간이 만들어나가는 인정법을 지도하는 법으로 이해한다.

이에 대해 신법을 인정하지 아니하고 인간 이성을 중시하여 인간의 이성에 의하여 만들어나가는 인간 이성에 의한 이성법을 자연법으로 체계화한 자연법론을 인간중심의 자연법론이라 한다. 인간중심의 자연법론은 근세의 인간 이성을 중시하고 신법을 떠나서도 효력이 있는 인간이성법을 자연법으로 이해하고 체계화한 자연법론이다.

---

며, 예언자, 제사장, 성서집필자로서 역사적 활약을 하였다.

215) 도세 5경은 창세기(Genesis), 출애굽기(Exodus), 레위기(Leviticus), 민수기(Numbers), 신명기(Deuteronomy)를 말하며, 이를 합하여 토라(Torah)라고도 한다.

### (2) 아우구스티누스와 토마스 아퀴나스의 기독교 자연법론

신중심의 자연법론은 아우구스티누스(Augustinus, Augustine of Hippo: 354-430)가 영구법(eternal law)이라는 이름으로 전개하기 시작하였다. 그는 영구법은 불변적인 신의 지혜롭고 선한 섭리(providence)에 의한 신의 완전한 질서라고 하였으며, 그러한 신의 완전한 질서인 영구법은 어떠한 상태에서도 변경될 수 없는 영원한 법으로서의 인간의 마음에 새겨져 있다고 하였다.[216] 이와 같은 아우구스티누스의 영구법 관념은 그리스의 스토아철학에서 유래한다.[217] 스토아철학에서는 이 세계, 더 나아가 이 우주는 그 자체가 이성(logos)을 가지고 있으며, 그 이성은 세계 이성 내지 우주 이성이며, 그 세계 이성이 진정한 이성(true reason)이고, 그 세계 이성 내지 우주 이성에 의한 질서는 변함이 없는 모든 질서의 원칙(즉, 자연법칙)이라고 하였다.[218] 아우구스티누스는 스토아철학에서의 세계 이성 내지 우주 이성을 신의 의사(will of God)로 바꾸고, 신의 의사에 의한 질서를 영구법이라고 하였으며, 그 영구법은 영원불변하다고 하였다.[219] 또한 아우구스티누스는 법을 신의 의사에 의한 신법인 영구법, 인간 이성에 의하여 파악된 영구법을 자연법, 그리고 인간에 의하여 만들어진 법을 인정법으로 나누고, 인정법은 자연법에 기초하여야 한다고 하였다. 이처럼 영구법의 관념은 이성(logos) 중심의 고대 스토아철학에서 시작되었으나, 신중심의 자연법은 중세에 와서 아우구스티누스에 의하여

216) Levering, op. cit., p.79.

217) Great Christian Jurists in German History (edited by Mathias Schmoeckel and John Witte Jr., Mohr Siebeck, 2020), p.27.

218) Ibid., p.27.

219) Ibid., p.27.

시작되었다.

이와 같이 아우구스티누스의 영구법에 의하여 시작된 신중심의 자연법론은 중세 스콜라 신학자였던 토마스 아퀴나스에 의하여 집대성을 이루어 체계화되어 갔다. 그리하여 신중심의 자연법론을 체계화한 학자는 바로 중세의 스콜라철학을 집대성한 도미니크회의 수도사였던 토마스 아퀴나스였다. 아퀴나스는 법을 신법(lex divina), 자연법(lex naturalis), 인정법(lex humana)으로 법의 상하질서를 체계화하고, 신법은 영구법[220] (lex aeterna)으로서 신의 지혜와 신이 설계한 이 세상의 계획이며, 절대적, 객관적, 추상적인 법이며, 또한 완전 그 자체의 법이며, 영원한 법이라고 하였다.[221] 그리고 신법은 모든 도덕원칙의 초월적인 기초라고 하였다. 그러므로 아퀴나스에게서의 신법은 완전무결한 법으로서 영원히 인간세상을 치리하는 법이었다. 그리고 자연법은 인간이 신법에 참여하여 인간이 인식한 신법이며,[222] 인간은 신법을 부분적으로만 이해할 수 밖에 없으므로, 자연법은 인간이 인식한 부분적인 신법이라고 하였다.[223] 그러므로 아퀴나스에게 있어서의 자연법은 신이 인간에 부여한 이성에 의하여 이해된 신법으로 체계화되었다. 또한 아퀴나스는, 자연법은 인간의 신에 대한 사랑(Gottesliebe)과 이웃에 대한 사랑(Nächsten-

---

220) 영구법은 아우구스티누스가 처음으로 주장하였다. 아우구스티누스는 영구법은 불변적인 신의 지혜롭고 선한 섭리(providence)이라고 하였다(See. Levering, op. cit., pp.78-79). 또한 이러한 신의 의사에 기한 영구법을 신의 의사의 구체화로 이해하기도 한다(Great Christian Jurists in German History, p.54).

221) 김상용, 전게 자연법론과 법정책, 60면.

222) Levering, op. cit., p.3; Helm Costigane, "Natural Law in the Roman Catholic Tradition", in: Christianity and Natural Law (edited by Norman Doe, Cambridge University Press, 2017), p.19.

223) 김상용, 전게 자연법론과 법정책, 60면.

liebe) 및 십계명(Dekalog: zehn Gebote)을 그 내용으로 한다고 하였다.[224] 무엇보다도 아퀴나스는 자연법은 사랑의 실천법이라고 하여, 사랑의 질서(Liebesordnung) 내지 사랑의 법을 자연법으로 주장하였다.[225] 아퀴나스에게서의 인간의 사랑은 공동선(common good)이었다.[226] 또한 아퀴나스에게서의 인간은 독립적, 독자적 인격자인 개인(Individuum)이 아니라 사회 속의 사람인 사회인(social person)이었다.

아퀴나스의 신법, 자연법, 인정법의 법의 상하질서의 법체계는 이미 후기 스토아철학과 아우구스티누스에서 체계화된 신법, 자연법, 인정법 체계를 이어받았다고 이해된다. 아퀴나스는 아리스토텔레스의 철학과 인간이성론을 결합한 주지주의 사상가로서 자연법을 인간이 인간 이성으로 이해한 신법으로 파악하여,[227] 인간의 의사에 의하여 인간 이성으로 만든 자연법론을 전개한 인간중심의 자연법론(anthropocentric theory of natural law)과는 대립된다.

신중심의 자연법론에서는, 믿음은 이성을 초월하고, 또한 신의 계시도 인간 이성을 초월한다고 한다.[228] 그러므로 신중심의 자연법론에서는 인간 이성에 의해 이해된 신법인 자연법은 성서에 반하지 않으며, 따라서

---

224) 상게서, 60면.

225) Levering, op. cit., p.3.

226) Costigane, op. cit., p.17.

227) 중세 교황권력 시대의 자연법은 인간 이성에 의해 인식한 신법을 자연법이라는 신앙을 토대로 하고 있다. 신에 대한 신앙 내지 믿음이라는 것은 인간의 이성을 신에 대한 신앙 내지 믿음이 되도록 돕는다(Faith helps reason to be itself)는 신앙관에 기초하고 있다고 생각한다. 믿음이란 인간의 이성이 믿음 그 자체가 되도록 돕는 것이라는 언명은 교황 베네딕토 16세(Pope Benedict XVI: 1927-2022, 2005-2013 교황 재위)가 말하였다(Levering, op. cit., p.4). 이는 인간의 이성을 신에 대한 믿음에 집중시켜, 신법을 믿음으로 받아들일 것을 표현한 것이라고 생각한다.

228) Levering, op. cit., p.5.

실정법은 자연법 원리로부터 배움을 받아야 한다고 한다.[229] 또한 신중심의 자연법론에서는 인간은 신을 향한 정신을 가진 육체로 창조되었다고 한다.[230] 그리고 창조주는 인간이 창조주 가까이 오도록 인간을 창조하였다고 한다.[231] 더 나아가 신중심의 자연법론에서는 자연법은 인간이 신에게로 되돌아가도록 하는 법이라고도 한다.[232] 그리고 타락한 인간은 하나님의 빛을 받아야 하며, 그 빛을 받는 법에서의 방법은 신의 실정법[233](divine positive law)과 신의 은혜의 신법[234](law of grace)을 통하여 가능하다.[235]

이와 같이 자연법은 인간의 마음에 신의 손으로 새겨둔 법으로서 인간이 타락했어도 어두워지지 않는 이성에 의해 읽혀진다.[236] 이러한 자연법론이 바로 신중심의 자연법론이다. 그리고 이러한 신중심의 자연법은 법에서만 요청되는 것이 아니라 정치에서도 요구된다. 왜냐하면 이 세상을 치리하는 정치는 신의 사랑에 가장 가까운 체제이어야 하며, 이 세상의 정치는 신의 창조의 뜻, 즉 정의와 사랑을 가장 충실히 실행할 수 있는 내용일 것이 요청되기 때문이다.[237] 이러한 정치가 바로 민주주의이다. 이러한 신중심의 정치는 인간이 중심이 아니라 신이 중심인 정치이다. 이러한 신중심의 정치는 자비, 사랑, 믿음, 상호인정, 화해와 용서,

---

229) Ibid., p.5.
230) Ibid., p.10.
231) Ibid., p.11.
232) Ibid., p.13.
233) 신의 실정법은 십계명, 그리고 그 외 성서에 기록된 계명을 말한다.
234) 은혜의 신법은 복음(Gospel)이 대표적이다.
235) Levering, op. cit., p.16.
236) Ibid., p.19.
237) Ibid., p.37.

상호간의 차이점을 폭력에 의하지 아니하고 설득에 의하여 해결하는 방법 등이 합법적인 수단으로 봉사하는 정치이다.[238]

### (3) 칼 발트의 신중심의 자연법론

현대에 와서 신중심의 자연법론을 주장한 대표적인 신학자는 칼 발트(Karl Barth: 1886-1968)이다. 칼 발트는 스위스의 칼빈주의 신학자로서 그는 근대 종교개혁자들과 마찬가지로 인간은 타락에 의해 하나님의 형상을 완전히 잃었으며,[239] 인간이 하나님의 형상을 회복하기 위해서는 하나님의 은혜(grace)뿐이라고 하였다. 그리하여 그는 성서상의 법을 인간을 위한 실정법으로 이해하고, 인간에게서의 선은 신의 명령이지 인간이 추론하여 인정한 것이 아니라고 하고, 신법이나 자연법을 별도로 인정하지 않았다.[240] 그러므로 칼 발트에게서는 중세 신학자들의 신법이 바로 인간의 실정법으로 파악되었다. 칼 발트에게서는 신법이 바로 인간의 실정법이었다.[241] 그리하여 칼 발트에서의 실정법은 인간이 만든 인정법이 아니라 신이 만든 신법이었다. 그는 신법을 인간을 위한 신의 실정법(divine positive law)이라고 하였다. 따라서 그는 신법의 강한 구속력을 인정하였다.[242] 그는 구약의 토라(Torah) 그 자체가 인간을 위한 실정법이라고 하였다.[243][244] 그 결과 칼 발트는 인간의 신에 대한 강한 복종이

---

238) Ibid., p.37.
239) 그리하여 종교개혁가들은 성서, 신앙, 신의 말씀으로 돌아갈 것을 주장하였다(Levering, op. cit., p.169).
240) Levering, op. cit., pp.43, 47.
241) Ibid., p.47.
242) Ibid., p.47.
243) Ibid., p.49.
244) 칼 발트와는 달리 미국의 개혁파 신학자 니버(Karl Paul Reinhold Niebuhr: 1892-1971)는 성서상의 신법을 실정법으로 이해하지 않고, 인간중심의 자연법론

요구된다고 하였다.245)

이와 같이 칼 발트는 아주 강력한 신중심의 자연법론을 전개하였다. 신법을 바로 인간을 위한 실정법으로 파악하였다. 신중심의 자연법론에서는 신의 지혜(God's wisdom)를 법의 기초로 이해한다. 창조주는 그의 지혜로 이 세상을 창조하시고, 생명과 빛을 주었으며, 그의 자녀인 인간을 그의 형상을 따라서 창조하였으며, 계속적인 그의 사랑으로 인간을 그의 동반자로 받아들인다는 신중심, 신법중심의 자연법론이다. 더 나아가 신중심의 자연법은 인간의 마음에 새겨져 있는 법이며, 성령의 은혜로 인간이 죄에서 떠나 하나님의 형상을 회복해 나가면 자연법이 완성될 수 있다고 한다.246) 이처럼 신중심의 자연법론은 인간에게 희망을 주는 법관(法觀)에 입각해 있다. 인간이 하나님의 형상을 완전히 잃어버렸다 하더라도 하나님의 은혜로 하나님의 형상을 회복할 수 있고, 그러한 회복으로 인간을 이끌어가는 법이 신법에 바탕을 둔 자연법으로 이해하고 있기 때문이다. 칼 발트와 같이 전통의 자연법과 실정법을 부인하고 신법이 바로 신의 인간을 위한 실정법이라는 주장은 인간에게 창조주를 향한 믿음과 인간의 하나님의 형상의 회복을 강하게 요구하는 견해라 생각한다. 또한 칼 발트의 신중심의 자연법론은 인간에게 희망을 주며, 희망의 길로 가는 방법을 성서의 계명의 실천과 복음을 받아들임에 있음을 제시해 주고 있는 자연법론이라 생각한다.

생각건대 신은 인간의 의지에 의해서 그의 존재 여부가 결정되는 것이 아니라, 신은 객관적으로 존재하고 인간은 신의 계시와 인간의 이성으

---

에 입각하여 신법은 실정법의 참고적인 법일 뿐이라고 하였다(Ibid., p.49).

245) Levering, op. cit., p.58.

246) Ibid., p.66.

로 신을 알아 나가고 이해해 나간다고 생각한다. 그리고 자연법은 신의 지혜, 예수 그리스도의 사랑의 표현이라고 생각한다.247)

## 2. 인간중심의 자연법론(anthropocentric theory of natural law)

자연법을 신중심으로 사고하는 것이 아니라 인간을 중심으로 하여 인간의 이성에 의한 결정에 자연법의 기초를 두고 자연법론을 전개한 자연법론을 인간중심의 자연법론이라 한다. 인간중심의 자연법론(anthropocentric theory of natural law)은 근세의 자연법론자들에 의하여 인간 이성에 의한 이성법을 자연법으로 이해한 것이 가장 대표적이다. 그러나 근세 인간 이성에 의한 자연법론 이전에 이미 인간중심의 자연법적 사고가 있었다. 로마의 키케로는 인간의 행동결정에 있어서는 4가지의 목적이 있다고 하였다. 즉, 자기보존(self-preservation), 자손의 생산과 양육(procreation and raising of offspring), 가족생활과 공적 활동의 사회생활(live in society), 그리고 진리를 앎(to know the truth)이라고 하였다.248) 이 4가지의 목적을 위해서 인간에게는 절제(temperance), 정의(justice), 신중(prudence), 용기(courage) 4가지의 덕목이 요청된다고 하였다.249)

또한 키케로는 4가지의 목적 중에서 진리를 아는 일만이 인간의 이성에 의해서 이루진다고 하였다. 키케로에 있어서 신은 자연이었다.250) 그는 특별히 신의 우위를 인정하지 않았다. 그는 자연을 궁극으로 생각하였으며, 신을 자연의 일부로 생각하였다.251) 그는 자연이 인간의 교사(教

247) Ibid., p.182.
248) Ibid., p.72.
249) Ibid., p.73.
250) Ibid., p.75.

師)이고 안내자로 생각하였다.[252] 키케로는 자연법을 인간의 정직, 선, 미(美)의 성취를 향한 인간의 목적적 역동성(teleological dynamism)이라고 하여 자연법을 인간에게서 찾았다. 그리하여 키케로는 인간 이성이 진리를 찾는 것은 현명하고 살아있으며, 모든 것을 포함하고 있는 자연에 의해 인간에게 주어진 인간의 본성이라고 하였다.[253]

인간중심의 자연법론은 근세 인간 이성 중심의 이성법에 의하여 융성하고 오늘의 자연법론에 이르고 있다. 근세의 인간 이성의 존중은 스토아학파의 로고스에서 이미 시작되었다. 그리하여 근세의 인간중심의 자연법은 인간 이성에 의하여 찾은 합리적이고 이성적인 인간의 이성법을 자연법으로 파악한다. 신이 없어도 효력이 있는 법을 찾아 나간 것이 바로 인간중심의 자연법이다.

그러나 인간중심의 자연법은 선과 악은 신의 질서에 의하여 인간에게 주어져 있고 인간은 단순히 인지(認知)만 할 뿐이라는 주지주의(主知主義)에 대하여 선과 악은 신의 의사에 의하여 결정된다는 주의주의(主意主義)에서부터 출발하였다. 주의주의는 중세 프란치스코 수도회 소속의 둔스 스코투스(Johannes Duns Scotus: 1265/1266-1308)와 윌리암 옥캄(William of Ockham: c.1287-1347)에 의하여 주장되었다. 주의주의는 인간의 이성은 인지(cognition)에 있는 것이 아니라 의사(will)가 본질이라고 함으로써 인간이 신으로부터 떨어져 나와 신과 멀어질 수 있는 길을 사상적으로 열었다. 이러한 주의주의 사상은 개인주의의 기초를 놓았으며, 신으로부터 점차 떨어져 분리되어 나온 인간 개인이 스스로의 의사에 의하여 스스

251) Ibid., p.75.
252) 그의 이러한 사상은 스토아철학의 로고스 사상의 영향을 받은 것으로 이해된다.
253) Levering, op. cit., p.77.

로의 세계를 구축해 나갈 수 있다는 개인주의 사상으로 발전되어 갔다. 그 결과 그로티우스(Hugo Grotius: 1583-1645)는 신 없이도 인간의 사회성 내지 사교성에 의한 자연법을 주장하였다.[254] 그리하여 신법에서 자연법을 구하였던 신중심의 자연법론에서 인간중심의 자연법론으로 나아가게 되었다.

이러한 인간중심의 자연법론은 근세 개인의 이성 존중의 사상으로 더욱 발전하여 근세의 이성법 시대를 이루었다. 인간의 이성 인정의 근원은 스토아학파의 로고스에 있다. 로고스가 발전하여 그로티우스가 이를 인간의 사교성 내지 사회성이라 하여, 인간의 사교성에 의한 자연법을 주장하고, 근세에 이성 존중 시대를 열고, 이성법을 자연법으로 이해하여 인간은 신을 멀리하고 인간중심의 자연법 시대를 열었다. 근세 이후 지금까지 더욱더 인간의 이성이 강조되고 존중받아 이성 절대의 인간중심의 자연법으로 발전하여 오늘에 이르고 있다. 인간중심의 자연법론에서 인간의 이성법 위에 다른 법이 존재할 수 없는 시대로 발전하게 되었다. 그 결과 인간의 가치를 인간에게서만 찾는 비극에 도달하였으며, 이성만능 시대로 발전하였다. 인간의 가치는 인간 밖의 신에게서 찾아야 하는데, 인간중심의 자연법론에서는 인간의 가치를 인간 자신에게서 찾게 되고, 그 결과 인간의 이기적인 욕망도 이성으로 인정하게 되어 인간의 욕망으로부터도 인간의 가치를 찾아 그 결과를 인간 이성에 의한 인간의 가치라고 하는 비극에 도달하였다.[255] 인간중심의 자연법론은 인간이 중세의 교회의 지배로부터 해방되기 위한 법이론으로 형성되었으나, 이성이 아

254) Ibid., p.84.
255) Ibid., p.85.

닌 인간 욕망의 결과를 이성의 가치로 판단하는 모순적인 결과에 이르고 말았다고 평가된다. 인간의 욕망은 하나님의 형상으로부터 생성된 것이 아니라, 인간을 타락으로 이끈 원인이었다.

인간중심의 자연법론에서는 인간을 독자적이고 독립적인 개체로서의 인간, 즉 개인(Inviduum)을 인간으로 이해하였으며, 그 개인의 이기심까지도 이성으로 인정하고자 하였으며, 사소유권을 강하게 보호하고 사유재산제를 인정하였으며, 근세 자연법론자 중에는 사소유권을 친부인권이라고도 하여 강하게 보호하고자 하였다. 그리고 자유시장경제체제를 옹호하여 개인의 이성에 의한 자유로운 경제활동을 보장하여, 개인이 부(富)를 축적할 수 있도록 하는 법이론을 전개하였다. 이와 같이 인간중심의 자연법론은 이성을 가장 중시하여 인간의 욕망까지도 인간의 이성으로 인정하는 결과에 이르렀다.

인간이 신으로부터 멀어져서 인간중심의 세계를 언명(言明)한 대표적인 철학자는 데카르트(René Descartes: 1596-1650)였다. 그는 나는 생각한다, 고(故)로 존재한다고 하여 인간이 이 세상의 중심임을 극명하게 표현하였다. 그 후 근대 자연법론자들도 모두가 인간중심의 자연법론을 전개하였다. 토마스 홉스는 신을 레비아탄(Leviathan)으로 대체하였다.[256) ]이러한 인간중심의 자연법론은 칸트(Immanuel Kant: 1724-1804)에 이르서는 신을 부인하는 단계에까지 이르게 되었다. 이러한 인간중심의 자연법은 개인주의에 기초하고 있으며, 인간의 이성을 의사에 두는 주의주의와 결합되어 주의주의적 개인주의가 주류를 이루게 되었다. 또한 인간 개인에게 자유를 주어야 개인의 이성을 자유롭게 전개할 수 있으므로 개인주

256) Ibid., p.94.

의는 자유주의와 결합하여, 인간중심의 개인주의, 자유주의 시대를 열었다. 근세에 시작된 인간중심의 사고는 현대에까지 이어져 왔으며, 사르트르((Jean-Paul Sartre: 1905-1980)의 실존주의(Existentialismus)에 이르러서는 공동체는 사라지고 오로지 개인, 그 개인도 현존하는 인간만을 인정하는 사고로까지 발전하게 되었다.[257] 존 롤스(John Rawls: 1921- 2002)도 창조주를 생각하지 않고 인간중심의 사고에 의하여 그는 인간 이성으로 정의로운 사회를 만들 수 있다는 그의 정의론을 주장하였다.[258][259]

이와 같은 인간중심의 자연법론은 신으로부터 인간이 멀어지고자 하는 사고로부터 시작하여 점차 인간의 이성으로 이 세상을 계획하고 정의로운 사회를 만들 수 있다는 사상으로 발전하고, 끝내는 신을 부인하는 단계로까지 발전하였다. 이러한 인간중심의 개인주의와 인간 이성을 자유롭게 전개하고자 하는 자유주의 사상은 근대 과학발전의 원동력이 되었으며, 풍요로운 경제를 이루어 인간문명을 발전시켜 오늘에 이르고 있다. 그러나 다른 한편으로는 인간 이성 절대의 사상은 이성의 한계로 인하여 그 부작용도 초래하였다. 그 대표적인 부작용이 양극화이다. 그것은 인간의 이기심도 이성으로 이해한 결과이었다. 이성이 완전하지는 않다. 이성도 한계가 있다. 그러나 인간중심의 이성절대사상은 이성만이 이 세상을 풍요로운 이상적인 사회로 만들 수 있다고 생각하였다. 그러나 이성에는 한계가 있다. 인간의 이성은 신의 지혜를 넘을 수 없다. 인간은

---

257) John H. Hallowell, "Forward", in: Yves R. Simon, The Tradition of Natural Law (New York, Fordham University Press, 1992), p.xxii.

258) Levering, op. cit., p.15.

259) 근대 자연법론과 그 발전 및 롤스의 정의론에 대한 보다 자세한 내용에 관하여는, 김상용, 전게 자연법론과 법정책 참조.

신의 피조물이기 때문이다. 인간이 신의 형상을 따라서 창조되었지만, 인간이 신이 형상 그 자체는 아니다. 예수 그리스도가 신의 형상이라는 성서의 말씀에 비추어 보면, 인간은 신의 형상 그 자체는 아니며, 신의 형상을 따라서 창조된 존재일 뿐이다. 인간이 신과 동일한 존재일 수 없다. 그러나 인간중심의 사상은 인간이 신과 멀어지도록 하고, 끝내는 신을 부인하게 하기도 하였다. 이러한 인간중심의 사상은 인간의 자고(自高)이며, 이성의 오용(誤用)까지도 이성으로 용인하는 사상이라 생각한다. 신은 스스로 존재하지만 인간은 스스로 존재할 수 없다.

## III. 주어져 있는 자연법과 만들어진 자연법

자연법에는 자연질서로서 인간에게 주어져 있는 자연법과 신이나 인간에 의해 만들어진 자연법으로 분류할 수 있다. 주어진 자연법은 사회의 객관적 질서로서 자연의 이치 또는 자연의 순리가 이에 속한다. 이러한 주어진 자연법은 인간은 인지(認知)만 하면 되는 자연법이다. 그러므로 인간의 이성을 인식, 인지에 중점을 두고 있기 때문에 주지주의적 자연법이라고 할 수 있으며, 자연질서가 이에 속하기 때문에 자연적 자연법이라고도 할 수 있다. 사물의 본성에 기한 자연법, 오랜 전통에 의하여 인간의 마음과 삶에 새겨져 있는 자연법, 인간의 생래의 성향(inborn inclination)에 의한 자연법 역시 주어진 자연법에 속한다. 따라서 이러한 주어진 자연법은 사회의 객관적 질서로서의 자연법이다.

이러한 객관적 질서인 주어진 자연법에 대하여 신의 지혜 또는 인간의 이성에 의하여 결정된 자연법을 만들어진 자연법이라 할 수 있다. 만들어진 자연법은 신의 지혜에 의한 신법 또는 인간의 이성에 의한 이성법, 판례에 의하여 확고하게 된 자연법 등이 이에 속한다. 이러한 만들어진 자연법은 신의 의사, 인간의 이성 중에서 인간의 의사(Wille)를 중시하므로 주의주의적 자연법이라 할 수 있다.

주어진 자연법과 만들어진 자연법은 고정되어 있는 것이 아니다. 만들어진 자연법이 세월이 흐르면 객관적 질서로 법의식화되어 주어진 자연법으로 전환되기도 한다. 신법도 신에 의하여 창조되었지만, 인간의 입장에서는 주어진 자연법이라고도 할 수 있다. 때로는 사회에 주어져 있는 자연법을 인간이 실정법으로 제정을 하게 되면 만들어진 자연법으로 전환이 된다.

주어진 자연법과 만들어진 자연법의 분류를 통해 본 자연법은, 신의 지혜에 의한 신법, 자연질서에 의한 자연의 이치와 순리, 인간의 의사에 의한 이성법 등이다. 이러한 자연법은 객관적이고 보편적이며 가장 이상적인 법이라고 할 수 있다.

## Ⅳ. 항구불변의 자연법과 변화하는 자연법

자연법의 존재모습에 관하여 자연법은 영원한 진리이기 때문에 항구불변의 법으로 존재한다고 보는 자연법론도 있으며, 자연법은 시대사상의 변화에 따라서 변화한다는 변화하는 자연법론도 있다. 중세의 신법은 영구법이었기 때문에 신법은 불변적이라고 이해하였다. 그리고 근세의 이성의 자연법론에서도 자연법은 보편적이고 불변적이라는 자연법론을 전개하였다. 그러나 자연법론에서 주장된 불변적인 법원칙과 법제도들이 국가의 제정법으로 입법이 된 후에는 자연법이 실정법에 내재하게 되고, 실정법의 변화에 따라서 자연법도 변화한다는 변화하는 자연법론이 주장되었다.

자연법에는 항구불변의 자연법도 있고 변화하는 자연법도 있으며, 특히 자연법의 재생, 자연법의 재창조를 주장하는 견해에 의하면 변화하는 자연법을 인정하게 된다. 초실정법적인 자연법은 항구불변의 자연법이다. 성서의 십계명은 신법이면서 항구불변의 자연법이다. 또한 성서의 복음도 역시 신의 인간사랑의 법으로서 자연법이며, 또한 항구불변의 자연법이다. 오늘날과 같은 법실증주의가 지배하는 시대에도 이러한 신법과 신의 인간사랑의 자연법은 불변의 자연법으로 존속한다. 그러나 사랑을 실천하는 구체적인 내용의 사랑의 실천법은 시대사정의 변화에 따라서 변화하는 자연법으로 그 내용이 변화할 수 있다.

자연법은 영원히 회귀한다. 따라서 자연법은 재생하고 재창조되어, 자연법도 더 높은 이상을 향하여 발전을 한다. 그렇기 때문에 자연법은 희망의 법이다. 자연법의 사상적 근원은 인간의 하나님의 형상에서 구하는 자연법론에서는 인간의 하나님의 형상의 회복으로 이끌어가는 법이 자연법이며, 인간의 하나님의 형상의 회복 방법은 변화할 수 있으므로 자연법의 내용도 변화하게 된다. 또한 이 세상에는 완전 내지 완벽은 없으며, 완전을 향하여 계속 발전해 나아가는 진행과정이 있을 뿐이므로 십계명과 복음의 사랑법은 불변의 자연법으로 존재하지만, 이성에 의한 자연법은 변화를 계속하는 자연법일 수밖에 없다. 이성의 자연법이 변화하지 않으면 인류의 역사는 이상을 향하여 더 이상 발전할 수 없기 때문이다. 앞으로는 신인협력에 의하여 신의 계시와 인간의 이성의 협력에 의하여 자연법은 계속 창조되어 나갈 것이며, 그 자연법은 보다 더 이상적인 방

향으로 변화하는 자연법으로 존재하게 된다.[260]

미국의 신학자 니버(Karl Paul Reinhold Niebuhr:1892-1971)도 자연법은 특정의 시대 혹은 특정의 문화의 도덕적 열망의 반영이라고 하여, 변화하는 자연법을 주장하였다.[261] 그의 변화하는 자연법론에 따라, 그는 중세 기독교에서의 자연법은 봉건적인 요소를 반영하고 있었으며, 18세기의 자연법은 자본가측의 이익을 강조하였다고 하였다.[262]

## V. 초실정법적인 자연법과 실정법에 내재하는 자연법

자연법은 실정법 위에서 실정법을 지도하는 초월적 내지 초실정법적인 자연법과 실정법으로 규정되어 있는 실정법에 내재하는 자연법으로 분류할 수 있다. 자연철학에 기초한 고대의 자연법, 로고스에 의한 자연법, 신의 지혜에 의한 신법, 인간 이성에 의하여 만들어진 불문법으로서의 자연법은 초월적인 자연법이다. 이러한 초월적 자연법을 실정법으로 규정하게 되면 그 법은 실정법이지만 내용은 자연법으로서 이를 실정법에 내재하는 자연법이라 한다. 저항권과 같이 실정법에 규정은 되어 있지

260) 신의 창조에 관하여 후술할 계속적 창조론에 의하면, 신중심의 자연법에서도 변화하는 자연법을 쉽게 설명할 수 있을 것으로 생각된다. 그러므로 계속적 창조론에서는, 자연법도 신에 의하여 계속적으로 창조됨을 설명할 수 있으며, 신중심의 자연법도 항구불변의 자연법과 함께 시대의 변화에 따라서 변화할 수 있는 기독자연법을 정립할 수 있다고 생각된다.

261) Love and Justice: Selections from the Shorter Writings of Reinhold Niebuhr (edited by D.B. Robertson, Cleveland and New York, The World Publishing Company, 1967), p.17.

262) Ibid., p.16.

만 그 내용을 실정법으로 규정하기 어려운 자연법은 초실정법적인 자연법으로 분류함이 타당하다고 생각한다.[263)]

실정법에 내재하는 자연법은 자연법이 실정법에 조문화되어 있기 때문에, 때로는 당해 실정법의 개정에 의하여 자연법이 아닌 법으로 전환될 수도 있다. 그리하여 자연법도 항구불변적인 법이 아니라 변화한다는 변화하는 자연법을 인정하기도 한다.[264)] 변화하는 자연법론은 근대 자연법사상과 자연법론에 기초하여 근대민법전이 제정된 후 법실증주의가 그 세력을 떨치게 되었을 때에 초실정법적인 자연법 대신에 현실과 이상을 조화하는 유동적인 자연법으로 주장되었다.[265)] 초실정법적인 자연법은 항구불변적인 자연법이다. 그 항구불변적인 자연법을 기초로 하여 근대 민법전을 제정하고서는 제정된 민법전의 논리정연한 해석에 법학의 중심을 둔 법실증주의가 득세함으로써 근대 자연법론은 약화되었다. 이러한 자연법 약화의 시대에 자연법의 재생과 변화하는 자연법론을 정립하게 되었다. 실정법에 내재하는 자연법은 주로 법원칙에 관한 규정으로 입법이 되어 있다. 자연법의 재생에 관한 대표적인 자연법론은 스탐믈러(Rudolf Stammler: 1856-1938)에 의한 정법론(正法論, die Lehre des richtigen Rechts)이었다.[266)]

초실정법적인 자연법이든 실정법에 내재하는 자연법이든, 자연법은

---

263) 독일 기본법 제20조 제4항에서 저항권에 관하여 규정하면서 저항권의 내용에 대해서 구체적으로 규정하고 있지 아니하며, 독일 기본법 제79조 제3항에서는 이 저항권에 관한 독일 기본법의 규정은 헌법개정에 의해서도 폐기할 수 없도록 규정하고 있다.

264) 김상용, 전게 자연법론과 법정책, 228면.

265) 상게서, 220면.

266) 자연법의 재생에 관한 보다 상세한 내용에 관하여는, 김상용, 전게 자연법론과 법정책, 217면 이하 참조.

실정법의 합법성을 부여하며, 실정법을 지도하는 기능을 담당함에는 차이가 없다. 실정법이 자연법에 반할 때에 그 실정법은 효력이 없다. 때로는 실정법에 내재하였던 자연법이 당해 실정법이 폐지됨으로써 자연법이 아닌 법으로 전환이 되었다 하더라도 국민의 삶 속에서 지켜지고 있다면, 그 자연법을 관습법으로서의 효력을 인정할 수 있다. 독일에서는 자연법 사상에 기초하여 제정된 프로이센 일반주법이 더 이상 효력을 갖지 않으나, 그 프로이센 일반주법의 규정을 관습법으로 인정하여 실정법에 내재해 있던 자연법의 효력을 계속 인정하는 판결을 하기도 하였다.

## VI. 신법과 이성법의 자연법으로의 통합

중세에는 신법은 신이 인간에게 내려준 계명으로서 변경할 수 없으며(immutable), 자연법은 인간이 이성으로 이해한 신법으로, 신법과 자연법의 상하질서의 관계가 설정되었다. 그러나 오늘날은 정교분리의 원칙에 의하여 세속국가에서는 자연법과 다른 신법을 인정할 수 없다. 그러나 세속국가에서도 성서상의 복음은, 그 복음이 신법이라는 것 때문에 효력을 부인할 수는 없다. 신약성서에서의 복음은 사랑의 법으로서 실정법에서 이를 규정하지 못하고 있다 하더라도 그 법적 효력이 인정된다. 복음은 신이 인간의 가슴에 새겨준 사랑의 법이면서 동시에 양심법이다. 그러므로 세속국가에서 정교분리의 원칙에 의하여 복음을 실정법으로 입법하지 못한다 하더라도 복음은 자연법으로서 세속국가에서도 법적 효력을 갖는다고 생각한다. 또한 실정법의 해석에 있어서도 복음에 기반한 해석도 이루어질 수 있다.

그리고 이성법은 인간의 이성에 의한 법으로서 근세 자연법론에서의 중심적인 자연법이었다. 또한 오늘날의 실정법도 역시 때로는 절대권력자의 의사 또는 그의 자의에 의한 명령이 실정법으로 규정되어 있기도 하지만, 민주적인 법치국가에서의 실정법은 인간의 이성에 의한 합리적인 법이 대부분이다. 세속의 민주적 법치국가에서는 신법도 그 법명을 신법이라고 하지 않는다 하더라도 신법은 실정법의 입법, 해석 및 적용에 있어서 영향을 주고 있는 자연법이다. 신법은 그 효력을 아무리 부인해도 그 효력이 사라지지 않는다.

이제는 신법과 이성법을 합하여 자연법으로 통합함이 타당하다.[267)] 그리하여 중세에서와 같이 신법, 자연법, 인정법의 순으로 법의 상하질서를 체계화할 것이 아니라, 자연법과 실정법으로 나누고 자연법 속에는 신법도 이성법도 자연질서도 모두 포함하는 법으로 체계화함이 타당하다고 생각한다. 실정법 속에서도 자연법이 내재해 있을 수 있기 때문에 자연법과 실정법으로 법을 2대별하는 분류체계도 항상 적절하다고는 할 수 없다.

1983년에 제정된 교회법전(CIC: Codex Iuris Canonici)에서는 신법(神法)이라는 용어도 자연법이라는 명칭도 모두 사용하고 교회법의 법원(法源)의 하나로 인정하였다.[268)] 그리하여 교회법에서는 자연법을 신법과 구별하기도 하고 신법을 자연법에 포함시키기도 한다. 교회법은 근원적으로 자연법에 기초하고 있는 법이다.[269)]

---

267) 자연법과 신법은 동의어는 아니다. 그러나 그 핵심내용은 동일하다(See, Paul Badie, "Natural Law in the Orhtodox Tradition", in: Christianity and Natural Law (edited by Norman Doe, Cambridge University Press, 2017), p.53).

268) ホセ ヨンパルト(José Llompart), 教會法とは何だろか(What is Canon Law?)(東京, 成文堂, 2005), 50면 및 182-187면.

269) Costigane, op. cit., p.33.

# V

# 자연법의 역사

# 제5장 자연법의 역사

## I. 자연법 및 자연법론의 역사성

자연법은 역사적으로 점진적으로 발전하여 왔다. 자연법이 세속의 부정의(不正義)에 대하여 급진적, 혁명적인 법으로서 저항을 하기도 하였지만, 자연법은 인간세계의 완전을 향하여 점진적으로 발전하여 왔다.[270] 그러므로 자연법은 단번에 생성되는 것이 아니다. 법실증주의에 대항하면서 세속세계가 나가야 할 이상을 향하여 점진적으로 생성되고, 법실증주의의 득세로 약화되었다가 사회가 정의롭지 못하면 자연법은 다시 재생하여 왔다. 그러므로 자연법은 인간의 선(善)과 사회의 정의의 이상을 향하여 발전되어 왔다. 이러한 자연법의 계속적인 생성과 출현 현상을 독일 출생의 미국 법률가 롬멘(Heinrich Albert Rommen: 1897-1967)은 자연법의 영원한 회귀(die ewige Wiederkehr des Naturrechts; the eternal return of natural law)라 하였다.[271]

자연법론은 이상을 향하여 그 이상을 완벽하고 완전하게 이루고자 하

---

270) Yves R. Simon, The Tradition of Natatural Law (New York, Fordham University Press, 1992), p.162.
271) Ibid., p.3.

는 법사상 내지 법이론이다. 그러나 인간세계에서 완전과 완벽은 달성할 수 없는 경지(境地)이다. 자연법론이 이상세계를 달성하고자 하는 법사상이지만 이상의 완전실현은 이룰 수 없는 경지이기 때문에 자연법론은 현실세계를 지나 이상세계로 이끌어가는 희망의 법이다. 또한 자연법은 현실의 법이 이상을 향해 나아가도록 이끌어 가는 법이다. 그렇기 때문에 자연법은 영원히 회귀하여 계속적으로 더 높은 법의 세계를 향하여 더 이상적인 법으로 재생하는 것이다. 이러한 자연법의 영원한 재생은 인간세계와 인간의 법제도가 불완전하기 때문에 보다 보편적인 자연법이 요청되어 일어나는 것이다.[272)]

자연법 사상은 고대로부터 나타났다. 역사적으로 고대 그리스의 소피스트들이 강자의 명령이 법이라고 주장하고 그러한 사고에 입각하여 통치가 이루어졌을 때에, 소크라테스와 플라톤이 인간의 자의(恣意)에 의한 통치가 아니라 객관적인 진리에 의한 통치와 그러한 통치를 위한 법을 주장하였을 때에 자연법 사상은 태동하기 시작하였다. 고대 그리스에서 자연법 사상이 출현한 이래로 자연법은 오늘날까지 끊임없이 법실증주의와 대립하면서 재생하여 더 높은 차원의 자연법론이 형성되어 왔다.

이러한 자연법 사상은 법학자들만이 주장한 것이 아니라, 철학자, 신학자들도 주장하였다. 세속의 법률가들만이 아니라 교회도 주장하여 실천하고자 하였다. 자연법은 단순한 법에서의 법사상만이 아니라 인간의 선과 사회의 정의를 향한 사상이기 때문에 인간과 사회 모두에 관계하는 사상이다. 그리하여 자연법 사상은 역사를 부정의(不正義)의 역사로부터 정의의 역사로 역사를 바꾼 사상이기도 하다.

---

272) Ibid., p.xiv.

그리고 자연법은 완전한 실정법으로 바꾸어질 것을 기다리는 이미 만들어져 있는 법(ready-made law)이 아니라, 보다 선한 인간의 행동과 보다 정의로운 사회의 진행을 지도해 나가는 법이다.[273] 이처럼 자연법 내지 자연법 사상은 고정되어 있거나, 순식간에 생성되는 것이 아니라, 완전을 향해 성장해 나가는 것이다.[274]

## II. 고대의 자연철학적 자연법론

자연법 사상은 고대 그리스의 소크라테스, 플라톤으로부터 시작되어, 스토아철학에서 자연법을 처음으로 인정하고, 로마법에까지 이르렀다. 스토아철학 이전의 소크라테스와 플라톤은 자연법이란 법개념을 알지 못하였지만 현실세계의 법과는 다른 현실세계 위의 객관적인 보편적이고 이상적인 질서가 있음을 인정하고, 그 이상세계 질서를 인정하였다. 그 이상세계 질서가 바로 자연법 생성의 원류(源流)가 되었다. 소크라테스와 플라톤은 신을 인정하지 아니하였으며, 자연질서를 이상적인 질서로 관념하였다. 그리하여 그들의 자연법 사상의 시원(始源)이 된 사상을 자연주의적 자연법론이라 한다. 이러한 소크라테스와 플라톤의 자연법 관념은 당시 권력자의 자의에 의한 명령을 법이라고 한 소피스트들의 법실증주의적인 주장에 대하여, 객관적이고 이상적인 현실세계 위의 이상세계가 있음을 인정하고 그 이상세계의 법을 주장하였던 것이었다. 플라톤의 이데아론이 자연철학적 자연법론의 대표라 할 수 있다.

---

273) Ibid., p.x.
274) Ibid., p.viii.

자연주의 자연법론은 더 발전하여 스토아철학에서는 모든 생명 있는 존재들은 모두 각각 자신의 이성(logos)을 갖고 있으며, 그 이성의 질서가 자연법이라고 하였다. 또한 스토아학파에서는 우주(Kosmos)에서부터 신을 독립시키고 인간과 자연만을 자연으로 이해하여 신의 질서인 신법을 자연법과는 구별하고, 점차 스토아철학의 발전과 함께 인간도 자연에서 분리하여 자연법과 인간질서의 법인 인정법을 구별하였다. 스토아철학에서 모든 생명체는 다 각각 이성을 가지고 있다는 사상은 모든 인간이 평등의 이념을 갖고 있었으며, 이는 사해동포주의의 사상적인 뿌리가 되었다.

스토아철학에서 모든 생명체는 각각 그의 이성을 갖고 있다는 로고스 사상은 아리스토텔레스의 모든 생명 있는 것들은 그 내재적으로 각 생명체를 움직이는 동인인 엔테레히(Entelechie)가 있다는 사상을 더욱 발전시킨 사상으로 이해된다. 아리스토텔레스는 엔테레히가 각 생명체를 움직이는 동인이며, 그 동인은 각 생명체에 내재적으로 존재한다고 하였다. 스토아학파에서는 아리스토텔레스의 각 생명체에 내재적으로 존재하면서 각 생명체를 움직이는 엔테레히를 각 생명체의 이성(logos)으로 파악한 것이었다. 따라서 각 생명체는 자신의 로고스에 의해서 변화를 계속해 나가는 것으로 파악되었다. 플라톤의 이데아는 현실 세계 위에 존재하는 이상세계이나, 아리스토텔레스는 플라톤의 이데아를 현실 속으로 세속화하여 이를 엔테레히라 하였다.

스토아철학에서 자연법이란 용어를 사용하여 자연법을 인정하였지만, 그 자연법은 여전히 자연질서로서 자연법칙을 자연법으로 이해하였다. 아리스토텔레스는 자연법의 관념을 엔테레히에 두고, 자연법의 핵심

내용에 대한 이론을 제시하였다. 아리스토텔레스는 정의를 보편적 정의와 특수적 정의로 나누고, 보편적 정의를 법적 정의라 하고, 특수적 정의를 세분화하여 배분적 정의(distributive justice)와 교정적 정의(corrective justice)로 나누고, 형평(aequitas; equity; Billigkeit)의 이념을 제시하였다.

스토아철학은 로마에 전수(傳授)되어 로마법의 발전에 기여하였다. 로마법에서는 로고스를 인간을 포함한 모든 동물에게 인정된다고 하여, 스토아철학에서 모든 생명체에 로고스가 있다는 것에서부터 로고스가 인정되는 범위를 축소하였다. 그리하여 자연법을 모든 동물의 이성의 질서로 규정하였다.[275] 그러므로 로마법에서도 자연법을 인정은 하였으나, 자연철학에 입각한 자연법론에 머물러 있었다. 남녀가 혼인을 하고 자녀를 출산 및 양육하는 질서는 자연법에 속한다고 하였다.[276] 따라서 로마법에서도 역시 자연철학적 자연법론에 입각하고 있었다고 이해된다. 또한 로마법은 스토아학파의 자연법 사상에 기초하여 발전된 법이었다.[277] 키케로도 스토아철학의 영향을 받았으며, 로마의 5현제(賢帝) 중 마르쿠스 아우렐리우스(Marcus Aurelius: AD 121-180, 재위 AD 161-180)는 후기 스토아철학자였다.

스토아철학에서의 모든 생명체에 이성(logos)이 있다는 사상은 그 후 보편주의 도덕윤리와 모든 사람은 세계시민이라는 세계시민 사상의 사상적 뿌리가 되었다.[278] 이러한 스토아철학의 사해동포주의적 사상은 알렉

275) D. 1. 1. 1. 3.
276) D. 1. 1. 1. 3.
277) Simon, op. cit., p. .31.
278) Ibid., p.30.

산더 대왕(Alexander the Great: BC 356-BC 323)의 동방원정으로 더 넓어진 개방적인 세상의 반영으로 평가되고 있다.[279][280]

이와 같이 스토아철학에서 시작된 자연법 사상 내지 자연법은 로마법을 발전시키고 중세의 도덕신학(Moraltheologie)을 통하여 중세 교회법에 영향을 주었다. 그리고 스토아철학에서의 로고스 사상과 사해동포주의 사상은 오늘날의 자연법론의 전개에도 영향을 주고 있다.

## III. 중세의 기독교 자연법론

유대교에서 시작된 유일신과 창조의 신 사상은 모세에 와서 경전으로 문서화되었다. 유대교는 율법을 강조하는 종교이었으나, 사도 바울(Saint Paul: AD c.5-c.64/67)이 율법의 유대교를 사랑의 기독교로 바꾸어 나갔으며, 사랑의 기독교가 로마제국에 전파되어 서방세계에 기독교가 알려지고, 로마제국의 핍박을 받다가 서기 313년에 로마 황제 콘스탄티누스에 의해 기독교가 공인되고, 서기 391년 테오도시우스 I세(AD 379-395 재위)에 의해 기독교가 로마의 국교로 되었다.

로마에는 이미 스토아철학의 영향을 받아 로마법이 발달하였다. 이미

---

279) Ibid., p.31.

280) 스토아철학의 창시자인 제논(Zeno of Citium: BC c.334-c. 262)은 알렉산더 대왕의 동방원정이 끝날 때 즈음에 출생하였다. 따라서 스토아철학에서 로고스 사상은 알렉산더 대왕의 동방원정을 통한 동서문화 융합의 문화인 헬레니즘 문화의 탄생과 함께 형성된 사해동포주의적인 사상이라 평가해 볼 수 있다. 그리고 스토아철학에서의 사해동포주의 사상과 알렉산더 대왕의 동방원정 과정에서의 동서문화의 융합정책을 미루어 볼 때에, 민족주의에 입각해서는 대제국을 이루어 통치할 수 없으며, 대제국의 통합은 세계주의, 사해동포주의의 자연법으로만 가능함을 역사가 이를 교훈해 주고 있다(See, Ibid., p.31).

서력기원 전 27년에서 서기 283년까지의 3세기의 기간 동안에 로마법이 가장 발달한 로마법의 고전시대를 이루었다. 로마법의 고전시대를 지나서 기독교가 로마에서 공인되고 국교로 됨으로써 교회는 로마황제의 보호를 받게 되고 교회의 체계화와 교회질서는 자연스럽게 로마법을 전수받아 로마법에 따라서 이루어졌다.

그리고 교회가 황제의 지배 하에 있었던 당시에는 황제가 교회의 성직자들을 임명하였다. 그러나 이러한 황제에 의한 성직자 임명에 대해서 교황이 반기(反旗)를 들어 성직자 선임에 관하여 황제와 교황간에 서임논쟁(敍任論爭, Investiturstreit)이 있어났다. 서임논쟁은 신성로마제국 황제인 하인리히 5세(1106-1125 재위)와 교황 칼릭스투스 2세(Pope Calixtus Ⅱ: 1119-1124 재위) 간에 맺어진 1122년의 보름스 협약(Concordat of Worms)에 의해 교황에게 성직임명권이 있는 것으로 결정이 되었다.[281] 그리하여 교황이 교회뿐만 아니라 세속권력을 지배하는 교황권력 시대를 열었다. 이 시대에 교회에서는 로마법을 계승하여, 로마법을 교회의 도덕신학(Moraltheologie)에 의하여 도덕화하여 도덕화된 교회법을 발전시켰다. 바로 이 도덕화된 로마법인 교회법(Canon Law: Kanonisches Recht)이 중세[282]의 기독교 사상의 자연법론에 기초한 기독교 실정법이었다.

그리하여 중세에는 기독교 사상에 기초한 기독교 자연법의 시대를 열었다. 기독교 자연법론에서는 법의 상하질서를 신법, 자연법, 인정법으로 나누고 자연법은 인간의 이성에 의하여 이해한 신법으로 파악하였다. 신법은 신의 계명이며 신이 영원하듯 신법도 변함이 없는 영구법으로 이

281) 보름스 협약은 1123년 라테란공의회((Laterankonzil)에 의해 확인되었다.

282) 중세는 서로마제국의 멸망(서기 476년)에서부터 동로마제국의 멸망(1453), 콜럼버스에 의한 신대륙 발견(1492) 및 종교개혁(1517)의 시기까지의 기간이다.

해하고, 인정법은 자연법을 위반할 수 없었다. 이러한 중세의 기독교 자연법론은 교부, 수도사들에 의하여 이루어졌으며, 당시의 스콜라철학에 의하여 기독교 자연법론에 기초한 교회법은 학문적으로 신학이면서 동시에 법학의 내용을 이루었다. 그리고 중세의 기독교 자연법론은 신중심의 자연법론이었다.

이와 같이 중세의 기독교에 의한 신중심의 자연법론을 바탕으로 하는 교회법은 교회만이 아니라 세속의 사건에도 적용되었으며, 교회법원은 세속의 사건도 재판하였다. 교회법의 발전에 따라서 교회법의 법원리가 세속의 법원리로 발전하게 되었으며, 엄격하던 로마법을 순화해 나갔다. 그러나 중세의 교회법도 기본은 로마법이었으며, 로마법을 기독교의 도덕신학에 의하여 순화, 도덕화한 기독교 자연법이었다.[283]

중세의 기독교 자연법론에서는 신법(神法)이 가장 중요한 법이었다. 자연법은 인간의 이성에 의해 이해된 신법으로서 자연법은 신법의 일부였다. 신법은 신이 만들어 인간에게 주어진 법으로서 인간은 이성에 의해 이를 부분적으로 파악할 수 있을 뿐이었다. 그리하여 중세의 기독교 자연법론이 전개한 주류의 신학자와 법학자들은 주지주의자들(intellectualist)로서 신이 이미 결정하여 준 것을 인간은 이성으로 인지할 수 있을 뿐인 인간의 지적 능력으로 이해하였다. 그러므로 주지주의자들은 선과 옳은 것은 이미 신의 창조에 의해 이 세상에 주어져 있고, 인간은 신이 결정한 선한 것과 옳은 것을 인지할 뿐이라고 하였다. 그 대표적인 신학자가 아우구스티누스, 토마스 아퀴나스[284] 등이었다.

283) 이러한 로마법의 교회법으로의 발전 및 교회와 세속권력과의 다툼에 대한 보다 자세한 내용에 관하여는, 김상용, 서양법사와 법정책(피엔씨미디어, 2014), 292-303, 359면 이하 참조.

그러나 중세에도 이미 인간의 이성이란 신의 결정을 인지하는 정신능력이 아니며, 선과 옳은 것은 신의 창조에 의해 주어져 있는 것이 아니라 신의 의사(Wille)에 의해 결정된 것이라는 주의주의(voluntarism)가 태동하였다. 주의주의자들은 신이 선과 악을 결정하지 않으면 선도 악도 존재하지 않는다고 하였다. 신이 선으로 결정하였기 때문에 선이라는 사고가 프란치스코 수도회 소속의 둔스 스코투스,[285] 윌리암 옥캄에 의하여 주장되었다.[286] 이는 도미니크 수도회 소속의 아퀴나스와는 다른 사상이었다. 또한 주의주의와 주지주의는 보편성에 관한 논쟁에서 보편이 실재한다는 실재론(realism)과 보편은 실재하지 않고 이름뿐이며 존재하는 것은 개체만이라는 유명론(nominalism)으로 대립되어 갔다.[287][288] 주의

284) 주지주의자로 분류되는 토마스 아퀴나스는, 신앙과 이성, 즉 신의 계시와 인간의 이성을 모두 중시하는 사상을 제시하였다. 하나님의 존재를 인간의 이성으로 알 수 있다고 인간의 이성을 높이 평가하는 한편, 성경을 근거로 하여 하나님의 초자연적인 계시의 도움 없이는 인간의 하나님에 대한 지식이 불충분하다고 하였다(길희성, 영적 휴머니즘 (아카넷, 2021), 223면 참조). 이와 같이 그는 계시신앙의 진리를 전제로 하여 이성의 진리를 추구하였다. 이성과 신앙, 자연과 은총, 철학과 신학은 결코 모순되지 않으며, 이성의 진리는 신앙의 진리를 위한 준비가 되고, 신앙의 진리는 이성의 진리를 증대시키고 완성한다는 것이 토마스 아퀴나스에 의해 수립된 신학적 입장이다(상게서, 224면 참조). 그리하여 그는 신앙 없는 합리주의나 이성을 무시하는 신앙주의를 거부하고, 이성과 계시, 철학과 신학을 종합하려는 토마스 아퀴나스 사상은 이성의 독자적인 역할을 제한적인 범위에서나마 인정함으로써, 비록 그가 의도한 것은 아니지만, 결국 이성이 신앙과 분리되다가 급기야 완전히 세속화되는 단초를 제공하였다고 평가된다(상게서, 227면 참조).

285) 주의주의자였던 둔스 스코투스는, 신은 우주만물을 산출하는 창조적 의지이고 세계와 사물들은 신의 의지를 따를 뿐이라고 하였다(길희성, 영적 휴머니즘 (아카넷, 2021), 230면 참조). 또한 그는, 신의 의지를 규제할 필연성을 띤 이성이나 사물의 법칙 같은 것은 존재하지 않는다고 하였다(상게서, 230면). 더 나아가 그는, 세계와 사물이 현재의 모습으로 존재하는 것은 오직 신의 의지에 따른 것이지 그렇게 되어야 할 어떤 필연성이 있기 때문이 아니라고 하였다(상게서, 230면).

286) 이 주의주의가 근세 인간 이성에 의한 자연법론 전개에 영향을 주고, 또한 주의주의는 개인주의와 결합하여 발전하게 되어, 근세 이래로 주의주의적 개인주의가 근세 이후 시대의 주류사상이 되었다. 또한 실재론(realism)보다는 유명론(nominalism)으로 발전되어 갔다.

주의는 유명론을 주지주의는 실재론에 입각해 있었다.

그러므로 중세의 기독교 자연법은 주지주의와 보편성을 인정하는 실재설에 입각해 있었다. 그리고 중세 기독교 자연법론은 인간을 개체로서의 존재보다는 사회인으로 이해하였으며, 기독교의 사랑의 덕목도 자기 자신에 대한 사랑보다는 이웃을 향한 공동체를 위한 공동선으로서의 사랑을 강조하였다. 그러나 중세에는 아리스토텔레스의 철학이 강한 영향을 미쳤다. 아리스토텔레스는 노예제를 인정하였기 때문에, 중세 신학에서도 인간의 차등이 용인되었으며, 사회경제적으로는 신분구속적 사회였기 때문에 농노는 완전한 인간으로 대접을 받지 못하였다.

역사적으로 중세를 암흑기라고 한다. 그러나 법에서는 중세가 결코 암흑기가 아니라 법이 기독교 자연법론에 기초하여 법이 발전한 시기였

---

287) 윌리암 옥캄이 중세 사상가들의 일반적 관념이었던 자연법 사상, 즉 하나님이 창조한 세계에는 이미 자연적으로 주어져 있는 도덕적 규범이 존재하며, 인간은 이성을 통하여 그것을 알 수 있다는 토마스 아퀴나스의 주지주의 입장을 부정하였다(길희성, 영적 휴머니즘 (아카넷, 2021), 235면 참조)). 옥캄의 주의주의에서는 신의 뜻과 의지가 도덕의 기반이었으며, 하나님 자신의 자유로운 의지가 도덕적 규범이고 질서이었기 때문이었다(상게서, 235면 참조). 옥컴의 주의주의와 유명론은 근대 개인주의의 맹아(萌芽)이었으며, 실존이 본질에 앞선다는 실존주의의 기초사상을 제공하였다(상게서, 234면 참조). 루터는 옥캄을 자신의 스승으로 여겼다(상게서, 240면).

288) 중세의 주지주의에 의한 보편적 진리관의 사상적 기초는 플라톤 철학의 본질주의적 사고에 있었다(길희성, 영적 휴머니즘 (아카넷, 2021), 232면 참조). 그러나 주의주의자였던 옥캄에 따르면, 신을 표현하는 이러한 초월범주들은 단지 인간에 의한 추상적인 개념일 뿐이며, 그것들은 신의 마음에 존재하는 것이 아니라 인간의 마음에 존재하는 개념일 뿐이라고 하였다(상게서, 232면). 그는 또한, 만약에 사물의 영원한 본질들이 신의 관념으로서 신의 마음 속에 존재한다면 신의 자유는 구속받을 수밖에 없다고 하였다(상게서, 234면). 그리하여 그는, 보편자들은 실재하지 않고 단지 개념 혹은 이름뿐이라는 유명론을 전개하였다(상게서, 233면). 그러나 기독교 신학은 전통적으로 플라톤주의의 영향 아래 사물의 이데아(idea)들 혹은 원형들은 만물이 창조되어 존재하기 전부터 신의 마음 속에 존재하는 관념들이라고 생각하였으나, 옥캄은 이러한 사고를 부정하였다(상게서, 233면). 주지주의 기독교 신학에서는, 신은 불변하는 사물의 본질들을 모델로 해서 개물(個物)들의 세계를 창조하였다고 이해하였다(상게서, 233면).

다고 생각한다. 중세 교회는 로마법을 계수하여 스토아철학에 입각한 로마법을 도덕신학에 의하여 순화하고 도덕화하였으며, 교회법학, 교회재판을 통하여 로마법이 알지 못했던 새로운 법제도를 형성하여 근세에 전해 주고 이는 근대 민법전의 제정으로 실정법화되었다. 그리고 주의주의, 유명론이 중세에 형성되기 시작하여 근세의 인간 이성의 자연법론으로 이어졌다. 또한 교회법이 볼로냐 법학교에서 가르쳐 졌으며, 교회법 대전도 편찬이 되었다. 교회법 대전 중 특히 그라티아누스 교령집(Decretum Gratiani: 1140년 편찬)은 자연법으로 평가받고 있다.[289] 이처럼 중세는 도덕신학에 의한 교회법의 시대로서 법발전에 있어서 결코 암흑기라 할 수 없다.

교회의 시대, 교회법의 시대였던 중세도 십자군전쟁[290]의 실패(1291)와 아비뇽의 유수(1309-1377)를 거치면서 세속권력을 지배하던 교회권력도 약화되기 시작하였다. 이러한 교회권력의 약화를 틈타 세속세계에서는 절대왕정이 나타났다. 절대왕정의 출현은 신중심의 자연법의 시대를 끝내고 인간중심의 자연법이 태동할 수 있는 계기가 되었다. 그러한 인간중심의 자연법 사상은 중세에 이미 주의주의의 주장으로 배태되기 시작하였다.

---

289) Simon, op. cit., p.32.

290) 십자군전쟁은 교황권력이 강성하였던 1095년에 시작되어 1291년에 실패로 끝났다.

## Ⅳ. 근세의 인간 이성의 자연법론

근세는 신중심의 중세를 극복하고 인간중심, 인간의 이성에 의한 자연법론의 시대이다. 중세의 신중심의 자연법론에서는 신법이 가장 중요하였다. 그러나 근세의 인간 이성에 의한 자연법론에서는 신법이 가장 중요한 법이 아니라, 인간의 이성에 의하여 만들어진 이성법을 자연법으로 이해하였다. 그 결과로 인간은 신으로부터 점차 멀어지고 신으로부터 인간이 독립한 존재로 인식하였으며, 인간은 이성을 가진 존재로서 이성에 의해 이 세상을 설계하고 이 세상을 이성에 의해 인간 스스로가 만들어 나갈 수 있다고 생각하였다.

이러한 인간은 이성을 가진 존재로서 스스로 이 세상을 치리해 나갈 수 있다는 사상은 이미 중세의 주의주의에서 시작되었다. 주의주의는 유명론과 결합하여 인간은 개인이 중요하며, 인간에게는 자유가 인정되어야 한다는 자유주의 사상으로 전개되었다. 그리하여 근세는 개인주의와 자유주의가 결합된 개인의 이성 존중의 시대를 이루었다. 이러한 개인주의와 자유주의는 주의주의, 유명론으로부터 발전되어 온 사상이었지만, 사회경제적으로는 중세의 신분구속적인 봉건주의 사회를 극복하기 위한 저항의 성격을 지니고 있었다. 따라서 근세의 인간 이성의 인정과 이성을 가진 인간 개인의 존중은 중세의 신중심의 사상을 극복하기 위한 저항적인 성격을 가졌으며, 인간에게는 이성을 발현할 수 있는 사상적 배경으로 개인주의와 자유주의가 생성된 것이었다. 중세에는 인간을 독자적인 개인으로 이해하지 아니하고 사회공동체의 구성원의 한 사람인 사회인으로 이해하였으며, 사회인은 공동선을 향하여 헌신할 것이 요구되었다. 그러나 이러한 중세의 사회인, 공동선의 사상에 대항하여 이를 극복하기 위하여 인간도 개인으로서의 존재를 강조하고, 공동선보다는 개인의 이익을 존중하는 사소유권을 강조하는 방향으로 발전하게 되었다. 그리하여 근세의 인간 이성 존중의 개인주의와 자유주의는 중세의 신중심의 구속적인 사회를 극복하고 개인의 이성에 의한 자유로운 활동을 전개할 수 있는 사회로 전환되어 갔다. 또한 근세의 자유주의는 중세의 낡은 봉건주의에 대한 자연스러운 반동(natural reaction)으로 일어나게 되었다.[291] 그리하여 근세의 인간 이성의 존중과 개인주의, 자유주의는 중세를 극복하기 위한 저항적인 성격을 가졌으며, 근세의 이성 존중, 개인 존중의 개인주의, 개인의 자유로운 활동을 보장하는 자유주의는 인간중심의 새시대를 열어가는 이상적인 주류사상으로 발전하게 되었다.

근세의 이성의 자연법론은 이성 존중, 개인주의, 자유주의가 발전해 나갈 수 있도록 하는 법이론 내지 법사상으로 전개되었다. 그리하여 인간은 이성적인 존재이기 때문에 인간의 존엄이 인정되고, 인간의 존엄은 인간의 생명, 신체, 건강, 자유 등의 인격권을 천부인권으로 강하게 보호하는 방향으로 법이론을 전개해 나갔으며, 개인이 존중되는 개인주의와 개인의 이성의 자유로운 전개를 가능케 하는 자유주의의 실현을 위해서는 사소유권과 사유재산제를 강하게 보호는 방향으로 법이론이 전개되었다. 그 결과로 근세의 자연법론은 개인의 이성의 자유로운 전개를 가능하게 하는 법이론을 자연법으로 인정하였다. 이는 모두 인간 이성에 의한 법이

---

291) Love and Justice: Selections from the Shorter Writings of Reinhold Niebuhr (edited by D.B. Robertson, Cleveland and New York, The World Publishing Company, 1967), p.74.

었기 때문에 이성법(Vernunftrecht)을 자연법으로 이해하였다. 그 결과, 중세에는 이성에 의하여 파악된 신법이 자연법으로서 자연법의 내용은 신법이었다. 그러나 근세는 인간의 이성으로 만들어진 법이 최상의 법으로 이해되었으며, 그 이성에 의한 이성법이 자연법이었다. 따라서 근세의 자연법론에서는 인간 개인의 인격존중과 보호, 개인의 인격을 존중하고 보호하는 정치제도, 개인이 자유롭게 사회경제적 활동할 수 있는 내용으로 구성된 이성법을 자연법으로 정립하였다. 그리고 근세 인간 이성의 자연법론은 개인의 가치와 개인의 존엄을 극히 존중하는 자연법 사상으로서, 인간이 모여서 이루어가는 문명사회는 개인들간의 합의에 의하도록 하였다. 따라서 근세 인간 이성의 자연법론은 문명사회인 시민사회의 성립과 발전을 개인간의 합의에 의해 이루어가도록 하는 법이론을 전개하였다.[292] 그리하여 근세 자연법론은 사회계약설을 창안하여 그것으로 국가의 성립을 설명하였다. 또한 혼란의 자연상태보다는 사회계약에 의한 사회상태가 더 축복으로 이해하였다.[293]

이와 같은 개인 존중의 이성법은 중세를 극복하고, 개인의 이성의 자유로운 전개를 보장한 결과 과학이 발달하게 되고, 사소유권과 사유재산제를 기본으로 하는 자본주의가 출현하여 인간사회를 인간중심의 문명사회로 발전할 수 있게 하였다. 또한 인격을 보호할 수 있는 사상과 법제도가 정립되고, 인간의 이성을 최고도로 발전시켜 인간을 수단으로서가 아니라 목적으로 대하도록 하는 사상으로 발전하게 되었다.[294] 끝내 이성

292) Simon, op. cit., p.53.

293) Ibid., p.52.

294) 인간을 수단으로서가 아니라 목적으로 다룰 것을 명한 도덕률이 칸트의 정언명령(定言命令, categorical imperative)이다. 정언명령은, 네 의지의 행동이 항상 보편타당한 보편성의 원칙에 부합하도록 행위하라는 것과, 타인을 언제나 항상

존중의 근세 자연법론에서는 신의 존재까지 부인하고 인간만이 이 세상의 주인으로서 인간은 신을 멀리하고, 인간이 이성에 의하여 스스로 이 세상을 설계하고 관리하고 치리해 갈 수 있다는 방향으로 발전하게 되었다.

이처럼 근세 개인 이성과 개인 존중의 근세 자연법론은 개인의 존중과 보호를 위하여 적극적으로는 개인주의, 자유주의 사상을 강화하여 개인의 인격과 개인 인격의 존엄을 인정하고 강화하는 내용을 담고, 사회경제적으로는 생산수단에 대한 사소유권의 인정, 사유재산제의 인정과 옹호, 그리고 자유시장경제를 지지하고 강화하였다. 소극적으로는 개인의 인격이 신으로부터도, 절대전제정의 국가로부터도 보호를 받기 위하여 신을 멀리하고, 작은 정부, 소극정부의 방향으로 전개되어 자유권적 기본권의 인정과 보호, 삼권분립, 법치주의 사상의 실현으로 나아갔다. 이러한 근세 자연법론은 개인의 인격과 재산의 보호 및 개인의 자유활동의 보호와 이를 위한 국가의 개인에 대한 간섭을 배제하는 내용으로 법이론이 전개되었다. 이러한 근세 자연법론을 전개한 대표적인 사회사상가가 바로 존 록크(John Locke: 1632-1704)였다.

근세의 개인주의와 자유주의의 발전과 이를 법이론과 법사상으로 뒷받침한 근세의 개인 이성의 자연법론의 발전은 과학의 발전을 가져오고, 이에 따라서 자본주의의 경제도 발전하였으며, 사회적으로는 시민혁명에 의하여 개인의 존엄과 자유를 억압하던 절대전제정에 대하여 시민혁명으

---

목적으로 대우하고 결코 수단으로 대하지 말라는 인간행동에 있어서의 절대적 도덕률이다. 이와 같은 정언명령은 도덕적 의무론의 궁극이다.

로 이를 제거할 수 있게 되었다. 이러한 내용의 근세 인간 이성에 의한 자연법론은 시민혁명의 인권선언과 근대시민국가의 헌법에서 실정법으로 규정되었으며, 근대 민법도 로마법을 계수하여 개인의 인격과 개인의 자유로운 활동을 보장하는 내용으로 발전되어 왔다. 그리하여 인간중심, 그 중에서도 개인중심, 개인의 이성 존중의 근세 자연법론에 의하여 근세 시민사회가 열리고 과학과 경제의 발전에 의하여 풍요로운 인간문명을 이루어나갔다. 또한 근세 자연법론은 민법도 과학에서와 같이 정치(精緻)하게 입법을 하게 되면, 개인의 인격과 자유로운 사회경제활동을 보장할 수 있다는 입법사상이 대두되어, 계수된 로마법을 소재로 하여 개인주의, 자유주의적인 근대민법전을 입법하게 되었다. 그리하여 독일은 1794년에 프로이센일반주법(ALR; Allgemeines Landrecht für die Preußischen Staaten)을, 프랑스는 1804년에 프랑스민법전(C.c.; Code civil des Français)을, 오스트리아에서는 1811년에 오스트리아 민법전(ABGB; Allgemeines Bürgerliches Gesetzbuch)을 근세의 자연법론에 입각하여 입법을 하였다.

그러나 어느 사상이든, 어느 법이론이든 완전이 없듯이, 근세 자연법론의 개인으로서의 인간 존재의 가치 인정과 보호가 인간의 물질문명의 발전은 가져왔지만, 그 부작용도 나타나게 되었다. 식민지 개척과 노예무역의 성행, 생산수단을 가진 자와 생산수단을 갖지 못한 자의 간의 계층간의 대립, 신을 멀리함으로써 인간의 이기심을 인간의 이성으로 인정하는 이성의 오도(誤導) 등의 사회경제적 문제가 발생하였다.

이와 같은 사회문제가 발생하게 된 것은, 개인과 개인 이성, 개인의 자유로운 활동을 보장하고 보호하는 근세 자연법론은 인간을 추상적 인간(Person)으로 파악하여 모든 사람이 예외 없이 평등하고 자유롭다는 사상에 입각하여 인간의 이성을 존중하고 개인에게 자유를 인정하고 보장하면 사회는 보이지 않는 손에 의하여 조화롭게 발전할 것으로 사고한 데에 있었다. 그러나 구체적인 인간(Mensch)은 동일하지 아니하며 능력과 활동에 차이가 있음을 간과하였던 것이었다. 추상적 인간을 전제로 하는 인간 개개인이 평등하고 자유롭다는 사상은 중세의 신으로부터 그리고 절대전제정으로부터 인간을 해방시키는 저항사상으로서와 근세의 과학 및 자본주의 경제발전에는 적절히 기능하였으나, 근세 자연법론에서의 평등하고 자유로운 이성 있는 인간상은 가진 자인 자본가에게는 타당하였지만, 가진 것이라고는 자신의 몸 밖에 없는 무산자인 노동자들에게는 가진 자에 대하여 예속되는 자유로 기능하게 되었다. 그 결과 근세 이성에 기한 자연법론도 사회문제를 낳게 된 것이었다.

그러므로 근세의 인간 이성에 의한 자연법 사상과 자연법 이론에 대하여 저항이 일어나게 되었다. 그것이 바로 칼 맑스를 대표로 하는 사회주의 사상과 사회주의법 이론이다. 사회주의는 개인을 독립하고 독자적인 인격자로 파악하는 것이 아니라 개인은 사회의 구성원으로서의 자격만을 인정하고, 생산수단에 대한 사소유권을 부인하고 국가소유권 및 사회단체소유권으로 전환할 것을 주장하고, 자본주의 시장경제를 혁명적으로 계획경제로 전환할 것을 주장하였다. 또한 사회주의법은 법을 정치의 수단으로 이해하고 모든 가치를 정치에 둘 것을 주장하여 근세 개인의 이성을 존중하는 자연법론에 저항하였다. 이러한 사회주의법은 극히 법실증주의적인 법사상이었다.

그리고 근세 자연법론은 자연법론에 입각하여 근세 민법전을 제정한 후에는 더 이상 발전할 수가 없었다. 왜냐하면 자연법론에 입각하여 민법전을 제정한 후에는 법발전의 경향은 제정된 민법의 내용을 명확히 하고, 구체적 사건에 적절히 적용되도록 하는 방향으로 나아갔다. 그러한 방향으로 법학 연구를 이끈 법학이 바로 개념법학(Begriffsjurisprudenz)이었다. 그리하여 인간의 이성에 기초한 자연법론은 그 창조력을 상실하고 더 이상 발전하지 못하고, 법실증주의 시대로 넘어가게 되었다. 그 19세기의 법실증주의 시대가 전개되어 근세 개인의 이성자연법론은 발전을 멈추는 듯하였다.

고대로부터 중세를 거쳐 근세에 이르기까지 자연법론의 발전사를 살펴보면, 이성에 의하여 발전되어 왔으며, 결국 자연법은 이성(logos)에 의해 발전되어 온 법사상 내지 법이론임을 알 수 있다. 고대에는 자연 로고스에 의해, 중세는 신의 로고스에 의해, 근세는 인간의 로고스에 의해 자연법이 발전되어 왔음을 알 수 있다. 어느 시대의 자연법론이든 그 자연법론은 그 시대의 현존하는 실정법 위에서 실정법을 지도하고 실정법의 정당성을 부여하는 장래를 향하여 희망으로의 변화를 준 법사상 내지 법이론이었음을 알 수 있다. 근대민법의 제정에 의하여 근세 자연법론이 그 창조성을 상실하였지만, 자연법은 더 나은 방향으로의 희망의 법이기 때문에, 법실증주의가 극단으로 발전하였을 때에 자연법의 재생이 일어났다. 그리고 산업혁명 후에 격화된 자본가와 노동자간의 계층갈등은 교회가 담당하여 실천하여 왔던 자비와 자선의 사랑을 세속국가가 개인의 자유보장국가에서부터 갖지 못한 개인의 빈곤을 해결해 주는 사회보장 내지 사회복지국가로 전환하기 시작하여, 그 전까지는 법에서 별로 다루어지지 않았던 사랑이 법이념 내지 법사상으로 들어오게 되어 자연법론은 사랑의 법(law of love)으로 발전하게 되었다.[295]

# V. 자연법론의 쇠퇴: 법실증주의 시대의 도래

근대 이성자연법론에 의하여 근대 민법이 제정되고 나서부터는 제정된 민법전의 내용를 체계화하는 민법연구의 방향으로 법발전이 진행되어 나갔다. 따라서 근세 자연법론은 더 이상의 창조적 발전을 하지 못하고 제정된 민법전의 내용의 명확화와 체계화의 방향으로의 법발전을 법실증주의(Rechtspositivismus)가 이끌어 나갔다. 그 시기가 바로 19세기였다. 그러므로 19세기는 법실증주의의 시대가 되었다. 법실증주의의 원류(源流)는 법이란 강자의 명령이라고 한 소피스트들이었다. 소피스트들의 법사고는 근대 법철학에서 실증주의(Positivismus)의 영향을 받아 제정된 법만이 법이라는 법사상으로 더욱 강화되었다. 법실증주의는 법적 안정성(Rechtssicherheit)에는 기여하였으나 법률내용의 정당성에 관하여는 문제로 삼지 아니하였기 때문에 악법도 법이라는 결과를 초래하였다.

또 한편으로 법실증주의로의 법발전을 이끌어 나간 법학이 개념법학이었다. 개념법학은 제정된 법전의 내용을 형식논리를 따라서 법의 흠결을 보충해 나가는 법학방법론이었다. 따라서 개념법학의 대상은 제정법이었으며, 제정법을 지도하고 제정법의 정당성을 부여하는 자연법론을 도외시하였다. 개념법학 이외에도 보통법학(Pandektenwissenschaft), 순수법학(Reine Rechtslehre), 목적법학(Zweckjurisprudenz), 분석법학(analy-tical jurisprudence) 등이 제정법만을 연구대상으로 하는 법실증주의 법학

295) 빈곤문제의 해결을 위한 사랑이 교회에서 출발하여 세속의 법의 내용을 다루어진 과정에 관하여는, 김상용, 법정책 방향으로서의 정의와 사랑: 법과 성서와 역사연구소, 연구시리즈 제5권 (피앤씨미디어, 2019. 11), 참조.

이었다. 이러한 법실증주의 법학이 19세기의 법학을 이루었다. 그리하여 19세기에 자연법은 그 발전을 멈춘 상태가 되었다.

근세 자연법론에 의하여 인간 개인의 존엄과 인격의 보호 및 개인의 재산보호 등의 자연법의 내용이 인권선언, 헌법, 그리고 민법에서 제정법으로 규정되어 자연법도 초실정법적인 자연법에서 실정법에 내재하는 자연법으로 자연법의 존재 모습이 변하게 되었다. 따라서 19세기의 법실증주의의 대상은 근세 자연법론에 의하여 발전된 자연법이 입법에 의해 제정법으로 전환된 바로 그 자연법이었다. 특히 근대 민법전은 로마법을 계수하여 제정되었다. 근대 자연법론에서는 계수된 로마법을 쓰여진 이성(ratio scripta)으로 이해하였다. 그리하여 계수된 로마법을 기초로 하여 근대 민법전이 제정되었던 것이었다. 그리하여 19세기를 비록 법실증주의 시대라 하지만, 법학의 대상이었던 제정법의 내용은 근세 자연법론에 의하여 발전된 자연법이었다. 따라서 19세기의 법실증주의의 시대라 하더라도 실정법에 내재된 자연법을 그 연구대상으로 하였던 시대였다. 이와 같이 19세기에는 외관상으로는 제정법만을 연구대상으로 한 법실증주의가 지배한 시대였지만, 법실증주의의 대상은 고대로부터 발전되어 온 자연법이었다. 따라서 19세기의 법실증주의에 의해서 근세 자연법론에 의한 자연법의 내용이 더욱 정치하고 구체화되어 갔다고 평가할 수 있다.

법실증주의에 입각하여 제정된 법만을 연구대상으로 한 결과 근대 민법전이 제정되어 시행된 후에 얼마 지나지 아니하여 민법전이 시대의 변화에 탄력적으로 대응하지 못하는 법의 경화(硬化) 현상이 일어났다. 이러한 제정법이 시대변화에 대응하지 못한 경화현상에 대하여 이를 학문적으로 극복하기 위한 이익법학(Interessenjurisprudenz), 자유법론(freie Rechtslehre) 등의 제정법 경화를 극복하기 위한 학문적인 시도가 일어났다. 그러나 그러한 이익법학, 자유법론도 역시 그 주된 연구대상은 제정법이었기 때문에 법실증주의의 범주에 속하였다.

법실증주의는 제정법만을 법으로 이해하고 제정법 연구에만 몰두하여 법적 안정성에는 기여하였으나, 법이 시대변화를 적절히 규율할 수 있도록 하는 법발전의 추구에는 미흡하였으며, 제정법의 개정과 새로운 입법에 의하여 법발전을 도모하고자 하였으나, 끝내 제정법만능주의로 발전하여 악법인 제정법도 용인하는 결과에 이르렀다. 독일의 나치시대가 대표적인 제정법만능주의에 입각한 악법인 제정법 시대를 초래하였다. 이와 같이 법실증주의는 제정법의 명확화, 체계화 및 법적 안정성에는 크게 기여하였으나 법의 내용이 정의에 입각한 이상적인 방향으로의 법발전을 이루지 못하는 내재적인 한계를 지니고 있었으며, 법실증주의가 극단으로 발전된 제정법만능주의의 시대에는 악법인 제정법의 시대를 통하여 인류에 고통과 불행을 초래하였다.

자연법론과 법실증주의는 상호 배타적인 관계에 있을 것이 아니라 상호보완적인 관계로 발전해 나가야 한다. 자연법론에 의하여 형성된 이상적인 법제도는 법실증주의에 의하여 이를 입법하고 그 내용을 명확히 하고 체계화하여야 법적 안정에 기여하며, 법실증주의의 발전에 의해 나타난 부정의(不正義)의 법제도에 대하여는 정의의 자연법론에 의하여 수정해 나가야 한다. 이와 같이 자연법론은 법실증주의에 의하여 자연법의 이상적인 법발견에 의하여 제정법의 정당성을 부여하고, 제정법이 이상적인 방향으로 발전해 나가도록 제정법을 지도하는 기능을 담당한다. 그러므로 자연법은 이상적인 법이며, 희망의 법이다.

## VI. 자연법론의 재생

법실증주의의 시대가 진행되고 법에서의 가치를 문제삼지 않게 되자, 제정법이 보다 더 이상적인 좋은 법으로의 발전을 위한 자연법론이 다시 살아나기 시작하였다. 근세 이성에 의한 자연법론은 자연법이 항구불변의 법으로 그리고 초실정법적인 초월적인 법으로 이해되었으나, 법실증주의 대두와 함께 변화하는 자연법과 실정법에 내재하는 자연법을 인정하게 되고, 이는 모두 보다 좋은 법을 찾기 위한 노력으로 진행이 되었다. 그리하여 자연법론이 재생하게 되었다.

자연법론의 재생은 두 단계로 발전되었다. 먼저 신토마스학파와 신칸트학파에 의한 정법론(正法論, richtige Rechtslehre)으로 자연법이 재생하고, 그리고 나치에 의한 제정법에 의한 불법의 시대를 겪고서 이를 극복하기 위한 법이론으로 자연법론이 재생하였다. 전자의 자연법의 재생을 그대로 자연법의 재생으로 칭하고, 후자의 자연법의 재생을 특히 자연법의 르네상스라 칭한다. 이는 자연법의 영원한 재생의 모습으로 나타난 자연법의 다시 나타남이었지만, 특히 나치의 제정법에 의한 학정(虐政)을 극복하기 위한 자연법론의 재생을 자연법의 르네상스로 하며, 그 각각의 자연법론의 주장 근거와 내용이 조금 다름에 있다.

전자의 자연법의 재생은 근대 민법, 인권선언, 독립선언 및 헌법에서 근세 자연법이 성문법으로 입법이 되고, 이 성문법을 주된 연구대상으로 한 법실증주의가 진행되고 있는 중에 보다 더 좋은 법을 찾기 위한 노력으로 주장되었다. 사회사상에 있어서도 1850년대부터 칸트에 대한 연구를 새롭게 시작한 신칸트학파철학이 법학에 영향을 주어, 이념(理念)과 이상(理想)은 인간행동의 최종목표이면서 동시에 현실의 인간행동의 출발점이기도 하다고 이해하여, 이상과 현실을 통합적으로 다루는 일원주의(Monoismus)를 취하여, 실정법에 내재하는 자연법 이론의 근거를 제공하였다. 그리고 신칸트학파의 하나의 분파인 서남독일신칸트학파(süd-westdeutscher Neukantismus)의 전체와 개별, 즉 일반과 특수를 별개의 현상으로 파악할 것이 아니라 이를 종합적으로 파악하고자 하는 사회사상의 영향을 받아 법에서도 개별규정의 내용은 법체계 전체 속에서 살펴보아야 한다는 방향으로 법발전을 이끌어, 법이란 법이념을 구체화한 법현실이라는 결론에 도달하여 실정법이 변하기 때문에 실정법에 내재하는 법이념인 자연법도 변한다는 변화하는 자연법을 주장하였다.

이러한 변화하는 자연법, 실정법에 내재하는 자연법론을 발전시킨 법학자들은 프랑스의 법학자 샤르몽(Joseph Charmont: 1859-1922), 독일의 법학자 롬멘(Heinrich Rommen: 1897-1967), 독일의 법학자 스탐믈러(Rudolf Stammler: 1856-1938) 등이었다.[296] 이와 같이 전기의 자연법의 재생론에서는 법실증주의 시대에도 자연법이 존재할 수 있으며 실정법과 함께 이상적 방향으로의 법발전을 추구한 자연법으로서 변화한 자연법, 실정법에 내재하는 자연법을 주장하여 자연법의 존재 모습의 변화를 설명하고자 하였다.

19세기 법실증주의가 극단으로 발전한 결과가 바로 나치의 제정법에

---

296) 전기(前期) 자연법의 재생에 관한 보다 상세한 내용에 관하여는, 김상용, 전게 자연법론과 법정책, 220-238면 참조.

의한 불법(gesetzliches Unrecht)이었다. 나치는 법은 법이고 명령은 명령이다(Gesetz ist Gesetz, Befehl ist Befehl)라고 하여 법에서의 이상적인 가치를 완전히 부인한 극단적인 법실증주의를 취하였다. 그것도 법률실증주의(Gesetzpositivismus)에 입각해 있었다. 그리하여 나치의 학정은 불법적인 제정법에 의하여 이루어졌다. 이러한 나치의 제정법에 의한 학정을 극복하기 위하여 다시 자연법이 부활하였다. 그것이 나치 극복을 위한 두 번째의 자연법의 재생, 즉 자연법의 르네상스였다. 이 두 번째의 자연법의 재생은 제정법인 악법의 법실증주의가 낳은 불법의 결과를 극복하고 청산하기 위한 자연법론이었다. 이 두 번째의 자연법론에서는 자연법은 정의를 내세워 나치의 제정법에 의한 불법을 청산하는 것을 주된 내용으로 하였다.

나치청산의 자연법론의 르네상스는, 법의 이상은 법적 안정성(Rechtssicherheit), 합목적성(Zweckmäßigkeit), 그리고 정의(Gerechtigkeit)이며, 이러한 법의 이상 중에서 법적 안정성이 가장 우선하며, 그러나 제정법의 불법이 참을 수 없을 정도일(unerträglich) 때에는 정의가 법적 안정성에 우선한다고 하는 가치상대주의(Wertrelativismus)에 입각해 있었다.[297] 이러한 나치청산을 위한 자연법론은 정의를 법의 최고이념으로 하여 나치의 제정법에 의한 나치의 불법을 청산하고 새로운 정의로운 법시대를 열고자 한 자연법론이었다. 이와 같은 나치청산의 자연법론은 라드부르흐

297) Martin Merten, Gustav Radbruch in der Diskussion zwischen Naturrecht und Positivismus (Nordstedt, GRIN Verlag, 1998), SS. 1-2; Kritan Kühl, "Rückblick auf die Renaissance des Naturrechts nach dem 2. Weltkrieg", in: Geschichtliche Rechtswissenschaft: Freundausgabe für Alfred Söller zum 60. Geburtstag am 5. 2. 1990 (Gießen, Brühlscher Verlag, 1990), S. 337.

(Gustav Radbruch: 1878-1949)에 의해 주장되었다. 이러한 라드부르흐의 가치상대주의에 입각하여 제정법의 불법이 참을 수 없을 정도에 이르면 법적 안정성보다는 정의를 우선시켜, 악법인 제정법의 법적 효력을 부인하는 참을 수 없음의 원칙(Prinzip der Unerträglichkeit)인 라드부르흐의 공식(radbruchsche Formel)의 자연법론은 독일연방헌법재판소의 판결에도 적용되었다.

라드부르흐 이후 코잉(Helmut Coing: 1912-2000)은 라드부르흐의 가치상대주의를 반대하고, 법에서의 최고의 원칙은 도덕적 가치이며, 그 도덕적 가치는 초시간적이고, 법의 제정, 법의 적용 및 법에 대한 비판의 실질적 기준이 되며, 이러한 도덕적 가치는 이성에 의한 결정이 아니라 가치에 의한 결정이라고 하였다. 그리하여 코잉은 라드부르흐의 상대적 자연법론을 비판하고 절대적 자연법론을 주장하였다. 그리고 코잉은 이러한 도덕적 가치는 인간의 내면에 있는 질서의식과 평화에 대한 갈망으로 나타나기 때문에 법감정(Rechtsgefühl)과 법의식(Rechtsbewußtsein)으로부터 법적 안정과 평화질서를 도출할 수 있다고 하였다.[298] 그는 법감정과 법의식으로부터 질서와 평화의 도덕적 최고가치를 도출할 수 있다고 하여 절대적 자연법론을 전개하였다. 가톨릭교계에서는 신토마스주의에 입각하여 법이란 근본적으로 선한 그 어떤 것이어야 한다는 주장을 하고, 인간의 존엄, 자유, 재산권의 보장은 신이 내려준 것이라고 하여 중세의 기독교 자연법에 기초한 기독교 자연법론을 이어나갔다.[299] 그리고

298) Klaus Ritter, Zur Frage nach den materialen Prinzipien der Gerechtigkeit: Untersuchung über die Bedeutung und Möglichkeit einer gegenwärtigen Naturrechtsrenaissance (Marburg, 1951), S.76.

299) Lena Foljanty, Recht und Gesetz (Mohr, 2013), S.101.

개신교계에서도 인간은 원죄로 인하여 인간의 본성이나 인간의 본질로부터 정의의 자연법을 도출할 수 없으며, 신의 은혜 및 신의 계시에 의해서만 정의가 주어질 뿐이라고 하여, 성서의 말씀을 통한 신의 은혜와 신의 계시에 기초한 정의의 자연법론을 전개하였다. 개신교계의 대표적인 자연법론자가 바로 에릭 볼프(Erik Wolf: 1902-1977), 칼 발트(Karl Barth) 등이었다.[300)]

이와 같이 자연법은 재생하고 부활하여 왔다. 오늘날도 법실증주의가 지배적인 법사상으로 지배하는 시대이지만 자연법은 실정법 밖에서 뿐만 아니라 실정법 내에 존재하면서 실정법에 정당성을 부여하며, 실정법이 진행해 나가야 할 이상을 향하여 실정법을 지도해 나가고 있다. 대표적으로 헌법재판에서 자주 원용되는 과잉금지의 원칙, 비례의 원칙 등은 실정법의 정당성 부여의 기준으로 기능하는 자연법이며, 민법의 법원(法源)으로서의 조리(민법 제1조), 신의성실의 원칙(민법 제2조 제1항), 선량한 풍속(민법 제103조) 등의 규정은 바로 자연법이 실정법에 내재하도록 실정법이 자연법을 법원(法源)으로 받아들이고 있는 것이다.

## VII. 현대 자연법론

19세기는 법실증주의 시대로서 자연법은 극히 약화되었다. 법증실주의는 제정만 하면 법이라는 법사상으로 법에서의 보편적인 가치를 찾고 그 가치를 실현하는 것을 반대하였다. 그것은 근세 자연법론에 의하여 방

---

300) 나치청산을 위하여 시작된 자연법론의 재생과 그 후의 현대의 자연법론의 발전에 관한 보다 자세한 내용에 관하여는, 김상용, 전게 자연법론과 법정책, 239-275면 참조.

대한 근대 민법전들이 제정된 후에 법학은 제정된 법전의 내용을 명확히 하고 그것을 적용하는 것을 법학의 사명이라고 본 개념법학에 의하여 일어난 법발전 역사의 한 부분이었다.

그러나 현대에 들어와서 나치의 실정법에 의한 불법(gesetzliches Unrecht)을 경험하고서 자연법은 다시 재생하였다. 제2차 세계대전 후 나치의 불법을 청산하기 위하여 초실정법적인 법(übergesetzliches Recht)이 있음이 주장되었다. 자연법론은 초실정법적인 법으로 부활하여 자연법론이 재생하였다.301) 그러나 나치청산을 위한 자연법론은 나치청산이 마무리됨으로써 사라졌다. 그렇지만 자연법은 다시 재생하여 오늘날 주장되고 있다.

오늘날 자연법론 전통의 붕괴로 일어난 도덕상대주의(moral relativism), 허무주의(nihilism), 각 가지의 공리주의(utilitarianism), 객관을 부인하는 실존주의(existentialism), 진화론의 도전에 대한 응전으로 다시 재생하고 있다.302) 서구사회에서 오늘날의 자연법론의 재생은 실증주의와 실존주의에 의해 도덕적, 정신적으로 황폐화된 시대에 대한 응전으로 나타났다.303) 이러한 오늘날의 자연법론은 법의 문제와 함께 덕(德, virtue)의 문제도 함께 다루고 있다.304) 그리하여 오늘날의 자연법론은 자연법을 덕스러운 법으로, 덕의 법으로, 선을 사랑하는 법(love of the good)으로 다루고 있다.

오늘날 지식정보화사회(intelligent information society)에서는 자

301) 김상용, 전게 자연법론과 법정책, 261면 이하.
302) Simon, op. cit., p.xxiii.
303) Ibid., p.27.
304) Ibid., p.xxx.

연법이 더욱더 강하게 요청되고 있다고 생각한다. 기계는 눈물이 없다. 눈물이 있는 인간중심의 사회가 되어야 한다. 인간의 도덕성, 덕, 정의, 사랑을 깨우는 법이 오늘날의 자연법 내지 자연법 사상이라 생각한다. 위험사회, 불안사회에서 벗어나 인간이 평화를 찾아 함께 더불어 살아갈 수 있는 연대사회, 협동사회를 이루기 위해서도 도덕, 덕, 정의, 사랑의 자연법은 더욱더 요청된다고 생각한다. 이러한 연대사회, 협동사회로 가기 위해서는 인간의 신의 형상을 회복해 나가는 것이 무엇보다도 중요하다고 생각한다. 인간의 신의 형상의 회복을 위해서는 인간에게 도덕, 덕, 정의, 사랑이 요청되고 그것의 실천을 통해 인간의 하나님의 형상을 회복하도록 하여야 할 것으로 생각한다. 그러므로 자연법론은 인간의 하나님의 형상의 회복으로 인간을 이끌어가는 법이라 생각한다. 이처럼 자연법은 영원히 회귀하고 있고 영원히 회귀할 것임은 불변의 진리이다. 이와 같이 자연법은 진보한다. 자연법은 점진적으로 진보하며, 더 높은 차원의 자연법을 향하여 나아간다.[305] 자연법은 인간의 하나님의 형상의 완전회복을 향하여 변화를 계속한다.

특히 오늘날 지식정보화사회에서 잊지 말아야 할 것은 인간이 이성으로 무한히 과학발전과 경제발전을 이루어나갈 것 같지만, 인간은 신의 형상을 따라서 창조되었다는 점과 인간은 신의 피조물이라는 점, 그리고 인간은 죄인이라는 사실을 깨달아야 하며,[306] 인간의 근본적인 잘못은 자고(自高)하는 것임(pride)에 있다는 사실을 깨달아야 한다는 것이다.[307]

---

305) Ibid., p.166.
306) Love and Justice: Selections from the Shorter Writings of Reinhold Niebuhr (edited by D.B. Robertson, Cleveland and New York, The World Publishing Company, 1967), p.47.
307) Ibid., p.47.

인간의 자고를 면밀히 분석해 보면, 그것은 인간이 신의 피조물임을 인정하지 않으려는 것임에 있다.[308] 지식정보화시대에는 인간이 창조주의 피조물임을 인정하고 스스로 무한한 능력이 있고 무엇이든지 이성에 의해서 다 할 수 있다고 자고하지 말 것과, 하나님의 형상의 회복을 위하여 인간 이성을 활용할 것이 더욱 강하게 요청되고 있다. 인간이 스스로 위대하다고 자고하는 것은 인간 스스로 약하다는 점을 숨기려는 것이라는[309] 선각자들의 말을 경청하여야 할 것으로 생각한다. 그리고 지식정보화사회에서 인간의 이성으로 과학도 경제도 무한히 발전시켜 나갈 수 있다는 인간의 확신에 대한 선각자의 귀한 경고의 말에 귀를 기울여야 한다고 생각한다. 즉 인간의 힘, 즉 인간의 이성에 의하여 신의 피조물인 인간이 인간의 한계성을 초월하려고 하면, 인간의 이성에 의한 화려한 성공을 이루는 과정에서 이미 인간의 생명은 파괴될 것이라는 경고이다.[310]

308) Ibid., p.47.
309) Ibid., p.47.
310) Ibid., p.76.

# VI

# 자연법의 기능: 자연법의 효력과 역할

# 제6장 자연법의 기능: 자연법의 효력과 역할

## I. 자연법의 효력

자연법은 실정법 같이 국가권력에 의하여 직적접인 강제력, 집행력을 갖지는 않는다. 자연법은 신의 섭리와 이성과 양심에 호소한다. 자연법은 역사적으로 불문법으로 출발하였으나, 실정법에 내재되어 있기도 하다. 오늘날은 자연법은 불문법으로도 존재하고 실정법으로도 존재한다. 자연법은 불문법으로 계속적으로 재생하고 또한 재창조되어 자연법도 지속적으로로 변화를 계속하면서 발전되어 간다. 신법(神法)은 신을 믿지 아니한 자들에게는 불문법이지만, 신을 믿는 자들에게는 실정법이다. 이를 신적 실정법이라 한다. 이와 같이 자연법은 국가권력에 의한 직접적인 강제력과 집행력을 갖지는 않지만, 신의 섭리, 이성, 양심에 의하여 간접적으로 실정법 위의 효력을 갖는다. 그러나 자연법이 실정법으로 실정법에 내재할 때에는 실정법으로서 국가권력에 의한 직접적인 강제력과 집행력을 가질 때가 있다. 그러나 자연법은 일반적으로 신의 섭리, 이성과 양심에 호소하여 간접적으로 그 효력을 갖는다. 그 간접적인 자연법의 효력이 국가권력에 의한 실정법의 직접적인 강제력과 집행력의 효력보다 더 강하다.

이와 같이 자연법이 직접적인 강제력과 집행력을 갖지 아니함에도 불구하고 직접적인 국가에 의한 강제력과 집행력을 갖는 실정법의 효력보다 더 우위의 효력을 갖는 것은, 자연법은 신이 인간에게 내린 인간이 지켜나가야 할 보편적 원칙이기 때문이다.[311] 신은 이러한 인간사회의 보편적 원칙을 인간의 가슴(heart)과 양심에 심어준 것이다.[312] 그리하여 자연법은 신법, 정의, 사랑 및 형평 등의 사상과 결합하여 시대의 변천을 겪으면서도 영원히 그 효력을 갖는 영원성을 갖고 있다. 이는, 자연법은 이 세상의 근본적이고 근원적인 질서이며, 인간의 마음에 새겨지고 신의 섭리와 인간의 이성, 양심에 의해 그 효력을 갖는 법이기 때문이다.

국가의 실정법도 자연법을 제정법화하여 실정법으로 전환하였을 때에 가장 강력한 효력을 갖는다. 그러한 시대는 자연법이 실정법이고 실정법이 자연법인 시대로서, 그러한 시대를 자연법실증주의라 말할 수 있다. 그러한 시대의 도래가 가장 이상적인 법발전의 궁극의 목표라 생각한다. 그러나 그러한 자연법실증주의는 궁극의 이상이지 현실에서 이루기는 불가능하다. 그것은 인간 이성의 한계에 있다고 생각한다.

자연법의 내용은 정의와 사랑이다.[313] 정의와 사랑은 인간이 지키고 실천해 나가야 할 핵심적인 덕목(Kardinaltugend)이다. 정의와 사랑은 인간 개인의 덕목이기도 하지만, 사회와 국가의 제도적 덕목이기도 하다. 그러므로 자연법은 인간 개인은 물론 국가와 사회가 나아가야 할 이상적

---

311) Norman Doe, "Preface", in: Christianity and Natural Law (edited by Norman Doe, Cambridge University Press, 2017), p.xiv.

312) Costigane, op. cit., p.35.

313) 이에 관한 자세한 내용은, 김상용, 전게 법정책방향으로서의 정의와 사랑, 참조.

인 방향과 그 길을 제시하고 그 이상에 도달하도록 하는 법이다. 그 이상의 길로 인도하는 자연법은 시대의 변화에 따라서 그 모습을 달리하면서 자연법과 자연법론이 전개되어 왔다. 고대에는 자연중심의 자연법론이, 중세에는 신중심의 자연법론이, 그리고 근세 이후 지금까지는 인간중심의 자연법론이 시대의 변화에 따라서 자연법론의 중심내용과 모습이 변하여 왔다. 이러한 자연법론의 전개로 인하여 법이 발전하고 사회가 발전하고 문명이 발전되어 왔다.

장래에는 신과 인간이 협력하여 인간의 창조의 본래의 모습을 회복해 가는 인간을 지도하고 돕는 신인협력의 자연법 시대를 열어가야 할 것으로 생각한다. 이것이 바로 인간의 신의 형상의 회복으로 이끌어가는 자연법이라 생각한다. 그 자연법은 신의 창조의 근원인 사랑과 사랑의 실천질서인 정의라 생각한다. 장래의 자연법은 이 세상의 시작인 창조의 본래의 뜻인 사랑과 정의를 더욱더 시대에 맞게 이루어가도록 하는 법이라 생각한다.

정의와 사랑의 자연법은 역사의 시작부터 지금까지 계속 이어져 오고 있다고 생각한다. 시대변화에 따라서 정의와 사랑의 내용과 모습이 달라져 왔을 뿐이다. 정의와 사랑의 자연법은 자연법이라 굳이 말하지 아니하여도 실천되고 있다고 생각한다. 따라서 자연법은 자연법이라 말하지 아니하고 다른 명칭의 법원리와 법원칙으로 실현되어 나가고 있다고 생각한다. 국제적으로 인간의 인권을 강조하고 있는 것은 바로 자연법이 인권법이라는 이름으로 실천되고 있는 것이다. 그것은 인간은 하나님의 형상을 따라서 창조된 피조물인 인간의 존엄을 지키고자 하는 신법(神法)이자 자연법이기 때문이다. 인간의 존엄은 인간 스스로가 그렇게 할 수 없다.

인간은 신의 형상을 따라서 창조된 피조물이기 때문에 인간이 존엄하다는 것이다.[314] 인권의 강조도 인간의 하나님의 형상의 회복운동이다.

우리 헌법재판소에서 실정법의 헌법위반 여부를 심사하는 기준으로서 비례의 원칙, 과잉금지의 원칙, 최소제한의 원칙 등은 바로 자연법이다. 물론 이러한 원칙의 헌법에서의 근거는 헌법 제37조 제2항의 기본권의 본질적 내용의 침해금지 조항에 근거를 두고 있지만, 본질적 내용의 침해 여부의 판단기준은 자연법으로서 실정법인 헌법에 내재되어 있다. 이러한 헌법내재적인 자연법에 의한 실정법의 헌법위반의 판단에 의하여서는 실정법의 효력이라 할 수 있을 뿐이며, 자연법에 의하여 권리를 창설하지는 못한다. 때로는 자연법에 의하여 직접적으로 구속력과 강제력의 법적 효력이 인정될 수 있다고 생각된다. 제2차 세계대전 후의 전범처벌은 자연법에 의하여 처벌이 이루어졌다. 그리고 정의 중에서 역사적 정의(historische Gerechtigkeit)에 속하는 중대한 역사적 사건에는 자연법의 직접적 효력에 의하여 역사적 불법으로 인한 원상회복청구권의 발생을 인정할 수 있다고 생각한다.[315] 물론 구체적인 전범처벌과 역사적 불법으로 인한 피해의 원상회복청구권은 소급입법에 의해서 이루어졌고 또한 이루어질 것이지만, 그 소급입법은 자연법의 직접적 효력에 의하여 이미 발생한 처벌권한과 원상회복청구권의 조약 또는 실정법에 의한 확인으로 이해하여야 한다.

---

314) John A. Harrod, "Natural Law in the Methodist Tradition", in: Christianity and Natural Law (edited by Norman Doe, Cambridge University Press, 2017), p.116.

315) 역사적 정의에 관하여는, 김상용, 전게 법정책방향으로서의 정의와 사랑, 177-181면 참조.

## Ⅱ. 자연법의 기능과 역할

### 1. 실정법의 정당성 및 합법성 부여

자연법은 모든 실정법의 근거이고, 한계지워주는 원칙, 본질, 동인, 목적 및 이념의 법이다.[316] 또한 자연법은 그 개념의 다양성 및 다양한 개념의 상호 모순에도 불구하고 자연법 및 자연법 사상은 인간존재와 함께 포기할 수 없는 법이고 법사상이다.[317] 그러므로 인간사회는 자연법으로부터 벗어날 수 없다.[318] 자연법이 불필요하다는 사람은 아무도 없다. 자연법은 창조 시부터 존재하였으며, 앞으로도 영원히 존재하고 창조되어 갈 것이다. 자연법이 법의 실체(Realität; Existentialität)이다.[319]

이러한 자연법은 모든 실정법의 정당성(Rechtsfertigungsgrund) 및 합법성(Legitimationsgrund) 부여의 기능과 역할을 하며, 역사적으로 그 역할을 하여 왔고 장래도 그 역할을 계속하게 될 것이다.[320] 따라서 자연법은 실정법의 정당성 및 합법성의 근거가 된다.[321] 이러한 자연법의 실정법의 정당성과 합법성 부여의 근거로서의 기능은 실정법의 내용이 정의롭지 못할 때에 더 강하게 나타나며, 학설, 판례, 헌법재판 등을

316) Wolf, a. a. O., S.155.
317) A. a. O., S.155.
318) A. a. O., S.156.
319) A. a. O., S.156.
320) A. a. O., S.156.
321) 실정법은 최소한의 도덕을 포함하고 있을 것이 필요하며, 자연법에 반하는 실정법은 법이 아니라 법의 부패라고 하는 학자도 있다(See, William Adam, "Natural Law in the Anglican Tradition", in: Christianity and Natural Law (edited by Norman Doe, Cambridge University Press, 2017), pp. 60-61).

통해서 이러한 자연법의 기능이 구체적으로 작동하게 된다. 때로는 인간의 이성과 양심에 의한 저항권, 시민불복종(civil disobedience), 시민혁명 등에 의해서 이러한 자연법의 기능이 나타나기도 한다.

자연법은 실정법의 정당성 및 합법성 부여의 기능을 가지기 때문에 자연법에 반하는 실정법의 효력을 부인한다. 헌법재판을 통하여 헌법에 내재하는 자연법에 반하는 제정법의 위헌 또는 헌법불합치 결정은 실정법이 자연법을 위반하기 때문에 이루어지는 실정법의 효력 부인의 기능이다.

그리고 실정법의 법의 흠결의 경우에는 자연법에 의하여 보충하게 된다. 이러한 자연법에 의한 법보충은 자연법의 법창조 기능(rechts-erzeugende Funktion)이다.[322] 이와 같이 자연법에 의한 법의 흠결의 보충은 실정법의 효력 부인을 넘어 자연법이 법창조의 기능과 역할을 하게 된다. 자연법은 근원적으로 실정법의 효력을 부인하는 방법에 의하여 소극적으로 시대에 맞는 법(zeitgererechtes Recht)을 구하는 기능을 담당하는 법이지, 적극적으로 구체적인 문제의 해결을 위하여 구속력 있는 새로운 법을 얻고자 하는 법이 아니다.[323] 그러나 자연법에 의한 실정법의 흠결 보충은 자연법이 적극적으로 문제해결을 위한 기능은 실정법의 효력을 부인하는 자연법 본래의 실정법의 정당성 및 합법성 부여 기능이 확대된 자연법의 기능이라 생각한다. 또한 자연법은 신과도 연결되고 자연과도 연결되고 인간의 이성과도 연결되는 실정법 질서의 근원으로서 실정법의 정당성과 합법성을 부여한다.

---

322) Wolf, a. a. O., S.158.
323) A. a. O., S.158.

## 2. 실정법의 지도 및 입법 촉구

자연법은 실정법의 입법을 지도하고 입법의 규범적 방향과 입법하여야 할 내용을 제시해 주는 기능(nomiriender Richtmaß; Regulativ)과 역할을 담당한다.[324] 자연법은 존재하여야 할 당위의 법을 찾거나 창조하여 이를 입법의 지침으로 제시해 주는 법이다.[325] 그리하여 자연법은 현실적으로 존재하여야 할 실정법의 기본구조에 관한 법이다.[326] 자연법은 실정법의 입법을 지도하고 제시하는 근본질서(Grundornung)로서 존재하여야 할 당위의 법이다.[327] 이러한 있어야 할 당위는 법의 바른 존재(Gerecht-Sein von Recht)로서 세속에서의 경험, 세속에서의 가치평가 및 세속에서의 실현 가능성을 넘어 법의 초월적 정당성도 고려하게 된다.[328] 그리하여 자연법은 신법, 이성법, 자연질서의 초월적 질서도 실정법으로 제정할 것을 지도하고 그 방향과 내용을 제시한다.

또한 자연법은 실정법의 방향과 내용을 제시하고 지도할 뿐만 아니라, 때로는 그러한 방향으로의 입법을 촉구하기도 한다. 식민지 지배에 대한 배상, 대량학살에 대한 배상, 노예화, 강제이주, 강제추방, 전염병의 유포 등과 같은 역사적 정의의 문제로 다루어야 할 사건의 경우에는, 자연법은 단순한 실정법의 입법지도를 넘어 역사적 정의를 실현할 수 있는 국내입법 및 조약체결을 촉구하는 기능과 역할을 담당한다.

---

324) A. a. O., S.156.
325) A. a. O., S.158.
326) A. a. O., S.159.
327) A. a. O., S.159.
328) A. a. O., S.160.

오늘날 법치주의 시대에는 실정법이 자연법의 지도를 받아 실정법이 자연법의 내용으로 입법될 것이 요청된다. 한편으로 자연법은 실정법의 입법을 통하지 않고서는 국가에 의한 구속력과 강제력을 갖지 아니하도록 자연법의 절제가 필요하다. 자연법이 실정법을 지도하고 실정법의 정당성을 부여하는 기능이 있지만, 실정법에 의하지 아니한 자연법 그 자체가 구속력과 강제력을 갖는다는 자연법의 기능과 효력을 인정할 경우는 제한적으로만 인정되어야 할 것으로 생각한다. 자연법의 내용을 실정법으로 전환하여야 할 필요성이 긴요한 경우에는 소급입법에 의해서라도 이를 실현할 것이 용인될 수 있지만, 자연법 그 자체에 구속력과 집행력을 부여하는 것은 자제해야 할 것으로 생각한다. 역사적으로 자연법 내지 자연법 사상에 기초하여 근대 시민혁명이 일어나고, 나치의 악법인 제정법을 자연법론에 근거하여 그 효력을 부인하였다. 오늘날의 법치국가에서는 실정법에 의하지 아니하고 자연법 그 자체의 국가에 의한 구속력 및 강제력의 행사는 극히 제한적으로 인정함이 바람직하다고 생각한다. 왜냐하면 자연법은 본래 비제정법으로서 법에서의 정의의 이념에는 충실하지만 법적 안정성에는 약하다. 따라서 국가질서에 의하여 사회와 국가가 유지되고 있는 오늘날, 자연법론은 법실증주의와 조화를 이루어 법적 안정성을 유지하면서 정의의 자연법의 실정화를 위하여 나아가도록 하여야 할 것으로 생각한다. 가장 이상적인 자연법의 발전은 자연법법실증주의 이지만, 그러한 법상태는 인간세계에는 불가능하다. 자연법론에서의 정의와 법실증주의에서의 법적 안정성이 상호조화를 이룰 수 있는 방향으로 자연법론이 전개되어 나아가도록 함이 이상적인 자연법의 발전방법이라고 생각한다. 그러므로 소급입법이 자연법의 실정법화의 경우에는 그러한 소급입법은 정당하고 용인될 수 있다고 생각한다.

### 3. 법해석의 기준과 법흠결의 보충

자연법과 자연법론은 법을 해석함에 있어서 해석의 기준이 되며, 법의 흠결의 경우에 이를 보충하는 기능을 갖는다. 왜냐하면 자연법 및 자연법론은 더 나은 법을 향한 노력이기 때문이다.[329] 법해석의 기준 및 법흠결의 보충에 있어서 자연법과 자연법론은 실정법 위에서 언제가 그러한 해석과 보충의 기능을 갖느냐에 대해서는, 자연법과 실정법을 연결해주는 가교적인 실정법 내의 법원칙 또는 일반규정을 통하여 이루어진다. 본질적 내용의 침해금지, 조리, 신의칙, 선량한 풍속 등의 법원칙 및 일반규정을 통하여 실정법을 해석하고 법흠결을 보충하게 된다. 그렇지 아니하고 언제나 자연법을 실정법의 해석기준으로 삼거나 실정법에 의하여 법흠결을 보충하게 하면 법해석자 및 흠결보충자의 자의적인 법해석 및 흠결보충에 의하여 실정법의 안정성을 해칠 수도 있다. 법치주의의 원칙에 따라서 실정법의 법적 안정성을 고려하면서 자연법에 의한 넓은 법해석 및 법보충이 있어야 한다. 그럴려면 실정법에 내재하는 자연법을 통하여 자연법적인 법해석 및 자연법에 의한 법보충을 하여야 한다. 실정법에 내재하는 자연법을 찾기 어려운 경우에는 자연법에 의한 입법촉구를 하여 입법적으로 해결함이 바람직하다고 생각한다.

자연법은 정의와 사랑을 그 내용으로 한다. 그러므로 실정법의 해석과 보충에 있어서는 정의가 실현되고 사랑이 실천될 수 있도록 하여야 한다. 법의 일반원칙 및 일반조항 등의 실정법에 내재하는 자연법에 의한

329) A. a. O., S.15.

법해석과 법보충을 통하여 정의와 사랑이 실정법으로 실천될 수 있도록 법을 운용함이 타당하다고 생각한다. 법의 해석과 법의 보충은 실정법만으로는 부족하다. 실정법 위의 신법, 복음, 이성의 명령 등의 정의와 사랑의 가치를 담고 있는 자연법의 도움을 받아서 실정법이 실사회에 적용될 수 있어야 한다. 그러한 해석과 법보충에 의해 국가권력에 의한 실정법의 효력 유지를 넘어 정의와 사랑의 가치에 근거하여 실정법을 살아있는 법으로서의 효력을 더욱 강하게 할 수 있는 것이다.

그리고 장래의 자본주의 사회는 이기적인 개인주의 사회에서 연대사회(Solidaritätsgemeinschaft), 협동사회(Kooperationsgemeinschaft)로 발전해 나갈 것이 요청되며, 인간의 모습도 합리적이고 이기적인 인간상에서 합리적이고 도덕적인 인간상으로 성숙해 나갈 것이 요청된다.[330] 연대사회 및 협동사회는 개인의 이성의 자유로운 전개가 보장되는 개인주의와 자유주의를 기본으로 하면서 개인 이성이 극단으로 발전하여 이기적이고 탐욕적인 인간 이성의 남용 내지 오용을 제어(制御)할 수 있는 공동선과 공동체 정신이 강화된 사회이다. 이러한 연대사회 및 협동사회는 정의가 바로 서고, 공동체 내에 사랑이 오고 가는 극단적이고 이기적인 개인주의와 극단적인 자유지상주의가 절제되고 또한 제어된 사회이다. 이러한 연대사회, 협동사회로의 이상은 실정법 이전의 자연법 사상과 자연법으로 실정법의 입법을 지도하고, 실정법의 해석과 보충을 통하여 이루어가게 되는 것이다. 이러한 사회가 신뢰의 미래사회를 여는 길이며, 미래에 대한 희망을 갖게 하는 하는 것이다. 이러한 장래의 희망의

330) Wolfgang Kersting, Theorien der sozialen Gerechtigkeit (Stuttgart, Metzler Verlag, 2000), S.22.

신뢰사회를 만들어나가는 역할을 자연법과 자연법론이 담당해 나가야 한다고 생각한다. 이는 또한 정의와 사랑에 기초하여 오늘날의 위험사회, 불안사회를 극복할 수 있는 대안(代案)이기도 하다.

## 4. 정치, 사회, 도덕, 윤리에로의 자연법의 역할 확대

자연법의 내용은 법에서만의 가치가 아니라, 정치, 사회질서, 도덕, 윤리 등에도 공통적으로 이루어나가야 할 가치이다. 따라서 인간사회는 자연법으로부터 벗어날 수 없다.[331] 또한 자연법의 문제는 법률가들만의 전문적인 문제가 아니고 모든 사람과 관련되어 있다.[332] 정의와 사랑의 자연법의 내용은 정치에도 실천될 것이 요구되며, 사회질서, 도덕, 윤리에도 관철되어야 할 가치이다.[333] 푸펜돌프는 자연법은 곧 도덕이라고까지 하였다.[334] 자연법 사상은 정치로부터, 사회질서의 요청으로부터도, 도덕 · 윤리로부터도 배태되기도 한다. 자연법은 국가정치의 방향을 제시하며, 때로는 사회를 혁명으로 이끌어가기도 한다.[335] 그리고 자연법의 가치는 종교에 뿌리를 두고 있기도 하므로, 자연법은 실정법을 통한 실천에 의하여 종교에서의 가르침을 현실세계에서 법제도적으로 실천하기도 한다.[336] 특히 사랑의 법제도화를 통한 실천은 장래에 추구되어야 할 법

331) Wolf, a. a. O., S.156.

332) A. a. O., S.2.

333) Paul Badie, "Natural Law in the Orthodox Tradition", in: Christianity and Natural Law (edited by Norman Doe, Cambridge University Press, 2017), p. 40.

334) Antti Raunio, "Natural Law in the Lutheran Tradition", in: Christianity and Natural Law (edited by Norman Doe, Cambridge University Press, 2017), p. 88.

335) Wolf, a. a. O., S.6.

336) 자연법은 사랑의 법이다. 자연법이 법에서 만이 아니라 정치, 경제, 사회에도

에서의 중요한 과제라 생각한다.

인간의 하나님의 형상의 회복으로 이끌어가는 법을 자연법으로 이해하는 저자에게서는 인간의 하나님의 형상의 회복은 법에서는 물론 정치, 사회질서, 도덕, 윤리에 걸쳐서 이루어야 나가야 할 중요한 내용이고 과제라 생각한다. 하나님의 형상을 구성하는 내용 중에 가장 주요한 것이 하나님의 인간사랑이라 생각한다. 하나님의 형상으로 창조된 인간에게 있어서는 사랑의 실천이 가장 중요한 인간의 하나님의 형상의 회복의 길이라 생각한다. 그것이 바로 이웃랑이다. 이웃사랑은 하나님의 인간사랑에 대한 보답으로서의 사랑이며, 하나님의 인간사랑이 아가페 사랑인 것 같이 인간의 이웃사랑 역시 아가페 사랑(agape)이다. 신인협력의 장래의 자연법과 자연법 사상은 사랑의 실천을 법제도적으로 실천할 수 있는 방안을 궁구하여 그 실천의 길을 열어가는 것이 되어야 한다고 생각한다. 또한 이웃사랑을 실천할 수 있는 법제도적 조건을 제시하는 것도 장래의 자연법의 중요한 역할 중의 하나라 생각한다. 이처럼 자연법은 인간을 하나님의 형상의 회복의 길로 인도하는 법이며, 인간이 타락에 의하여 잃어버린 하나님 형상의 회복의 법이 자연법이다.

---

중요한 내용이고 과제이듯이, 자연법의 내용인 사랑은 친밀하고 가까운 관계에서뿐만 아니라, 사회, 경제, 정치 차원의 거시적인 관계에서도 중요한 내용이고 과제임을 프란치스코 교황께서 특별히 강조하셨다(모든 형제들: 프란치스코 교황 회칙 (한국천주교주교회의, 2022)), 127면 참조). 프란치스코 교황은, 누군가가 어른이 강을 건너는 것을 돕는 사랑을 한다면, 정치인은 그 강에 다리를 놓는 사랑을 하며, 어떤 이는 다른 사람에게 먹을 것을 주어 다른 이를 돕는 사랑을 한다면, 정치인은 그를 위하여 일자리를 만드는 사랑을 한다고 하였다(상게서, 131면 참조). 이렇게 사랑은 각자의 처지에서 가장 적절한 다양한 모습으로 실천되어 감을 강조하셨다.

## 5. 자연법의 영원한 재생과 재창조

자연법의 내용은 정의와 사랑이다. 사랑은 창조주의 이 세상 창조의 동인이며, 따라서 사랑은 만물의 근원이다. 그리고 정의는 사랑이 실천되는 질서이다. 그리하여 정의는 사랑으로 완성된다. 이러한 정의와 사랑은 인류의 영원한 궁극의 가치이다. 다만 정의와 사랑이 실천되는 모습은 시대에 따라서 차이가 있을 수 있다.

정의와 사랑은 신의 세계이며, 동시에 인간이 실천하여야 할 의무이다. 자연법 내지 자연법론은 정의와 사랑의 실천의무의 세부적인 내용을 역사의 변천에 따라서 지속적으로 새롭게 창안하여 제언(提言)한다. 시대가 정의롭지 못하고 사랑이 메말라가면 갈수록 정의와 사랑은 다시 살아나고 또다시 창조되어 간다. 왜냐하면 정의와 사랑은 이 세상과 인간의 근본가치이기 때문이다. 정의와 사랑의 근본가치는 변하지 아니한다. 그러나 그 실천의 방법과 내용은 시대의 변화에 따라서 변화한다. 그러한 자연법의 지속적인 발전이 자연법의 재생이며 재창조이다.

정의와 사랑의 재생과 재창조가 바로 인간의 하나님의 형상의 회복의 방법이고 길이다. 그러므로 자연법의 재생과 재창조는 인간이 정의와 사랑을 실천하여 하나님의 형상을 회복하여 가는 과정이다. 그러나 인간은 원죄로 인하여 완전한 하나님의 형상을 회복하는 것이 궁극의 희망지만, 완전하고 완벽하게 이루지는 못한다. 하나님의 형상의 회복을 향하여 끊임없이 나아갈 뿐이다. 또한 인간은 스스로의 이성과 힘만으로 하나님의 형상을 회복할 수 없다. 그것도 인간의 원죄, 즉 인간의 타락 때문이다.

역사적으로 근세에 들어와서 인간이 하나님을 멀리하고 인간의 이성으로 이 사회를 계획하고 이상적인 모습의 사회를 건설할 수 있다고 생각하고, 지금도 그러한 인간 이성으로 이상적인 사회를 이룰 수 있다는 시대에 살고 있다. 그러나 인간 이성만으로는 그러한 이상사회를 이루기는 불가능하다. 인간의 본성은 창조주로 받은 하나님의 본성인 선성(善性)도 있지만 원죄로 인한 악성(惡性)도 있기 때문에 인간 이성만으로는 이상적인 정의와 사랑의 사회를 이룰 수 없다. 창조주의 도움을 받아야 한다. 신의 계시는 인간 이성의 불완전을 극복하는 데 기여한다.[337] 창조주로부터 말씀과 계시와 영감을 받아 인간 이성으로는 완전히 이해되지 아니하는 이 세상의 운행원리들을 이해하도록 하여야 한다. 인간의 이성에 의한 사회발전도 추구하면서 동시에 창조주 신으로부터도 깨달음을 얻도록 하여야 한다. 그러한 시대 및 사회가 신인협력의 시대이고 사회이다. 신인협력은 신의 계속적 창조에 인간이 참여하는 것이라 생각한다. 반대로 신이 그의 계속적인 창조에 인간을 동참케 하는 것이다. 그러한 역사관 및 법관(法觀)이 바로 인간의 하나님의 형상의 회복이라 생각한다. 자연법은 인간의 하나님의 형상의 회복으로 이끌어가는 법이라 생각한다. 그러한 자연법을 저자는 새로운 신중심의 기독자연법론이라 칭하고자 한다. 이와 같이 자연법은 영원히 재생하고 재창조되어 간다. 자연법은 본질적으로 재생과 재창조의 성질을 갖고 있다. 자연법은 사회가 부정의(不正義)하고 불안할 때에 항상 재생과 재창조가 요청된다.

337) Norman Doe, "Natural Law in the Interfaith Context: The Abrahamic Religions", in: Christianity and Natural Law (edited by Norman Doe, Cambridge University Press, 2017), p.203.

# VII

# 인간의 하나님의 형상론과 자연법론

# 제7장 인간의 하나님의 형상론과 자연법론

## I. 인간의 하나님의 형상론의 개념과 인간의 정체성

성서의 창세기 제1장 제26절과 제27절에서 창조주 하나님은 인간을 자신의 모습인 하나님의 형상(image of God; imago Dei)을 따라서 창조하셨다고 기록하고 있다. 인간이 하나님의 형상을 따라서 창조되었다는 것은 신은 인간을 너무나 사랑하셔서 인간의 본체를 신 자신의 본체와 닮은 모습으로 창조하셨다는 의미이다. 이는, 인간은 하나님의 작품이라는 뜻이며,[338] 또한 인간의 신의 의존성을 의미한다.[339] 인간이 신의 형상을 따라서 창조되었다는 것은 그것이 바로 인간의 정체성이다.[340][341] 신은 이 세상을 창조한 창조자로서, 이 세상과 이 세상의 모든 존재들을 창조하셨지만, 신 자신의 형상을 따라서 창조한 피조물은 인간뿐이다. 그만큼 인간의 본체가 신의 모습을 닮았다는 것은 인간이 하나님의 모습을

338) 김기석, 아! 욥기 산책 (경기도 의왕시, 꽃자리, 2016), 262면.
339) Ryan S. Peterson, The Imago Dei as Human Identity: A Theological Interpretation (Indiana, Winona Lake, Gisenbrauns, 2016), pp. 1, 3.
340) Ibid., pp. 1, 3.
341) 하나님의 형상은 인간의 정체성이며, 인간존재의 기초이다. 또한 신은 이 세상에서 신의 피조물인 인간을 통해 창조자인 신의 모습(形相)을 입증하기 위하여 인간을 신의 형상을 따라서 창조하였다는 견해도 있다(Peterson, op. cit., p.1).

닮았다는 것 또는 하나님의 모습과 비슷하다는 뜻(likeness; similitudo)으로 해석되며, 인간이 하나님의 형상을 따라서 창조되었기 때문에 인간은 하나님의 형상의 소지자(image-bearer of God)인 것이다.[342] 따라서 인간의 정체성(identity)이 바로 신의 형상인 것이다. 이는 또한 인간은 볼 수 없고 육체가 없는 신을 볼 수 있고 육체를 가진 지구에서의 신의 대리인(representative)이라는 뜻으로 해석된다.[343] 이와 같이 인간은 신의 본성을 부분적으로 가졌기 때문에 신과 인간은 함께 한다.[344] 또한 인간은 신의 형상을 따라서 창조되었기 때문에, 인간이 신을 알 수 있게 되며,[345] 신은 인간을 통하여 신의 목적을 달성하도록 인간이 고안(考案)되어 있는 것이다.[346] 이러한 인간의 하나님의 형상에 따른 인간 창조에 의하여, 하나님의 거룩한 영(靈)이 인간에 내재(內住)한다고 할 수 있으며,[347] 따라서 인간은 본성상 영적 존재라고 할 수 있다.[348][349]

이러한 인간의 하나님의 형상을 따라서 창조되었다는 말씀으로부터 하나님의 형상이라는 개념과 이념에 관한 해석의 역사는 서구에서의 인간 이해의 역사였다.[350] 또한 인간의 하나님의 형상론은 신학에서 매력

---

342) L. Berkhof, Manual of Christian Doctrine (Michigan, Grand Rapids, WM. B. Eerdmans Publishing Company, 1965), p.127.

343) Peterson, op. cit., p.6.

344) Ibid., p.43.

345) 인간은 하나님의 형상을 따라서 창조되었기 때문에, 인간은 보이지 않는 하나님의 가시적인 모상(模相)이라고도 한다(모든 형제들: 프란치스코 교황 회칙(한국천주교주교회의, 2022), 189면 참조).

346) Peterson, op. cit., p.98.

347) 길희성, 영적 휴머니즘(아카넷, 2021), 638면.

348) 상게서, 667면.

349) 그러므로 창조주 하나님을 우리 인간 모두의 영원한 마음의 고향으로 생각하는 철학자도 있다(상게서, 856면 참조).

350) Gunnlaugur A. Jónsson, The Image of God: Genesis 1:26-28 in a Century of Old Testament Research (Sweden, Lund, Coniectana Biblica, 1988), p.xiii.

적인 영원한 관심사이다.[351] 하나님의 형상론은 오늘날 특히 해방신학(liberation theology), 여성주의 신학(feminist theology), 생태학의 논의(ecological debate), 고고학(archaeology) 등에서 강하게 논의되고 있다.[352]

인간의 하나님의 형상(image of God)은 인간의 신적 유사성(divine likeness)과 비슷한 의미로 사용되고 있다. 그러나 성서에서 인간의 신의 형상이라는 말은 성서에서 가장 신비스러운 표현 중의 하나이며,[353] 기독교인에게는 인간의 죄와 함께 두 가지의 최대관심사 중의 하나이다.[354] 이러한 이유는 성서가 인간은 하나님의 형상을 닮은 이성적인 지고지선(至高至善)이 인간의 정체성임에도 불구하고, 또한 동시에 인간은 죄, 즉 생래적(生來的)인 원죄의 존재라는 극단적인 모순의 존재가 인간이라고 기술하고 있기 때문이 아닌가 생각된다.

하나님의 형상이란 어떠한 의미내용을 담고 있을까? 하나님의 형상의 해석에 관하여는 견해가 아주 다양하다. 하나님의 형상 또는 신적 유사성이란, 일반적이고 공통적으로는, 인간의 외적 모습이나 내적 능력에 있어서 인간의 이성과 지적 능력의 범위 내에서 똑바로 행동하고, 외부 사물과 자연을 다스리고, 창조주 신과도 소통할 수 있다는 의미로 해석되고 있다.[355] 이러한 의미의 하나님의 형상은 구체적인 인간사회에서는 여러 가지의 모습으로 나타나게 되며, 시대에 따라서 그 의미 내용을 조금씩 달리하였다.

유대교 신앙의 초기에는 하나님의 형상을 인간이 하나님의 율법을 알

351) Ibid., p.1.
352) Ibid., p.1.
353) Ibid., p.3.
354) Ibid., p.3.
355) Ibid., p.2.

고 그 율법에 복종하는 의미와 모습으로 이해하였다.[356] 헬레니즘 시대의 유대교 신학자였던 필로(Philo of Alexandria: BC c.20- AD. c.50)로부터 시작된 하나님의 형상에 대한 해석은 물질적인 것이 아니라 정신적 비물질적인 것으로서 인간의 정신적인 질적 특성(spritual quality)으로 해석하였다.[357] 신약시대에 와서는 예수님을 하나님의 형상으로 이해하기도 하고,[358][359] 믿음을 가진 자를 하나님의 형상 또는 믿음을 통한 예수님의 형상에 부합하는 존재로 인간을 성화시켜나가고 인도하도록 가르쳤다.[360][361] 그러나 예수 그리스도는 하나님의 형상 그 자체이지만, 인간은 하나님의 형상을 따라서(in the image of God) 창조된 존재이다.[362]

그리고 초기 기독교에서는 신의 형상은 모든 사람에게 공통적이며, 신과 인간 간의 영적 유사성으로 이해하고, 그러한 하나님의 형상은 이성과 자유를 통하여 계시된다고 하였다. 그러나 인간은 타락(fall) 이후에도 하나님의 형상을 그대로 유지하고 있을까? 인간의 타락 이후에는 인간은 하나님의 형상을 잃어버렸다고 한다. 그리하여 인간은 생래적인 죄인 원죄를 지니고 태어난다고 한다. 원죄의 인간이 인간의 본래의 정체성인 잃어버린 하나님의 형상을 다시 회복할 수 있을까?

---

356) Ibid., p.10.

357) Ibid,, p.11.

358) Ibid., p.11, Perterson, op. cit., 44.

359) 예수 그리스도를 완전한 신의 형상으로 이해하는 견해도 있다(Peterson, op. cit., p.157). 저자도 그렇게 예수 그리스도는 완전한 신의 형상이라 생각한다.

360) Jónsson, a. a. O., S.11.

361) 고린도전서 제11장 제7절, 고린도후서 제4장 제4절, 골로새서 제1장 제15절, 야고보서 제3장 제9절. 고린도후서 제4장 제4절에서는 그리스도는 하나님의 형상이다(Christ is the image of God)라고 분명히 기술하고 있다.

362) 창세기 제1장 제27절: God created man in his own image, in the image of God he created him; male and female he created them.

인간의 정체성은 무엇인가? 신의 형상이 인간의 정체성이다. 그러면 인간의 인간성(personhood)의 내용은 무엇인가? 그것은 인간의 합리성(rationality), 창조성(creativity), 자유(freedom), 영성(spirituality), 그리고 육체성(phisicality)이라 할 수 있다.[363] 이러한 인간의 인격성은 인간 스스로 인간이 인간에 부여한 것이 아니라, 인간이 하나님의 형상을 따라서 창조된 피조물이기 때문에 창조주가 인간에게 부여해 준 인간성이다. 이것이 인간의 본성이고 본체이다. 또한 인간의 인간성은 인간의 하나님의 형상의 내용이다.[364] 이것은 바로 하나님의 형상의 인간에게서의 현현(顯現)이라 생각한다. 인간은 하나님의 형상을 따라서 창조되었지만 불완전한 존재이다.[365] 인간의 불완전성은 하나님의 형상 그 자체인 예수 그리스도와 하나님의 형상을 따라서 창조된 인간의 차이를 생각하면 분명해진다. 하나님의 형상 그 자체인 예수 그리스도는 완전하다. 그러나 하나님의 형상을 따라서 창조된 인간은 불완전하다. 그러므로 하나님의 형상을 따라서 창조된 인간은 하나님의 은혜, 즉 예수 그리스도의 은혜(grace)로 하나님의 형상의 회복을 이루어 나가야 하는 것이다.[366] 그것이 바로 인간성의 회복의 길이다. 인간은 하나님의 은혜로 하나님의 형상의 회복의 길을 가고 또 가야 할 존재이다. 특히 원죄의 존재인 인간은 그 길로 가야 인간이 잃어버린 하나님의 형상을 회복해 나갈 수 있다.

이에 관하여 아우구스티누스는 비록 인간이 타락으로 인하여 하나님

363) Petrson, op. cit., S.80.
364) Ibid., p.80.
365) Love and Justice: Selections from the Shorter Writings of Reinhold Niebuhr (edited by D.B. Robertson, Cleveland and New York, The World Publishing Company, 1967), p.47.
366) Ibid., p.47.

의 형상을 잃어버리긴 하였지만, 하나님을 기억하고 알고 사랑하는 능력이 남아있다고 하였다.[367] 그리하여 그는 인간에게는 하나님의 형상이 타락 이후에도 인간의 신에 대한 기억(memory)과 이해(understanding)와 의사(will) 속에 남아있어서 회복할 수 있다고 하였다.[368] 그 후 스콜라철학에서는 하나님의 형상은 인간의 파괴할 수 없는 본성으로서 타락 이후에도 남아있다고 하였다.[369] 루터는 인간의 타락으로 인하여 인간은 하나님의 형상을 잃었으나, 오로지 믿음에 의한(by faith alone) 신의 구원으로 이를 회복할 수 있다고 하였다.[370] 또한 루터는 인간은 타락으로 인하여 하나님의 형상을 잃어버리긴 하였으나 인간에게서 완전히 없어지지는 않고, 죄로 인하여 하나님의 형상이 가려져 있을 뿐이라고 하였다.

이와 같이 하나님의 형상은 인간의 정체성이며, 타락에 의하여 잃어버리긴 하였지만 믿음으로 다시 회복할 수 있다는 희망의 이념으로 기능하고 있다. 인간이 하나님의 형상을 따라서 창조된 피조물이라는 것은 인간이 신과 동일한 존재는 아니지만, 인간은 그 본성이 하나님의 본성을 닮아있기 때문에 인간이 존엄한 존재라는 것을 인정하는 이념으로 기능한다. 따라서 하나님의 형상을 닮은 존재가 인간이라는 이념으로부터 법에서는 인간 내지 인격의 존엄성이 도출된다. 피조물이고 원죄인인 인간이 스스로 자신이 존엄하다고는 말할 수는 없다. 인간이 하나님의 형상을 입고서 창조된 존재이기 때문에 하나님의 인정에 의해서 인간이 존엄하고 위대한 것이다. 인간이 존엄하기 때문에 인간의 존엄을 지키고 보호할

367) Jónsson, op. cit., p.13.
368) Ibid., p.13.
369) Ibid., p.13.
370) Ibid., p.13.

수 있는 인격과 인권의 보호, 생명의 보호 등의 존엄성을 지키고 보호할 수 있는 법원리와 법제도가 도출되는 것이다. 그러한 법이 바로 자연법이다. 따라서 자연법은 인간의 존엄을 지키고 보호할 수 있는 법이며, 하나님의 형상의 회복의 길로 이끌어가는 법이다. 그와 같이 하나님의 형상의 회복의 길로 이끌어가는 자연법에는 신법도 인간의 이성법도 포함되는 것이다.

하나님의 형상에서의 하나님의 본체는 무엇이며, 하나님의 형상은 어떠한 내용을 담고 있는가가 해명되어야 할 일이다. 인간은 하나님의 피조물이기 때문에 하나님의 본체, 하나님의 형상을 완전히 이해할 수는 없다. 그러나 자연법의 근원으로서의 하나님의 본체와 하나님의 형상을 어느 정도는 이해할 수 있다고 파악된다. 하나님은 어떠한 존재인가? 하나님은 이 우주와 인간을 창조하신 창조주이다. 창조주이신 하나님은 영원 전부터 계셨고 영원히 계신다. 그 창조주는 무한한 에너지와 힘을 가진 살아있는 인격체이시다. 신은 전능하시며(omniscient), 끝이 없이 무한하시며(omnipotent), 전적으로 은혜로우시며(omnibenevolent), 무엇이든지 만들에 낼 수 있으시며(omniproductive), 무엇이든지 가능하시다(omnipossible).[371] 신은 그 자신이 그 자신에 내재적으로 충만해 있기 때문에 창조는 신의 자유의사에 의한 결정이다.[372] 이러한 형상을 가진 신의 본질(divine essence)은 무엇인가? 그것은 진리(truth), 생명(life), 빛(light), 사랑(love), 정의(justice)이다.[373][374]

371) Peterson, op. cit., p.111.
372) Ibid., p.111.
373) Berkhof, op. cit., p.57.
374) 이러한 인간의 신의 형상론은 조직신학(systematic theology)에서 주로 다루어지며, 조직신학은 신의 자기계시(self-revelation)에 참여하는 학문이다(Peterson,

이와 같은 무한의 에너지의 신은 이 우주와 인간을 창조하셨다. 그러면 무엇 때문에 신이 우주와 인간을 창조하셨을까? 그것은 신의 사랑이라 생각한다.[375] 그리하여 만물의 근원은 사랑이라 생각한다. 더욱이 신은 인간을 특히나 사랑하셨다. 창조주 신은 그의 동반자를 필요로 하였다.[376] 그리하여 신은 자신의 형상을 따라서 인간을 창조하셨다.[377] 이 세상과 인간사회는 사랑으로 구성되어 서로 사랑으로 결합되어 있고, 사랑으로 질서 있게 운행되고 있다.[378] 그러한 사랑으로 움직이는 질서가 정의이다.[379] 그러므로 하나님의 형상의 내용은 정의와 사랑이라 생각한다. 정의와 사랑의 회복이 하나님의 형상의 회복이며, 그러한 정의와 사랑의 질서의 법이 바로 자연법이라 생각한다. 따라서 인간의 하나님의 형상의 회복은 자연법의 정립과 실천이다. 이와 같이 사랑과 정의가 하나님의 본체이시며, 하나님의 형상의 내용이며, 영원한 가치이고 이상이다. 그러한 사랑과 정의를 내용으로 하는 법이 자연법이다. 그러므로 자연법은 인간을 하나님의 형상의 회복으로 이끌어가는 법이다. 신의 형상으로서의 인간 회복의 일은 타락한 인간이 하여야 할 당위(當爲)의 일이며, 마땅히 하여야 할 일이다. 마땅히 하여야 할 일을 하는 것이 정의이다. 자

---

op. cit., p.90). 칼 발트는 신의 자기 계시를 예수 그리스도를 통하여 이루심으로써 인간과 화해를 이루었다고 하였다(Peterson, op. cit., p.93).

375) Peterson, op. cit., p.27.

376) Ibid., p.46.

377) 논리적으로 신이 인간을 창조하기 이전에 인간을 그의 형상을 따라서 창조하겠다는 결정을 하였다고 한다(Peterson, op. cit., p.69).

378) 9세기의 아일랜드의 신학자이고 철학자였던 에리우게나(John Scotus Eriugena: c.800–c.877)는, 사랑은 만물 전체를 말로 할 수 없는 우정과 해체할 수 없는 일치로 묶고 있는 유대 또는 사슬이다. 따라서 하나님을 사랑이라고 부르는 것이 옳다고 하였다(길희성, 영적 휴머니즘(아카넷, 2021), 632면 참조).

379) 사랑과 정의에 관하여는, 김상용, 법정책방향으로서의 정의와 사랑: 법과 성서와 역사 연구소, 연구시리즈 제5권(피앤씨미디어, 2019) 참조.

연법은 마땅히 하여야 할 정의와 신의 세상과 인간 창조의 동인(動因)인 사랑을 실천할 것을 내용으로 하는 법이다. 그러므로 자연법은 인간의 하나님의 형상의 회복의 길로 이끌어가는 법이다.

그리고 여기서 하나님의 형상을 입은 인간의 정체성과 인간을 만든 하나님 자신의 정체성을 비교해 보면, 인간의 정체성인 인성은 이성적, 합리적, 자유의 추구, 자기와 종족의 보존 및 그것을  위한 소유욕 등이지만, 하나님의 정체성인 신성은 진리, 생명, 빛, 그리고 사랑으로서, 인성과 중요한 차이가 있음을 알 수 있다. 이와 같이 신의 정체성인 신성에는 사랑이 있다. 그러나 인간의 정체성인 인성에는 사랑이 없다. 인성에는 사랑보다는 이기심 내지 자기사랑이 정체성의 내용이라 할 수 있다. 하나님은 사랑으로 이 세상을 창조하셨다. 그러나 인간은 이기심의 발로에 의하여 더 많이 가지려는 자기와 종족보존 및 소유욕을 인간의 본성으로 인정하였다. 인간의 종족보존의 본능과 소유욕이 인간의 이기심임에도 불구하고 이를 이성의 작용으로 인정하였다. 하나님의 형상 중에서 인간은 사랑을 갖지 못하였다. 아마도 인간의 타락 이전에는 사랑이 인간의 정체성으로 작동하였을 것이다. 그러나 인간은 타락으로 인하여 자기 생존의 보존이 인간의 인성으로 남고 이를 키워 왔으며, 사랑은 이기적인 자기사랑으로 작동하였을 것으로 생각된다. 그러므로 인간의 하나님의 형상의 회복은 사랑을 회복하는 것이 가장 중요한 내용이라 생각한다. 법에서의 사랑은 공동선, 공동체 정신이라 생각한다. 자연법의 근거로서 인간의 하나님의 형상과 자연법의 전개는 인간의 이기심을 절제하고 이웃과 공동체에 대한 사랑의 정신의 함양과 사랑의 실천이 중심내용이 되어야 할 것으로 생각한다. 정의는 창조주의 창조 후의 이 세상의 사랑의 질서이었지만, 인간에게서의 정의는 인간이 하나님의 형상을 따라서 창조된 인간 자신의 존엄을 지키기 위한 인간의 인격과 인권, 자유와 소유를 더 확대하고 안정화시키는 내용으로 구성되고 발전하여 왔다고 이해된다. 역시 이웃사랑, 공동선, 공동체 정신은 주장은 되었지만 이상적 상태의 사랑으로는 실천되지 못하였다. 따라서 앞으로의 자연법은 이웃사랑, 공동선, 공동체 정신의 사랑으로 발전시키고 법제도화하여 실천해 나가야 한다는 결론을 도출할 수 있다.

## II. 인간의 하나님의 형상에 대한 이해의 변천

### 1. 가톨릭에서의 인간의 신의 형상론

하나님의 형상은 창조주의 모습으로서 힘과 에너지가 넘친다. 또한 성서는 예수 그리스도를 하나님의 완전한 형상으로 기록하고 있다.[380] 그리고 신은 힘과 에너지로 충만한 살아있는 인격체로 설명되고 있다. 이러한 모습의 하나님의 형상론은 세속의 권력자들의 비인격적인 권력행사에 대한 저항의 이론 내지 사상으로 기능하여 왔다. 특히 식민지 사람들의 인격을 무시한 식민지 종주국의 무지한 힘의 횡포로부터 식민지인들을 보호하기 위한 이론 내지 사상으로 기능하여 왔다.

역사적으로 로마 가톨릭에서는 신은 창조 시에 인간에게 자연적인 선물로서 영성(spirituality of the soul), 의사의 자유(freedom of the will), 영혼의 기관으로서의 육체의 불멸성(immortality of body)을 부여하여 주

380) 고린도후서 제4장 제4절

었으며, 인간으로 하여금 인간보다 낮은 단계의 피조물인 자연을 관리하게 하기 위하여 초자연적인 선물(supernatural gift)인 원초적 정의로움(original righteousness)을 주었는데, 그러한 신의 선물들을 인간의 하나님의 형상의 뜻으로 이해하였다.[381)]

## 2. 종교개혁자들의 인간의 하나님의 형상에 대한 이해

루터는 창세기에서의 인간의 하나님의 형상은 인간의 원초적인 정의(man's original righteousness)로서 죄가 없음이라고 하였다.[382)] 또한 루터는 하나님의 형상을 타락 이전의 아담의 원초적인 정의로움(Adam's original righteousness)으로 해석하였다.[383)] 루터의 이러한 인간의 신의 형상론은 타락 이전의 인간상태를 전제한 하나님의 형상론이었다. 또한 루터는 신의 형상(image of God)이란 신을 닮았음(likeness of God)을 의미하며, 그것은 인간의 원초적 정의로움(original righteousness), 즉 인간의 반듯함이라고 하였다.[384)] 그 인간의 반듯함의 하나님의 형상의 내용은, 인간이 진리를 알고(true knowledge), 정의로우며(righteousness), 성스러움(holiness)이라고 하였다.[385)386)] 그러나 이러한 순수한 인간의 신의 형상은 인간이 타락함으로써 잃어버리게 되었다고 루터는 주

381) Berkhof, op. cit., p.128.
382) Jónsson, op. cit., p.13.
383) Peterson, op. cit., p.167.
384) Berkhof, op. cit., p.129.
385) Ibid., p.129.
386) 하나님의 형상을 좁은 의미와 넓은 의미로 나누어, 좁은 의미에서의 하나님의 형상은 진리를 알고, 정의로우며, 성스러움을 그 내용으로 하지만, 넓은 의미의 하나님의 형상은 이 외에도 인간의 합리성(rational), 도덕성(moral)과 영혼의 불멸성(immortal)을 들고 있다(Ibid., p.129).

장하였다.[387] 루터와 함께 종교개혁자들은 인간이 하나님의 형상을 잃어버림으로써 진리를 알고 정의로우며, 성스러운 어떠한 영적인 선(善)도 행할 수 없게 되었다고 한다.[388] 따라서 인간은 타락[389]에 의하여 선을 행할 정신력을 상실하였다는 것이다.

그러므로 타락한 인간에게서 하나님의 형상을 찾는 것은 무용하다고 하였다. 그러나 또 한편으로 루터는 죄로 인하여 하나님의 형상을 잃어버렸지만, 인간에게서 하나님의 형상을 완전히 없어지지는 않고 인간의 죄로 인하여 하나님의 형상이 가려져 있다고 하였다.[390] 인간은 오로지 믿음으로만 하나님의 형상의 문제의 해결책을 찾을 수 있다고 하였다.[391] 그리하여 그는 오직 믿음으로 인간에게서 하나님의 형상을 회복할 수 있다는 희망을 주었다. 따라서 루터의 오직 믿음에 의한 하나님의 형상의 회복 신학은 인간에게 희망을 주는 희망의 신학이었다. 이와 같이 종교개혁자들은 인간은 타락에 의하여 하나님의 형상을 완전히 잃어버린 완전

387) Jónsson, op. cit., p.13.

388) Berkhof, op. cit., p.137.

389) 인간의 타락에 의한 죄의 상태를 원죄(original sin)라 하며, 모든 인간은 이러한 원죄를 갖고 태어나며, 이 원죄는 인간의 삶을 더럽히는 실제적인 죄(actual sin)의 내재적 뿌리이다(Berkhof, op. cit., p.145). 이 실제적 죄는 정상적인 외부의 행동과 양심적인 사고의 저해 및 범법행위 등으로 나타난다고 한다(Ibid., p. 157). 그리고 하나님의 형상의 회복은 성서의 산상수훈, 예수 그리스도에 대한 이해로 회복할 수 있다고 하였다(Peterson, op. cit., p.171). 또한 인간의 정체성인 하나님의 형상의 진보적이고 발전적인 회복을 실현해 나가는 것이 기독교의 전통이다(Peterson, op. cit., p.172). 그리고 이러한 하나님의 형상의 회복이 인간의 성화(聖化, sanctification)이다(Berkhof, op. cit., p.267). 성화에 의하여 인간은 선을 행할 수 있으며, 죄인이 새로워지며, 하나님의 형상에 가까이 가는 것이다(Berkhof, op. cit., p.267).

390) Jónsson, op. cit., p.13.

391) Ibid., p.13; 루터가 오직 믿음(sola fide), 오직 성서(sola scripta), 오직 은혜(sola gratia)를 주장한 것은 중세 교황권력과 교회권력이 강성하여 교황의 권위와 교회의 권위가 성서의 권위보다 오히려 상위에 있던 시대에, 순수 신앙을 회복하기 위한 중세 기독교에 대한 저항이었다고 이해된다.

죄인이나, 그래도 인간의 본성에는 신의 은혜(divine grace)를 받아들일 여지가 여전히 남아있으며, 신의 은혜로 하나님의 형상을 회복할 수 있다고 하였다.[392] 이와 같이 개신교에서는 타락을 하나님의 형상의 상실로 이해하고, 하나님의 은혜로 상실한 하나님의 형상을 회복할 수 있다고 한다.[393]

그러나 가톨릭에서는 이러한 종교개혁자들의 인간의 완전타락 주장에 반대하며, 타락한 인간에게도 하나님의 형상이 남아 잔존하고 있다고 한다.[394] 이와 같이 어느 견해이든 신의 은혜가 인간의 하나님의 형상을 회복케 하고 인간의 모든 죄악을 이기게 한다는 희망으로 하나님의 형상론이 전개되어 왔다.[395]

### 3. 진화론에서의 인간의 하나님의 형상 이해에 대한 영향과 그 극복

하나님의 형상론의 구체적인 역사적 역할의 변화를 살펴보면, 창세기의 원시역사에서는 하나님의 형상을 단지 세상의 시작에 관한 역사적인 보고(historical report) 정도로 이해되었다.[396] 이러한 전통적인 믿음에 대한 도전은 근대 과학적 세계관으로부터 시작되었다. 그러한 자연과학적 세계관으로부터의 도전은 1859년 다윈(Charles Robert Darwin: 1809-

392) G. C. Berkouwer, Man: The Image of God (Michigan, Grand Rapids, WM. B. Eermanns Publishing Company, 1962), pp.140, 149, 150.

393) 윤성현 역, 한스 마두에미, 마이클 리브스 외 13인 저, 아담, 타락, 원죄 (새물결플러스, 2018), 302면.

394) Ibid., p.162.

395) Ibid., p.344.

396) Jónsson, op. cit., p.15.

1882)의 저서, 종(種)의 기원(起源)(On the Origin of Species)과 1871년 역시 다윈의 인간의 유래와 성선택(性選擇)(The Descent of Man, and Selection in Relation to Sex) 저서에서의 진화론으로부터 일어났다.[397] 과학발전과 다윈의 진화론은 하나님의 형상에 관한 전통적으로 내려오던 역사적 성서연구의 구도를 과학적 연구로 바꾸어 놓았다.[398]

특히 다윈의 인간의 유래와 성선택의 저서는 인간의 신형상론을 다루지 아니하고 그 반대로 인간의 동물본성을 다루었다.[399] 다윈은 인간은 신의 형상을 닮은 것이 아니라, 인간의 신체는 다른 동물의 그것이나 동일한 형태라고 하였다.[400] 다윈은 인간에 관하여 인간의 신의 형상론을 다루지 아니하고, 인간과 동물을 동일형태로 다루었다. 더 나아가 그는 인간은 고등동물과 마찬가지로 정신능력(mental faculty)에 있어서도 근본적인 차이가 없다고 하였다.[401]

이러한 다윈의 진화론 후에 인간의 하나님의 형상론은 더욱 광범위하게 연구되어, 인간을 다른 동물과 분리하여 다루고, 인간의 인격, 인간의 자유의지, 인간의 존엄, 인간의 도덕적 능력 등을 더욱 강조하는 방향으로 하나님의 형상론의 연구가 확대되었다.[402] 그 결과 1882년부터는 인간의 하나님의 형상에 대한 새로운 구도의 연구로 발전하였다.[403] 그리하여 다윈의 진화론에 반대하며, 인간과 동물을 구별하여 이해하고, 인

397) Ibid., p.16.
398) Ibid., p.16.
399) Ibid., p.23.
400) Ibid., p.23.
401) Ibid., p.23.
402) Ibid., p.23.
403) Ibid., p.24.

간은 하나님의 형상을 따라서 창조되어, 인간은 신의 가족[404](divine family)으로서, 인간의 본성은 본래 선하고 자비로웠다고 하였다.[405] 그리하여 인간의 하나님의 형상은 인간의 정신적인 특징이며, 인간에게 신의 영적인 본성이 계속된다고 이해하였다.[406] 그리고 신은 에너지와 힘이 충만한 살아있는 인격체(God is the living personal combination of fulness of energies and powers)라고 이해하였다.[407] 이러한 영적 존재로서의 신에 대한 이해와 인간의 신의 형상에 대한 이해는, 보다 확실하게, 신의 형상이란 인간의 정신적인 우월성 내지 탁월성의 의미로 이해되고 인간의 정신적인 특징으로 정리되었다.[408] 이와 같이 19세기 말에는 진화론에 대항하여, 무한 에너지로 충만한 살아있는 인격체로서의 신에 대한 이해로부터  인간의 신의 형상을 인간의 정신적인 특징이라는 내용으로 성서의 해석을 명확히 한 시기였다고 평가된다.

### 4. 외관의 유사성으로의 인간의 하나님의 형상의 이해

인간의 신의 형상을 정신적인 특징으로 이해하였던 연구 시기를 지난 그 다음에는 인간의 외적인 모습(external appearance)을 신의 형상으로 이해하는 연구가 이루어지기 시작하였다. 고대 히브리에서 여호와는 언제나 인간의 모습을 하고 있었다는 주장과 함께, 인간의 신의 형상을 인간의 신적인 존재로 이해하고, 신적인 인간은 인간의 육체 없이 정신적

404) 신의 가족에는 천사도 포함하여 신, 인간, 천사로 구성된 것으로 이해하였다(Ibid., p.30).
405) Jónsson, op. cit., p.30.
406) Ibid., p.33.
407) Ibid., p.37.
408) Ibid., p.43.

인 존재만으로서는 불가능하다고 하였다.[409] 그리하여 인간의 신의 형상을 인간의 육체가 신의 모습을 닮은 의미로 이해하였다. 그리하여 인간의 첫 존재는 형태와 모습에 있어서 신과 같다고 이해하였다.[410] 다시 말하면 인간은 여호와의 모습을 가졌다고 이해하였다.[411] 이러한 신의 형상에 대해 인간의 육체가 신의 모습을 닮았다는 주장은 전통적인 기독교 신학에서의 신의 형상을 정신적, 영적인 모습으로의 해석에 반대되는 이해였으며, 신의 형상에 대한 낭만주의적인 사고의 결과라 평가된다.[412]

예수 그리스도는 하나님의 형상 그 자체이다. 예수 그리스도는 신이고 또한 완전한 인간이다. 예수 그리스도는 신이면서 인간의 모습을 하였다. 그러나 예수 그리스도가 신의 형상 그 자체라는 진리에 있어서도 역시 하나님의 형상은 영적, 정신적인 면에 그 중심이 있다고 하여야 할 것으로 생각한다. 육체의 모습의 예수 그리스도가 행한 기적들은 육체를 가진 인간으로서 보다는 영적인 무한 에너지의 살아있는 인격체로서 행하신 일들이라고 생각한다.

인간의 하나님의 형상의 이해는 인간의 정신적인 영적인 존재에 있어서 하나님의 형상을 닮았다고 하는 방향이 적절하다고 생각한다. 인간의 하나님의 형상에 근거하여 인간의 존엄과 인권 및 인격권의 보호를 강화하고자 하는 새로운 기독교적 자연법 사상과 이론은 인간의 하나님의 형상을 인간의 육체 면에서가 아니라 인간의 정신 내지 영적인 면에서 인간이 하나님의 형상을 닮았다고 이해하는 것에서 출발하고 있다.

---

409) Ibid., p.51.
410) Ibid., p.52.
411) Ibid., p.52.
412) Ibid., p.54.

## 5. 세속의 왕을 신의 형상으로 이해한 사고의 성서연구에로의 도입

고대 바빌로니아에서는 하나님의 형상이라는 관념이 퍼져 있었으며, 특히 왕을 신의 형상으로 이해하였다.[413] 그리하여 성서의 창세기 제1장 제26절의 인간을 하나님의 형상을 따라서 창조하였다는 성서의 말씀은 바빌로니아에 그 기원을 두고 있다는 주장도 제기되었다.[414] 그리하여 신의 형상을 왕을 신의 대리인화하는 데 이용하기도 하였다.[415] 이집트에서 발굴된 로제타석[416](Rosetta Stone)에도 왕은 살아있는 신의 형상이라 새겨져 있다.[417][418]

그리하여 인간의 신의 형상을 인간과 신의 상호관계를 유지하는 데 이용되었다. 즉, 신은 인간에게 말하고, 인간은 신을 이해하고 답할 수 있는 관계를 설명함에 인간의 신의 형상을 이용하였다.[419] 그 결과로 인간은 신의 대리인으로서 신이 인간 이외의 모든 피조물을 관리해 나감에 인간이 신의 대리인으로서 일한다는 이론의 근거로 삼았다.[420]

---

413) Ibid., p.57.

414) Ibid., p.58.

415) Ibid., p.57.

416) 로제타석은 BC 196년에 이집트에서 이집트의 법령을 새겨둔 돌비석이다. 1799년 이집트를 원정한 프랑스군에 의해 발견되었다. 1801년 영국이 오스만 제국과 함께 프랑스군을 알렉산드리아에서 물리쳤을 때 로제타석은 런던으로 운반되어, 1802년부터 대영박물관에 상설 전시되고 있다.

417) Jónsson, op. cit., p.57.

418) 그리하여 어떤 학자는 창세기의 인간의 신의 형상의 말씀이 고대 이집트에서의 왕은 신의 형상이고 신의 아들이라는 개념에서부터 왔다고 주장하기도 한다(Ibid., p.154). 그러나 반대로 고대 이스라엘서 이미 인간의 하나님의 형상 관념이 있었으며, 다만 이스라엘인들의 바빌로니아 포로생활 후의 유대주의(Judaism)의 강화과정에서 공고히 되었다고도 한다(Ibid., p.172).

419) Ibid., p.59.

## 6. 변증법적 신학에서의 인간의 하나님의 형상론

20세기 초반 및 중반에는 스위스의 신학자인 칼 발트(Karl Barth: 1886-1968)에 의해 당시에 유행하였던 인간중심(anthropocentric)의 자유주의 신학에 대항하여 성서는 신의 말씀으로서 신학연구의 중심은 성서 그 자체의 본문(text) 연구에 중점을 두어야 한다는 신중심(theo-centric)의 변증법적 신학(dialectical theology)이 주장되고 그 변증법적 신학이 강한 영향을 주었던 시대였다. 변증법적 신학은 신정통주의 신학으로서 성서의 말씀을 글자 그대로 믿으며, 하나님의 계시를 중시하고, 창조주 하나님은 일반적인 신과는 완전히 다른 완전자로 이해하는 신학이었다.[421] 그리고 그는 신구약 성서 모두가 큰 차이가 있는 것이 아니며, 성서의 중심은 예수 그리스도라고 하였다.[422] 이러한 변증법적 신학은 자연을 관찰하고 이성으로 자연을 분석하면 하나님을 알 수 있다는 토마스 아퀴나스에 의해 주도된 자연신학과 다르며, 성서의 말씀에 구속되지 아니하고 자유롭게 해석하는 자유주의 신학과도 다르다. 변증법적 신학은 성서의 말씀을 문자 그대로 믿고 신의 계시에 의해 깨달음에 이르고자 하는 새로운 정통주의 신학이다. 그러므로 변증법적 신학은 성서의 말씀을 강조하고 계시(revelation)를 중시하였다.[423] 그리하여 변증법적 신학에서는 성서의 말씀을 역사적, 문화적으로 이해하는 것을 비판하였으며, 성서를 그대로 믿고 계시를 중시하는 정통신학으로 회귀하고자 한

420) Ibid., p.59.
421) Ibid., p.61.
422) Ibid., p.66.
423) Ibid., p.63.

신정통주의신학이다.[424][425] 자유주의신학이 인간중심의 신학(anthropocentric theology)인 반면, 칼 발트에 의한 변증법적 신학은 신중심의 신학(theo-centric theology)이다.[426] 킬 발트는 신은 말씀에 의하여 신의 형상을 따라서 인간을 창조하였으며, 신은 그와 계약관계(covenant-relationship)를 맺을 수 있는 인간을 그의 형상을 따라서 창조하였다고 하였다.[427][428] 그리고 그에게 있어서 신의 형상은 바로 예수 그리스도였다.[429]

## 7. 오늘날의 인간의 신의 형상에 대한 이해

오늘날은 하나님의 형상을 인간의 인격에서 찾고 있다. 바로 인간의 인격을 바로 하나님의 형상으로 이해한다.[430] 따라서 신의 인격을 인간도 공유하는 것으로 이해한다.[431] 그러므로 신도 인격성을 가지며, 인간은 신의 인격과 인간의 인격을 공유하는 존재로 파악하며, 인간은 신의 인격을 파악할 수 있는 능력을 갖고 있는 것으로 이해한다.[432] 정의 역시

---

424) Ibid., p.63.

425) 변증법적 신학을 신정통주의라고 한 것은 변증법의 정반합(正反合)의 역사진행의 법칙을 신학의 흐름에 적용하여, 성서의 말씀과 계시를 중시한 초기 기독교 신학이 정(正)이고, 성서의 말씀을 자유롭게 해석하고 계시를 중시하지 아니한 자유주의 신학을 초기 기독교신학에 대한 반(反)으로 이해하며, 다시 자유주의 신학에 반대하고 성서의 말씀과 계시를 중시한 칼 발트의 신학을 변증법에서의 합(合)이기 때문에 변증법적 신학이라 이름붙인 것이다.

426) Jónsson, op. cit., p.65.

427) Ibid., p.73.

428) 칼 발트와 동시대의 스위스 신학자면서 칼 발트와 끊임없는 신학논쟁을 이어온 브룬너(Emil Brunner: 1889-1966)는 인간의 하나님의 형상은 인간의 타락에 의해 다 잃어버렸으며, 인간에게는 형식적인 하나님의 형상이 남아있을 뿐이라고 하였다(Ibid., p.70).

429) 삼위일체 하나님론에 의하면, 예수 그리스도는 창세기의 말씀에서와 같이 인간을 창조하신 창조주이신 성부(聖父) 하나님이시다.

430) Jónsson, op. cit., p.81.

431) Ibid., p.81.

432) Ibid., p.81.

인간의 신의 형상에 그 뿌리를 두고 있다고 한다.[433] 그리하여 타락 이전의 원초적 상태(original state)에서의 인간은 윤리적으로 완벽(ethically perfect)하였다고 한다.[434] 그 때의 인간은 선한 존재였다고 이해한다. 그리고 예수 그리스도는 완전한 신의 형상이며, 인간이 타락으로 신의 형상을 잃었지만 예수 그리스도에 대한 믿음(faith)으로 회복할 수 있다고 한다.[435] 또한 창조주는 인격자로서 그의 인격을 인간에게 주었으며, 그의 가장 고상한 피조물인 인간과 가까이 하고자 사랑으로 그 자신을 인간에게 나타나셨다고 한다.[436] 그리고 인간의 신의 형상은 육체적, 물질적인 것이 아니라 정신적, 영적인 것으로 이해한다.[437]

더 나아가 인간의 신의 형상으로 인간은 신과 소통하는 관계로 이해하며, 신의 형상은 인간의 신에 대하여 복종하고 인간은 신의 도움을 필요로 한다는 의미로 이해한다.[438] 따라서 인간의 신의 형상을 신과 인간 간의 소통과 협력의 의미로 이해한다.[439]

생각건대 인간의 신의 형상은 그 의미내용에 관하여 여러 가지의 견해가 대립되고 또한 시대에 따라서 변화하여 왔다. 인간의 신의 형상과 신을 닮았다는 말씀은 인간의 육체가 신의 형상을 닮았다는 뜻으로 보다는 인간이 신의 인격을 닮았다는 의미로 해석함이 타당할 것으로 생각하며, 인간의 인격은 신의 인격을 닮았다고 이해된다. 따라서 신은 무한한

433) Ibid., p.81.
434) Ibid., p.82.
435) Ibid., p.82.
436) Ibid., p.87.
437) Ibid., p.91.
438) Ibid., pp.114-115.
439) Ibid., p.118.

에너지와 힘을 가진 살아있는 인격체로 이해함이 바람직하며, 인간을 위해 이 세상을 창조한 인격체로 이해함이 타당할 것으로 생각된다. 그리하여 인간이 신의 형상을 따라 창조된 피조물이라는 말씀은, 인간도 신의 본체와 같이 능력이 있고 반듯하게 그리고 사랑하며 살아가도록 창조된 존재임을 표현하고 있다고 생각한다. 또한 인간은 하나님의 형상을 따라서 창조되었기 때문에 신과 소통을 할 수 있는 인격적 존재임을 알 수 있다. 그리하여 인간의 신의 형상을 따른 창조에 의하여 인간은 존엄한 존재로 인간의 존엄은 바로 인간의 신의 형상에서 인정된다고 생각한다. 인간은 그 능력에 있어서 이성을 가지고 있다는 것도 하나님의 형상의 내용의 하나인 하나님의 지혜(divine wisdom)로부터 주어진 것이며, 인간이 바르고 정의롭고 사랑을 할 수 있는 인격적 존재라는 것도 바로 하나님의 형상으로부터 주어진 인간의 선한 본성이라 생각한다. 이러한 인간의 정체성은 타락 이전의 인간의 모습이었다. 그러나 인간의 타락에 의하여 이러한 하나님의 형상을 잃어버렸다. 인간의 신의 형상을 잃어버린 상태가 바로 인간의 본성에서의 선한 마음이 아닌 악한 마음으로 변한 것이라고 생각한다. 그런데 인간은 인간성에서의 악한 마음을 너무 키워 왔다고 생각한다. 그렇지만 하나님의 형상이신 예수 그리스도가 세상에 오시고 인간은 예수 그리스도에 대한 믿음과 그의 은혜로 잃어버린 하나님의 형상을 회복할 수 있다고 생각한다. 그러나 잃어버린 하나님의 형상을 온전히 회복하지 못하였다. 악한 마음을 더 키워 왔다고 함이 옳을 것이다. 인간은 인간의 악한 마음(악성)을 이성으로 이해하고 그 악성으로 키워 이루어놓은 과학과 경제의 결과를 문명이란 이름으로 찬양하였다고 평가할 수도 있다고 생각한다. 그러나 인간의 악한 마음에 기초한 이성에 의한 문명은 인간을 더욱 불안하게 만들고 위험한 사회로 나아가게 하고 있는 것이 역사 진행의 결과라 생각해 보게 된다. 그러므로 이제 인간의 신의 형상론은 인간의 타락에 의한 인간의 악한 마음을 제어하고 인간 본래의 선한 존재로의 회복을 위한 근거가 된다. 하나님의 형상을 가진 인간이 인간 본래의 정체성이며, 인간의 하나님의 형상론은 인간의 창조 본래의 선한 존재로의 회복을 위한 근거이면서 동시에 이념이고 이상이라 생각한다.[440]

해방신학에서는 인간의 하나님의 형상론이 지대한 역활을 하였다.[441] 해방신학자들은 고대 이스라엘인들의 고난의 체험과 오늘날의 라틴 아메리카의 빈곤자의 체험을 나란히 대비하여, 이스라엘인들의 출애급을 해방신학의 중심으로 삼아, 이스라엘인들의 바빌로니아에서의 포로생활로부터의 해방을 해방운동의 가장 관심 있는 주제로 삼았다.[442] 그리하여 인간의 신의 형상론은 해방신학에서 가난에 대한 강력한 신학적 투쟁의 사상 내지 이념으로 기능하였다. 다시 말하면 가난에 대한 거부를 위한 근거로 인간의 하나님의 형상론이 이용되었다.

그리고 여성주의 운동에 있어서도 인간의 신의 형상론을 여자도 하나님의 형상을 따라서 창조되었다고 주장하여 여성의 지위향상에 이용하였다.[443] 중세에는 여성은 남자와 동일하게 신의 형상을 닮았음을 거절하였다.[444] 그러나 칼 발트는 신은 신 자신의 형상을 따라서 남자와 여자

440) 인간은 모두 하나님의 형상을 따라 창조된 피조물이기 때문에, 프란치스코 교황은 인간 모두를 합하여 인류가족이라 하였다(찬미 받으소서(개정판: 프란치스코 교황 회칙, 한국천주교주교회의, 2022), 45면 참조).

441) Jónsson, op. cit., p.188.

442) Ibid., p.188.

443) Ibid., p.187.

를 창조하였다고 하였다.[445] 또한 칼 발트는 인간은 창조주가 살아있는 신 자신을 따라서 창조한 완전한 영혼과 완전한 육체적 존재라고 하였다.[446]

생태신학에서는 인간의 신의 형상에 따른 창조론을 인간은 신의 나라 (God's estate)의 관리자로서의 자격을 인정함에 원용하였다.[447] 또한 생태신학에서는 환경의 위기를 지구상에서 창조를 위한 삶과 죽음의 투쟁의 시작이라고 주장하고, 인간은 창조자인 신의 형상을 따라서 창조된 존재이므로 환경의 위기를 극복할 수 있는 자격을 갖춘 자라고 함으로써, 인간이 환경위기를 극복하기 위하여 노력하도록 촉구함에 인간의 신의 형상론을 원용하였다.

## Ⅲ. 인간의 신의 형상론의 역사적 역할의 변천

### 1. 인간존엄의 사상적 기초로서의 인간의 하나님의 형상론

인간은 존엄한 존재이다. 인간은 존엄한 존재이기 때문에 인간의 인격과 인권이 보장된다. 그것도 천부인권으로 인정되고 보장된다. 자연법은 이러한 인간의 존엄을 지키고 실현할 수 있는 법제도이다. 그러면 왜 인간은 존엄한가? 인간이 우연히 탄생하고 진화되어 생존하는 단순한 생명체라면 인간 스스로가 스스로를 존엄한 존재하고 할 수 있을까? 인간이 우연한 생명체라면 무엇을 인간의 존엄으로 이해하여야 할까?

---

444) Ibid., p.187.
445) Ibid., p.73.
446) Berkouwer, op.cit., pp.94, 101.
447) Ibid., p.179.

인간의 존엄은 바로 인간이 창조주 하나님의 형상을 따라서 창조되었기 때문이다. 인간은 신의 본성을 부분적으로 가진 존재로 창조되었다. 신은 그의 형상을 따라서 인간에게 이성을 주시고, 자유의지를 주시고, 성스러움도 주셔서 하나님과 소통하고 다른 피조물을 관리할 수 있는 지위와 능력을 주셨다. 바로 이러한 인간의 본성이 신의 형상으로부터 주어졌기 때문에 인간은 존엄한 것이다. 그리하여 인간의 존엄은 천부인권이다. 인간의 존엄은 양도할 수 없고 침해할 수 없는 인간의 본성이다. 그러므로 인간의 하나님의 형상은 인간존엄의 근거이고 근원이다.[448] 또한 인간은 하나님의 형상을 따라서 창조되었기 때문에 인간은 하나님이 진리를 알 수 있는 자연적인 성향(natural inclination)을 가지고 있는 것이다.[449] 이러한 인간의 성향은 인간이 타락했어도 인간의 선한 심성은 완전히 파괴되지는 않았다고 이해한다.[450]

인간의 존엄을 인정하고 보호하는 것은 인간에게서 신의 형상을 회복하는 길이다. 인권을 세계적으로 보호하는 것은 바로 하나님의 형상을 회복하기 위한 국제적인 노력이다. 인격과 인권을 보호하는 법은 법을 통하여 인간의 존엄을 지키고 보호하는 길이며, 그것은 인간에게서 하나님의 형상의 회복의 길이다.[451] 하나님의 형상의 본체는 사랑과 정의다. 법은 응당 인간에게서 하나님의 형상의 회복을 이루어 가도록 하는 내용으로 구성되어야 한다. 그러한 법이 자연법이다. 그러므로 자연법은 정의와 사랑으로 그 내용이 구성되어 있다. 정의와 사랑의 자연법으로 법을 통하

448) 찬미 받으소서(개정판: 프란치스코 교황 회칙, 한국천주교주교회의, 2022), 54면.
449) Levering, op. cit., p.59.
450) Ibid., p.59.
451) Roger Ruston, Human Rights and the Image of God (London, SCM Press, 2004), p.4.

여 인간에게서 하나님의 형상을 회복할 수 있다. 그러나 역사적으로 현실 세계에서는 인간의 존엄이 침해받는 일이 허다하였다. 특히 노예제도, 식민지에서의 원주민들의 탄압, 전체주의 체제에서의 살인, 사회주의 국가에서의 인간의 존엄가치의 부인 등에 있어서 그러한 비인간적인 상태에 저항하고 극복하기 위한 이념으로서 인간의 하나님의 형상론이 원용되었다. 인간의 신의 형상론은 인간이 인격자로서 인정받지 못한 상태와 시대에 더 강하게 주장되었다. 따라서 인간의 신의 형상론은 인간의 본성을 회복하기 위한 이념이면서 동시에 인간 무시의 체제에 대한 저항적인 성격을 지니고 있다.

그리고 인간의 하나님의 형상론은 자유주의적 개인주의의 궁극의 근거이다. 자유주의는 전통적으로 추상적 개인(abstract individual)을 공동선(common good)의 출발점으로 삼았다.[452] 서양에서 이러한 추상적인 개인의 인정과 자유주의적 개인주의는 17세기 정치이론의 산물이다.[453] 자유주의적 개인주의는 모든 사회제도와 사회관계를 인간의 사회적 존재로서의 인정보다는 인위적이고, 외부적이고 그리고 계약관계적인 것으로서 개인의 자유로운 선택의 순수산물로 이해하였다.[454] 이러한 자유주의적 개인주의는 주의주의적 개인주의(voluntaristic individualism)이다.[455] 주의주의는 옳고 그름이 사전에 주어진 것이 아니고, 개인적으로 그리고 다른 사람과의 계약에 의하여 인간의 도덕세계의 건설은 개인의 의사결정에 달려있다고 이해하는 사상이다.[456][457] 가톨릭에서는 개인주의적인 추상

452) Ibid., p.4.
453) Ibid., p.9.
454) Ibid., p.10.
455) Ibid., p.10.
456) Ibid., p.10.

적 개인을 인간의 모습으로 파악하지 아니하고, 하나님의 형상을 받은 사회적 인간(social person)을 인간의 모습으로 파악하였으며, 인간에게는 이성과 선택의 자유가 주어져 있고, 인간을 객관적인 선과 악을 분별할 수 있는 존재로 파악하였다.[458] 그리고 근대 이전의 기독교 인간윤리는 권리중심의 윤리가 아니라 의무중심의 윤리를 취하였다.[459] 더 나아가 인간의 존엄은 신의 형상에 기초하며, 자연권 내지 인권의 인정과 보호는 잃어버린 인간의 하나님의 형상을 회복하는 효과적인 방법이었다.[460]

이와 같이 인간의 하나님의 형상이 바로 인간존엄의 근거이며, 인간존엄에서 인권과 인격의 보호사상이 도출된 것이다.[461] 그 인격과 인권은 침해할 수 없으며 양도불가능하다. 이와 같이 모든 인간은 인권과 인격의 인정과 보호를 받는 존엄한 존재이다. 그렇기 때문에 기독교에서는 지구상의 모든 사람들이 하나의 가족(human family)을 이루고, 각 개

---

457) 주의주의는 주지주의와 대립되는 사상이다. 주지주의(intellectualism)는 옳고 그름은 이미 신에 의하여 결정되어 주어져 있고 인간은 이를 인지할 뿐이라고 이해하는 사상이다. 주의주의(voluntarism)는 중세의 윌리암 옥캄에 의하여 시작되었으며, 근세 자유주의 개인주의 사상가들이 이어 발전시켜 왔으며, 종교개혁자들도 주의주의적인 개인주의 입장에 있었으며, 오늘날의 개인주의의 주류도 역시 주의주의적 개인주의로 평가된다. 주지주의는 토마스 아퀴나스에 의해 주장되고, 신이 옳고 그름을 이미 결정하여 두었으며, 인간은 다만 이를 인지 내지 인식할 뿐이라고 하였다.

458) Ruston, op. cit., p.11.

459) Ibid., p.12.

460) Ibid., p.14.

461) 신을 부인한 칸트는 인간 자신을 수단이 아니라 목적으로 대하는 것에서 인간의 존엄(dignity)이 인정된다고 하였다(Levering, op. cit., p.124). 다시 말하면 인간이 결코 수단이 아니라 목적이기 때문에 인간이 존엄하다고 하였다. 인간을 목적으로 대하라는 칸트의 사상은 그의 정언명령(kategorischer Imperativ)으로 공식화하였다. 칸트와 동시대의 헤겔(Georg Wilhelm Friedrich Hegel: 1770-1831)은 인간 개인의 실재를 부인하고 스스로 존재하고 사유하며 더 이상 변화될 필요가 없는 최고 위치의 절대정신(absoluter Geist)을 인정하여 개인은 절대정신에 복종하여야 한다고 하여, 단체주의 내지 국가주의로 나아가는 사상을 열었다(Levering, op. cit., p.132). 헤겔에게서의 절대정신은 국가였다.

인은 보편적인 지구사회의 시민(citizenship in the universal society), 즉 세계시민(world citizen)으로 인정하였다.[462] 그리하여 기독교에서는 인간의 연대(human solidarity)를 주장하였다.[463] 그리고 종교의 자유를 인간이 생래적인 존엄(inherent diginity)으로터 나오는 권리인 자연권이라고 하였다.[464] 그리고 모든 지구의 자원은 전인류의 삶을 위한 신의 선물이며, 지구는 인류의 공동창고(common store)라고 하였다.[465][466] 이러한 인권과 인격의 보호는 인간의 존엄에서 도출되었으며, 인간의 존엄은 인간이 하나님의 형상을 받아 창조된 존재이기 때문이다. 그리고 지구를 인류를 위한 공동창고라고 관념한 것은 스토아철학의 영향을 받은 기독교의 전통이며,[467] 이러한 이념에 따라서 일찍부터 기독교는 가난한 빈곤자에 대하여 자비(charity; caritas)를 베풀 것을 가르쳤으며, 자비를 기독교의 최고의 덕목(virtue)으로 인정하여, 자비는 신의 왕국에서 그 구성원인 사람 상호관계를 공동체로 묶어주는 덕목으로 발전되어 왔다.[468] 또한 교부들은 땅은 모든 사람에게 속하여 있기 때문에, 가난한 자에게

---

462) Ruston, op. cit., p.14.
463) Ibid., p.20.
464) Ibid., p.21.
465) Ibid., p.22, 42.
466) 지구가 인류를 위한 공동창고라는 관념은 스토아철학의 영향을 받은 기독교의 전통이며(Ibid., p.42), 이러한 이념에 따라서 일찍부터 기독교는 가난한 빈곤자에 대하여 자비(charity; caritas)를 베풀 것을 가르쳤으며, 자비를 기독교의 최고의 덕목(virtue)으로 인정하고, 자비는 신의 왕국에서 그 구성원인 사람 상호관계를 공동체로 묶어주는 덕목으로 발전되어 왔다(Ibid., p.42). 이러한 기독교의 역사적 전통에 따라서 가난의 문제를 사랑으로 해결하는 일을 교회가 이를 담당하여 왔다. 이와 같이 교회가 가난의 문제해결에 깊이 관여하게 됨으로써 교회가 인간 개인의 인권문제에 깊이 관여하지 않는 전통을 낳게 되었다(ibid., p.35). 이러한 기독교에서의 공동선의 사상, 지구를 공동창고로 이해한 사상은 세속국가에 영향을 주어 현대에 와서 사회복지국가론으로 발전하게 되었다(Ibid., p.43).
467) Ruston, op. cit., p.42.
468) Ibid., p.42.

자비를 베푸는 것은 의무이지 선택이 아니라는 기독교 윤리를 발전시켜 나갔다.[469] 그리고 이러한 기독교의 역사적 전통에 따라서 가난의 문제를 사랑, 자비로 해결하는 일을 교회가 이를 담당하여 왔다. 교회가 인간의 하나님의 형상에서 도출된 인간존엄을 지키기 위해 인권보다는 복지에 더 중요성을 두고 구제사업으로 가난의 문제해결에 깊이 관여하게 됨으로써 교회가 인간 개인의 인권문제에는 깊이 관여하지 않는 전통을 낳게 되었다.[470] 그리고 모든 것은 하나님에게 속하며, 하나님이 주신 것으로 가난한 자를 회복시켜 주는 것이 바로 정의(justice)라고 하였다.[471] 이러한 사랑, 자비의 사상이 기독교의 전통으로 정착한 데 반하여, 세속국가에서는 현대에 와서 복지국가론이 강하게 주장되기 전까지는 국가는 개인의 삶에 대한 문제에 대하여 큰 관심을 두지 않았다.[472] 이처럼 교회는 사랑을 강조하고 사랑은 인간의 빈곤문제의 해결에 그 중점이 두어졌다.

이러한 인간의 하나님의 형상을 입은 인간의 존엄을 지키기 위해 가난으로부터 해방된 인간 복지에 중점을 두고 사랑과 자비의 활동을 전개한 기독교 전통과는 달리, 인간의 하나님의 형상으로부터 인간의 존엄이 도출되고 인간의 존엄을 지키는 길은 인권과 인격을 인정하고 보호하는 사상과 법제도의 확립으로 나아간 세속의 사상가들이 있었다. 그러한 사상가들은 인간 개인의 존엄을 존중하고 인간의 존엄을 지키는 길을 인간의 복지보다는 인간 개인의 인권보호를 위한 법사상을 발전시킨 사람들

469) Ibid., p.42.
470) Ibid., p.35.
471) Ibid., p.42.
472) Ibid., p.35.

이 바로 근대 자연법론자들이었다. 그들은 인권을 인간의 존엄으로 이해하고, 그 인간의 존엄은 인간의 하나님의 형상에서 구하였다.[473] 그 대표적인 사상가가 존 록크(John Locke: 1632-1704)로서, 그는 자연권의 근거를 신의 형상에 두었다.[474] 이러한 근대 자연법론자들의 개인 인권의 천부인권으로의 인정과 보호사상은 중세에서 이미 시작된 주의주의적 개인주의가 더욱 발전된 사상이었으며, 근대 절대왕정에 의한 인간에 대한 억압이 참을 수 없었던 시대에 형성되었다. 때로는 주의주의적 개인주의가 극단적으로 발전하여 인간의 연대(solidarity)가 자리잡을 여지가 없는 극단적 개인주의 사상으로 출현하기도 하였다. 그러한 극단적 개인주의 사상가가 바로 홉스(Thomas Hobbes: 1588-1679)였다. 그의 만인에 대한 만인의 투쟁사상은 인간 상호간의 연대를 인정하지 않는 극단적 개인주의 사상이었다.

이와 같이 기독교나 근대 개인주의 자연법론들이 인간의 존엄을 인정하고 그 인간의 존엄으로부터 인격보호와 인권보호 사상을 도출하여 이를 천부인권으로 보호하고자 하였다. 또한 인간의 존엄을 천부인권으로 보호하고자 한 사상가들은 모두가 다 인간은 하나님의 형상을 따라서 창조된 존재라는 인간의 하나님의 형상론을 수용하였다. 그러나 교회는 개인의 인간의 존엄을 존중하는 개인주의보다는 사회적 인간으로서의 존엄을 보호하는 것에 더 중점을 두어 개인의 인권보호보다는 개인의 복지를 위한 빈곤의 해결에 중점을 두고 사랑을 강조하는 전통으로 발전하여 왔다. 교회가 인권에 대해 관심을 갖게 된 것은 근대 자연법론자들의 개인

473) Ibid., p.35.
474) Ibid., p.35, 58.

주의에 입각한 자연법론으로부터 영향을 받은 결과이었다.[475] 그리고 세속의 인권보호 중심의 개인주의 사상은 현대에 와서 국가가 국민의 빈곤해결을 위한 복지국가론으로 발전되어 갔다. 그러한 세속국가에서의 복지국가론은 기독교의 사랑에 의한 인간 복지의 사상에 영향을 받아 이루어진 변화이었다. 이와 같이 정치와 종교는 정교분리의 원칙[476]에 의하여 분리되지만 역사의 발전에서 있어서 서로간에 영향을 주고받으면서 인류의 인권과 복지를 위해 상호영향을 주고받는 상호영향의 관계에 있음을 알 수 있다.[477] 그러한 상호영향의 역사발전의 근원이 되는 사상의 기초는 성서에서의 인간의 하나님의 형상론에 있다.

---

475) 요한 23세 교황(Pope John XXIII: 1881-963)은 인권존중의 위대한 교황으로 칭송받고 있다(Ibid.,p.19). 요한 바오로 2세 교황(Pope John Paul II: 1920-2005; 1978-2005 재위)은 평화는 인권에 대한 존경이라고 정의하였다(Ibid., p.23). 헌법론에서의 인권논의는 먼저 자유권적 기본권론에서 시작하여 20세기에 와서 사회권적 기본권의 인정으로 확대되었다. 자유권적 기본권은 18세기에 근대 자연법론에서 주장되고 헌법에 규정되었으며, 사회적 기본권 논의의 시작은 19세기에 피히테(Johann Gottlieb Fichte: 1762-1814), 안톤 멩거(Anton Menger von Wolfensgrün: 1841-1906) 등에 의한 인간의 생존권 사상이 주장되고, 1919년 독일 바이마르 헌법에서 처음으로 생존권적 기본권을 규정함으로써 헌법상의 권리로 규정되고 점차 확대되었다(김철수, 헌법학개론 제15전정신판(박영사, 2003), 728면 이하).

476) 서구에서의 정교분리의 사상의 뿌리는 존 록크의 종교간의 화해를 위한 관용론(寬容論)으로부터 생성되기 시작하였다(百地 章, 政教分離とは何が: 爭點の解明(東京, 成文堂, 2004), 5면). 그러나 정교분리 사상은 점차 교권시대(教權時代)를 거치면서 교황권력(즉, 교권(教權))으로부터 세속의 국가를 수호하기 위한 원칙으로 발전하게 되었다(상게서, 22면). 그리하여 교황과 황제간의 정교협약(concordat; Konkordat)이 체결되고, 1905년에는 프랑스에서 처음으로 정교분리법을 제정하였다(상게서, 22면). 오늘날 각국의 정교분리의 원칙을 헌법에서 규정하고 있는데, 그것은 소수자의 신교(信教)의 자유를 보장하기 위함에 주된 목적이 있다(상게서, 98면).

477) ホセ ヨンパルト(José Llompart), 教會法とは何だろか(What is Canon Law?)(東京, 成文堂, 2005), 참조

## 2. 식민지 시대의 식민지 원주민의 인간 회복을 위한 저항이념으로서의 인간의 하나님의 형상론

콜럼버스(Christopher Columbus: 1451-1506)가 1492년 신대륙을 발견하고, 스페인이 남아메리카 대륙을 정복하여 식민지로 만들었을 때에 서양인들은 원주민인 인디언들은 기독교를 믿을 능력이 없다고 이해하여, 인디언을 온전한 인간이 아닌 존재로 이해하였으며, 또한 원주민들은 예수 그리스도에 의하여 구원받을 수 있는 사람이 아니라고 하였다.[478] 이러한 당시의 사회사상은 노예사냥의 정당성을 부여하였다.[479] 또한 식민지시대에 교황은 세계에 대한 보편적 관할권(universal jurisdiction)을 갖고 있다는 사상이 지배하고 있었으며,[480] 기독교인들이 비기독교인 원주민을 침략하고 정복하는 전쟁을 정당한 전쟁(just war)이라고 하였다.[481]

이러한 스페인의 남아메리카 식민지 지배의 정당성 인정의 당시의 주류 신학에 대하여 반기(反旗)를 들고, 식민지 원주민들도 역시 하나님의 형상을 따라 창조된 인격적 존재라고 주장한 신학자인 법학자가 있었다.[482] 그가 바로 스페인의 비토리아(Francisco de Vitoria:1483-1546)였다. 그는, 교황은 교회만을 치리할 권한이 있을 뿐이지 세상에 대한 관할권은 없다고 반박하였다.[483] 또한 원주민은 비합리적이기 때문에 노

478) Ruston, op. cit., p.69.
479) Ibid., p.73.
480) Ibid., p.73.
481) Ibid., p.77.
482) Ibid., p.81.
483) Ibid., p.77.

예로 삼아야 한다는 당시의 주류 신학에 반대하였다.[484] 그는 원주민도 타락에 의하여 원죄를 진 죄인인 인간이지만 자신의 행동을 합리적으로 통제할 수 있는 자유로운 존재로 인정하였다. 왜냐하면 인간은 천부적인 본성으로 하나님의 형상을 갖고 있으며, 따라서 합리적인 힘을 행사할 수 있는 존재라고 하였다.[485] 또한 식민지 원주민도 그들의 토지와 토지지배에 대한 하늘이 준 권리를 행사할 수 있으며, 그것은 원주민인 인간도 하나님의 형상으로 창조된 인간이기 때문이라고 하였다. 이와 같이 비토리아는 남미 원주민들의 그들의 토지의 지배, 그들의 전통적인 풍습의 유지 등을 인정하고 보호하기 위하여 노예도 하나님의 형상을 따라서 창조되었으며, 식민지 종주국의 사람과 평등한 존재임을 주장하였다. 그리하여 비토리아는 인간의 하나님의 형상론에 기초하여 식민지 원주민 인디오들의 인격을 존중하고 보호하고자 하였다. 그러나 그의 노력은 완전히 성공하지는 못하였다.

그 후 르네상스의 인문주의(Renaissance humanism) 시대에는 인간과 동물의 차이를 인정하고, 성서의 창세기의 인간의 하나님 형상론을 인간의 특유함(human uniqueness)의 근원으로 삼았다.[486] 인문주의에서는 무엇보다도 인간의 하나님의 형상을 인간 평등의 주장 근거로 삼았으며,[487] 모든 인간은 자유롭도록 창조되었으며, 또한 하나님의 형상을 인간으로 하여금 인간 자신의 삶의 궁극의 목적으로 하여 인간이 삶을 살도록 하였다는 주장의 근거로 삼았다.[488] 이와 같은 하나님의 형상으로

484) Ibid., p.83.
485) Ibid., p.82.
486) Ibid., p.85.
487) Ibid., p.86.
488) Ibid., p.86.

서의 인간의 특유함은 노예에는 인정되지 아니하며, 식민지 종주국의 인간의 삶을 위한 수단으로만 생각되었다.489) 이와 같이 인문주의에서는 이러한 인간의 하나님의 형상으로서의 특유함은 노예가 아닌 자유인에게만 인정된다는 주장을 하였다. 이러한 인문주의의 사고는 스페인이 남미 정복과정에서 그대로 적용하여 원주민을 노예로 다루어, 원주민들의 그들의 토지 점유와 지배, 그들의 전통 토속문화를 부인하여 원주민들을 그들과 동일한 하나님의 형상으로 창조된 인간으로 다루지 아니하였다.490) 정복자들은 이러한 사상을 당시의 법에서 자연법으로 이해하였다. 그리하여 남미를 정복한 식민지 종주국은 자연법을 오용하고, 그러한 자연법의 오용을 통해 그들의 남미 원주민인 인디오들을 비인간으로 다루고, 그들의 남미의 식민지 지배를 정당화하였다.491) 그러나 이러한 당시의 주류 사상에 대해 비토리아는 반기를 들었다. 인디오들도 하나님의 형상을 따라서 창조된 인간으로 인정하고 그들의 생래적인 권리를 인정하고 보호하고자 하였다. 생각건대 비토리아는 인권옹호의 선각자였다고 생각한다.492)493)

---

489) Ibid., p.86.

490) Ibid., p.91.

491) Ibid., p.91.

492) 사견(私見)으로, 역사는 하나님이 보내신 시대의 현자(賢者)들을 통하여 정의의 길로 가며, 또한 역사는 진리를 따라서 진행한다고 생각한다. 그 진리는 바로 하나님이라 생각한다.

493) 비토리아의 이와 같은 남미 피정복 원주민의 인간으로의 대우를 위한 사상은, 스페인에서 1218년에 설립된 살라만카(Salamanca) 대학에서 그 싹이 텄다. 살라만카 대학은 근대 자연법론을 처음으로 주장한 대학으로서 스페인의 자연법론자였던 수아레즈(Francisco Suárez: 1548-1617)도 이 살라만카 대학에서 자연법 사상을 발전시켰다. 이 살라만카 대학으로부터의 근대 자연법의 영향에 의해 비토리아(Vitoria), 스페인의 신학자 소토(Domingo de Soto: (1494-1560) 등이 근대 자연법론을 주장하고 전개하였다. 살라만카 대학에서의 자연법론의 사상적 뿌리를 형성한 학파를 살라만카학파라 한다. 스페인 식민지인 남미대륙에서 스페인의 원주민들에 대한 억압과

비토리아에 이어서 남미 원주민들의 인간으로서의 대우를 위한 사상과 원주민 보호를 위한 운동을 전개한 사람이 바로 스페인의 수사(修士) 라스 카사스(Bartolomé de las Casas: 1484-1566)였다. 카사스는 서양에서의 객관적 정의 사상과 신대륙에서의 개인적 자유 사상을 연결하여, 남미대륙의 원주민들의 노예상태부터의 해방을 위하여 노력하였다.[494] 그는 남미 원주민들의 노예상태로부터의 해방된 자유를 열망하여 인간의 자연권과 정치적 자유를 위한 길을 인간의 하나님의 형상으로부터 구하여 이를 전개하였다.[495] 그리하여 그는 남미에서의 해방신학의 아버지로 칭송받고 있다.[496] 그는 인간의 하나님의 형상을 평등이념의 기초로 삼고, 식민지 종주국의 식민지에서의 원주민들에 대한 학대는 인간의 신의 형상을 부인하는 것이라고 주장하였다.[497] 그는 인간이 하나님의 법을 받아 그 법을 지킬 수 있기 위하여는, 인간은 공동체를 이루고 살아야 하며, 인간에게 자유가 주어져야 한다고 주장하였다.[498][499] 그러한 조건은 식민지 원주민에게도 마찬가지라고 하였다.[500] 그리하여 카사스는 신을

---

원주민들의 인간으로서의 보호를 위한 사상과 논의와 운동이 이 살라만카 대학에서 이루어졌다(Ruston, op. cit., p.110).

494) Ruston, op. cit., p.119.

495) Ibid., p.180.

496) Ibid., p.119.

497) Ibid., p.129.

498) Ibid., p.133.

499) 카사스는 아브라함시대에는 하나님의 백성이 아브라함 한 가정뿐이었기 때문에 하나님이 법(즉, 율법)을 주시지 않았으며, 이집트에서 아브라함의 후손들이 많았을 때에는 그들은 포로여서 자유가 없었기 때문에 이스라엘인들에게 하나님이 법을 줄 수가 없었다고 하였다(Ibid., p.134). 그렇기 때문에 하나님은 이스라엘인들을 이집트의 파라오의 폭정으로부터 해방시킨 것이었다고 주장하였다(Ibid., p. 134). 이스라엘인들이 포로로부터 해방되어 자유가 주어졌을 때에 비로소 하나님이 시내산에서 모세를 통하여 법, 즉 십계명을 주셨다고 하였다. 그리고 예수 그리스도의 복음(Gospel)은 인간 해방의 최고의 법이라고 하였다(Ibid., p.134).

500) Ruston, op. cit., p.134.

경외하는 식민지 종주국에 대하여 식민지 원주민들로 하여금 하나님의 법을 따르지 못하도록 하여 그들을 노예로 만들지 말 것을 경고하였다.[501] 그는 인간이 자유로워야 신법을 따를 수 있다고 주장하였다. 모든 인간이 노예가 되면 그들은 신법을 따를 수가 없다고 하였다.[502][503]

그리고 카사스는 진정한 자유는 현명한 지배자에 의한 현명한 법의 제공, 그것만이 문제가 아니며, 더욱더 피지배자가 그 법을 알고 동의하지 않으면 그 법은 법일 수 없다고 하였다.[504] 그리하여 그는 자유인이란 자기 자신이 자신의 주인이며, 그 자신이 자유롭게 행동할 수 있는 자유를 향유하며, 자신의 선택에 의해 자신의 소유물을 처분할 수 있는 사람이라고 하였다.[505] 더 나아가 그는 인민의 자유로운 동의 없이는 인민에게 어떠한 복종, 어떠한 부담, 어떠한 의무도 부과할 수 없다고 하였다.[506] 그는 더욱 더 나아가 지배자의 권력은 인민으로부터 직접 나온다고까지 주장하였다.[507] 또한 그는 지배자의 권력은 인민의 자유에 아무런 장애도 피해도 줌이 없이 인민의 공동 이익증진을 위하여 행사되어야 한다고 하였다.[508] 그리하여 그는 정치적 권위의 근거는 공동선(common good)의 증진에 있다고 하였다.[509] 카사스는 최종적으로 원주민들은 스페인이 침공해 오기 이전에 자연적인 자유를 향유하고 있었기

---

501) Ibid., p.134.

502) Ibid., p.134.

503) 이러한 살라만카학파의 인간의 자유, 권력자의 피지배자의 동의에 의한 법과 그 법에 의한 권력행사 등의 주장이 근대 자연법론의 역사적 기초가 되었다.

504) Ruston, op. cit., p.164.

505) Ibid., p.164.

506) Ibid., p.166.

507) Ibid., p.166.

508) Ibid., p.167.

509) Ibid., p.169.

때문에, 스페인의 식민지 지배는 원주민들의 동의가 요구된다고 하였다.[510] 그리하여 원주민들은 그들의 영토 내에서 원주민 스스로 지배할 자유를 가지며, 스페인의 침략자에 대해서 그들이 어떠한 선물을 가져왔든, 그것이 비록 기독교라 하더라도, 배척할 권리를 갖고 있다고 하였다.[511] 이러한 카사스의 원주민들의 자연적인 자유, 동의의 그의 사상은 모두가 인간의 하나님의 형상론에 터잡고 있었다.[512] 이와 같이 당시에 남성에 대한 여성의 자연적인 열등성, 야만인들의 자연적인 노예 인정의 이론이 일반적이었던 그 시대에, 카사스는 인간의 하나님의 형상론에 기초한 그의 자유, 평등, 동의의 자연법론으로 이를 전복(顚覆)하고자 하였다.[513]

### 3. 노예제 폐지에 있어서 인간의 하나님의 형상론의 영향

노예제가 인정될 시대에는 노예는 죄의 결과로 이해되었다.[514] 아리스토텔레스는 노예제를 인정하고, 그의 노예제 합법성의 인정은 식민지 시대 노예제 인정의 근거가 되었다.[515] 또한 서양의 고전철학에서는 아리스토텔레스의 노예제를 지지하였다.[516] 토마스 아퀴나스도 아리스토텔레스의 입장에 있었다. 또한 아리스토텔레스와 아퀴나스는 인간에는 보다 완벽한 인간과 완벽하지 못한 사람의 자연적인 위계질서가 있고, 능

510) Ibid., p.181.
511) Ibid., p.186.
512) Ibid., p.187.
513) Ibid., p.187.
514) Ibid., p.52.
515) Ibid., p.53.
516) Ibid., p.54.

력이 탁월하고 보다 완벽한 사람은 공동선을 위하여 보다 탁월하지 못한 사람을 위해 일해야 한다는 사상을 갖고 있었다.[517][518] 또한 아퀴나스는 우주질서는 존엄의 정도, 능력 있는 상위자가 능력이 부족한 하위자를 자연적으로 다스리도록 계층적으로(hierachically) 질서지워져 있다고 주장하였다.[519] 그리고 아퀴나스는 하나님의 형상은 인간의 자유의지와 스스로 움직이도록 신이 인간에게 부여한 지적인 것(intellectual being)이라고 하였다.[520] 또한 그는 하나님의 형상은 각 개인을 신법에 의하여 통치되는 공동체로 살도록 하는 사상으로도 이해하였다.[521] 더 나아가 아퀴나스는 인간의 신의 형상을, 인간이 신을 이해할 수 있고, 인간은 자신의 삶을 치리할 수 있는 주인이며, 인간은 인간 이외의 피조물을 지배할 수 있는 지배권을 부여하는 뜻으로 이해하였다.[522]

서양에서 노예제는 미국에서 1863년 링컨 대통령에 의해 노예제 폐지선언이 있고, 1865년 노예제 금지의 미국 수정헌법 제13조가 의회를 통과함으로써 미국에서 공식적으로 노예제가 폐지되었다. 그 전에 1833년에는 영국에서 노예제가 폐지되었지만,[523] 아메리카 대륙에서는 1619

517) Ibid., p.54.

518) 이러한 아리스토텔레스의 노예제 인정이 스페인의 남미대륙 침공과 식민지화를 위한 사상적 근거가 되었다(Ibid., p.144).

519) Ruston, op. cit., p.100.

520) Ibid., p.56.

521) Ibid., p.57.

522) Ibid., p.112.

523) 영국에서는 1807년에 노예무역폐지법(Slave Trade Act 1807; 공식법명은 Act for the Abolition of the Slave Trade이다.)에 의하여 노예무역을 불법화하고, 1833년에는 노예폐지법(Slavery Abolition Act)에 의해 노예제를 폐지하였다. 영국에서 이와 같은 노예무역불법화법과 노예폐지법을 제정하였던 것은, 박애주의자(philanthropist)이었으며, 노예제 폐지운동을 전개한 영국의 의회의원이었으며 신실한 기독교신자이었던 윌버포스(William Wilberforce: 1759-1828)의 주도에 의하여 이루어졌다. 윌버포스의 노예무역폐지와 노예제폐지를 위한 박애적 사회운동과

년 아프리카 흑인들을 노예로 데려온 이래로 노예제가 폐지되지 않고 지속되었다. 미국에서 노예제를 폐지할 때에 노예도 인간으로서 하나님의 형상을 따라 지음받은 인간이라는 이념에 기초하여 이루어진 것은 아니었다. 그러나 남미대륙에서 식민지 종주국인 스페인의 남미 원주민 인디오에 대한 학정에 대항한 뜻있는 신학자, 법학자들의 활동에 비추어 보면, 미국에서 노예제를 폐지할 때에 노예도 인간으로서 하나님의 형상에 따라서 지음받았다는 인간의 하나님의 형상론도 영향을 주었을 것임은 부인할 수 없다고 생각된다.

그러나 원주민과 아프리카에서 팔려온 흑인노동자들은 그들의 토착신앙을 지키고자 하였기 때문에 기독교로 개종을 한다고 하여도, 인간의 하나님의 형상을 이해하기 힘들었을 것이며, 이해하였다 하더라도 그것을 그들의 인간으로서의 존엄의 근거로 삼지 못하였을 것임은 분명하다. 그리고 원주민과 팔려온 아프리카 흑인들을 지배한 대륙으로부터의 이주민들은 원주민을 노예로 이용하기 위하여 그들의 종교인 기독교에서의 인간의 하나님 형상의 말씀의 깊은 뜻을 이해하고 그것을 원주민들의 인간존엄을 위해 활용하는 것은 생각지 않았을 것임도 분명하다. 그러나 노예해방은 전쟁의 과정을 거쳐서 이루어지긴 하였어도 노예도 인간으로서 하나님의 형상을 따라서 지음받았다는 사상이 노예해방에 작용하였을 것임도 분명하다고 생각된다.

19세기에 와서 기독교에서 노예해방을 위하여 인간의 하나님의 형상

---

의회활동은 그의 깊은 기독교 신앙에 기초하고 있었다. 그리하여 윌버포스는 기독교적 희망을 구현한 인물로 평가되고 있다(한인철 역, Ronald A. Wells 저, 신앙의 눈으로 본 역사(History Through the Eyes of Faith)(한국기독교대학협의회·한국기독학생회출판부, 1995), 261면).

론이 강하게 주장되었다. 레오 13세 교황(Pope Leo XIII: 1810-1903)은 하나님의 형상을 능동적인 의미와 수동적 의미로 분류하고, 능동적 의미로의 하나님의 형상은 인간이 하나님의 형상을 가진 인간의 존엄을 뜻하고, 수동적 의미로서의 하나님의 형상은 인간은 다른 동물 위에 존재한다는 뜻이라고 하였다.[524] 바로 수동적 의미로서의 하나님의 형상론에 기하여 인간은 다른 사람으로부터 하나님의 형상을 가진 존엄한 존재의 인간으로 대접받을 수 있다고 주장하였다.[525] 바로 이러한 수동적 의미로서의 인간의 하나님의 형상이 노예해방의 대의(大義, cause)가 되었다.[526] 그리하여 레오 13세 교황은 노예도 신의 형상을 지닌 인간이며, 천사보다는 조금 낮지만 영혼을 가지고 있고, 그 영혼은 영원하며 따라서 파괴할 수 없으며, 행복을 추구할 수 있고, 측량할 수 없는 비애(woe)를 지니고 있다고 하였다.[527] 그리하여 인간의 하나님의 형상론에 기초하여 노예해방을 주장하였다. 또한 그는 인간의 영혼은 신의 형상과 신을 닮았다고 하였다.[528]

레오 13세 교황은 인간의 하나님의 형상을 재산권, 인간평등, 인간의 자유의 근거라고 하였다.[529] 특히 레오 13세 교황은 노동에 의한 개인의 재산을 자연권으로 인정하고, 그 재산은 인간에게 자유의 상태를 이루도록 하며, 재산이 없이는 가장이 가족을 부양할 수 없으며, 기독교인으로서의 삶을 살 수 없다고 하여, 개인의 재산을 자연권으로 인정하여야 한

524) Ruston, p.269.
525) Ibid., p.269.
526) Ibid., p.269.
527) Ibid., p.269.
528) Ibid., p.272.
529) Ibid., p.271.

다고 하였다.[530]

## 4. 근세 개인주의 시대의 인간의 하나님의 형상론의 기능 변화

콜럼버스의 신대륙 발견과 스페인의 남미 대륙의 침공과 지배, 그리고 아프리카 흑인들의 북미대륙으로의 노예거래 등은 교회권력이 강력하고, 스페인이 당시의 패권국가일 때이었으며, 사상적으로는 기독교가 강성한 시대였다. 당시의 주류 신학은 교회권력의 강화로 식민지 종주국 주민의 피식민지 원주민과 아프리카에서 팔려온 흑인노예들에 대하여 우위를 인정하는 인간에 대한 차별을 용인하는 사상에 기초하고 있었다. 그 원류(源流)는 노예제를 인정한 아리스토텔레스와 아리스토텔레스의 철학을 계승한 토마스 아퀴나스의 신학 사상에 입각한 결과였다고 판단된다.[531] 인간의 신의 형상론에 입각하면서 인간의 우위자의 열위자에 대한 지배를 인정한 아퀴나스의 신학은 스페인의 남미대륙 식민지 정복시기에 스페인의 원주민 지배를 정당화한 사상이었다.[532] 그러한 아퀴나스의 사상이 당시의 주류 신학이었으며, 원주민과 노예의 인간의 형상론을

---

530) Ibid., p.273.

531) 아우구스티누스는 플라톤 철학을 계승한 중세의 교부신학자였다. 그러나 아퀴나스는 아리스토텔레스 철학을 계승하였다. 아퀴나스의 스승은 아리스토텔레스 전집의 주석집을 낸 독일의 주교이자 신학자였던 마그누스(Albertus Magnus: 1193-1280)였다. 마그누스는 아리스토텔레스 철학에 입각하여 아퀴나스와 함께 아리스토텔레스적 스콜라철학을 집대성하였다. 아퀴나스는 그리스, 아랍의 철학을 배척하고 오로지 아리스토텔레스 철학만을 받아들였다. 그리하여 그는 인간의 이성에 의하여 터득한 지식을 거절할 필요가 없다고 하였다. 왜냐하면 믿음에 의해 신의 계시로 깨달은 진리는 인간의 이성으로 터득한 지식을 적절히 보충할 수 있기 때문이라고 하였다. 그 결과, 아퀴나스의 철학세계는 신앙(faith)과 이성(reason)의 종합체계였다(See, Sharon M. Leon, An Image of God: The Catholic Struggle with Eugenics (Chicago and London, The University of Chicago Press, 2013), p.21).

532) Ruston, op. cit., p.210.

주장한 선각자들의 주장은 인용될 수가 없었다. 이러한 아퀴나스의 하나님의 형상론에 입각한 식민지 종주국의 식민지 원주민과 팔려온 흑인노예 대한 지배의 정당성의 근거로서의 인간의 하나님 형상론은 북미대륙 개척과정에서 그곳의 원주민 인디언의 억압에도 그대로 원용되었다.

근대 개인주의적 자연법의 개척자로 알려진 그로티우스도 역시 인간 차별을 인정하였다. 그로티우스는 문명화된 기독교인들은 야만인과 자연법을 위반한 사람들을 처벌할 수 있는 권리가 있다고 주장하였다.[533] 그로티우스는 인본주의자(humanist)로서 개인주의적 입장에서 인간의 자연권을 주장하였다.[534] 중세에는 인간을 개인(individual)으로서가 아니라 사회인(social person)으로 이해하고, 개인의 권리를 자연권으로 인정한 것이 아니라, 이 세상의 재산은 신의 것이며, 공동선(common good)의 추구를 최고의 인간 가치로 인정하였다. 이러한 사상이 중세의 기독교적 자연법론이었다. 그러나 시대는 점차 중세의 공동체주의에서 근세의 개인주의로 사회가 변화하였다.[535]

또한 국제역학 관계에서도 당시의 패권국가였던 스페인이 1588년

533) Ibid., p.193.

534) Ibid., p.193.

535) 개인주의의 시작은 이미 중세의 주의주의(voluntarism)에서 시작하였다. 주의주의는 인간의 의사를 강조하는 사상으로서 윌리암 옥캄에 의하여 주장되었으며, 선과 악은 신의 의사에 의해 결정된다고 함으로써 신에 의해 금지하지 않은 한 어떠한 행위도 악일 수 없다고 하였다(Ibid., p.221). 이 주의주의가 근대 개인주의로 발전하게 되었다. 이러한 주의주의에 대하여 주지주의(intellectualism)는 선과 악은 신의 자연질서에 의하여 객관적으로 이미 결정되어 있으며, 인간은 이성으로서 그 선악을 분별할 수 있을 뿐이라고 하였다. 이러한 주지주의는 아퀴나스의 사상이었다. 근세 이래의 이성 존중의 개인주의는 주의주의 사상이 더욱 발전된 사상이다. 그리하여 오늘날은 주의주의적 개인주의가 주된 사회사상이라 할 수 있다. 인간의 이성도 의사가 그 본질이며, 인간 이성의 자유는 의사결정의 자유로 발전되어 오늘에 이르고 있다.

영국과의 칼레해전(Naval Battle of Calais)에서 그들의 무적함대(The Invincible Armada)가 격파됨으로써 스페인은 점차 힘을 잃게 되고 영국이 부상하게 되었다. 영국은 1805년 트라팔가 해전(Battle of Trafalgar)에서 스페인과 프랑스의 연합함대를 격파함으로써 영국이 완전한 패권국가로 부상하였다. 이에 따라 스페인의 살라만카학파의 자연법 사상은 영국에서 꽃피우게 되었으며, 살라만카학파의 인간의 하나님의 형상론에 의한 식민지 원주민의 인간의 존엄보호를 위한 사상은 점차 그 힘을 잃게 되고, 개인주의 사상이 자연법론의 기초가 되어 사회가 공동선 추구의 사회에서 개인주의 사회로 발전하게 되었다. 그리하여 개인의 이성과 인격을 존중하고, 개인의 자유, 개인의 사소유권을 존중하는 근세 개인주의 사회로 발전하게 되었다. 그 결과 공동선 내지 공동체 사상과 평등 사상의 사상적 기초였던 인간의 신의 형상론은 거의 주장되지 않게 되었다. 그 결과 근세 자연법론에서는 개인의 사적 이익 추구를 절대적인 권리로 인정하고, 사회공동체를 위한 공동선 사상은 자연법의 내용에서 제외되었다. 따라서 중세의 기독교적 자연법론은 공동체를 위한 공동선을 그 내용으로 한 데 반하여, 근세의 개인주의 자연법론은 개인의 사적 이익의 추구를 절대적인 권리로 격상시켰다. 오늘날은 근세 개인주의 사상이 극단적인 개인주의적 자유지상주의로까지 발전하게 되었다. 그러므로 이제 다시 인간의 하나님의 형상론에 기초한 공동선과 공동체 사상의 재생이 요청되고 있다고 판단된다.

록크는 의무중심, 공동선중심의 기독교 자연법론을 무시하고 개인의 권리, 그것도 절대적이고 천부적인 개인권리중심의 근대 자연법론을 전개하였다.[536)][537)] 록크는 동의에 의한 인민의 민주적 참여와 폭군방벌론,

권력분립, 최소정부론, 종교의 자유, 절대적 재산권을 그의 자연법의 내용으로 주장하였으며,[538] 그의 이러한 자연법 사상은 미국독립선언 및 미국헌법에 반영되었다.[539] 이러한 자연법 사상은 기독교 신앙, 특히 퓨리턴(Puritans)의 유산으로부터 도출되었다.[540] 그러나 록크의 자연법론은 식민지 종주국의 인민을 위한 자연법론이었지만 노예 지위에 있었던 피식민지 원주민들의 하나님의 형상의 인정과 회복을 위한 자연법론은 아니었다.[541] 록크의 개인주의적 자연법론에서의 그 개인은 상인, 식민주의자들이었으며, 식민지 원주민은 아니었다.[542][543] 록크의 자연법론은

536) Ruston., op. cit., p.199.

537) 록크의 자연법론에 관하여는, 김상용, 전게 자연법론과 법정책, 76면 이하 참조.

538) 록크는 토지는 모든 인민에게 공동으로 주어진 신의 선물임을 전제하면서도, 인간의 노동에 의하여 소유권을 취득하게 된다는 노동소유권설을 주장하였다. 그는 인간은 자신의 신체에 대하여 소유권을 가지며, 자신의 신체에 의한 노동의 산물도 그의 소유라하고 하였다. 그러한 이론이 그의 노동소유권설이다. 록크는 노동의 산물에 대한 소유권을 신성불가침의 천부의 절대적인 권리로 인정하였다. 록크의 노동소유권론과 사소유권의 절대적 권리로서의 인정은 오늘날 지식재산권에도 마찬가지로 적용되고 있다. 오늘날 지식재산권의 절대적 보호는 록크의 개인적 엔크로즈(individual enclosure)에 해당한다고 한다(Ruston, op. cit., p. 260).

539) Ruston, op. cit., p.198.

540) Ibid., p.200.

541) Ibid., p.251.

542) Ibid., p.251.

543) 록크의 사소유권 이론은 유럽인들이 북미대륙을 지배할 수 있는 것에 집중되어 있으며, 원주민들에 대한 도덕적 이상은 담고 있지 않았다. 록크는 노예무역을 하고 있던 한 아프리카회사에 투자를 하기도 하였으며, 식민지 관리인으로서의 일도 하였으며, 유럽 식민주의자들의 북미대륙 정복과 원주민들의 토지를 식민주의자들이 취득함에 있어서 그 땅은 원주민들이 경작하지 않은 황무지로서 원주민의 등의가 없이도 식민주의자들의 경작(cultivation)에 의하여 그 토지의 소유권을 취득할 수 있다는 노동소유권설에 의하여 식민주의자들의 원주민 토지의 취득의 정당성을 제공한 절대적 사소유권론의 이론가였다(Ibid., pp. 252, 256). 그러나 록크는 남미 정복의 스페인과는 달리 원주민들의 원시종교는 그의 종교적 관용론(religious tolerance)에 의하여 존중하였다(Ibid., p.253). 식민지 원주민의 보호에 있어서 록크는 남미 원주민 보호를 위하여 활동하였던 비토리아와 카사스와는 차이가 있었다.

그리고 록크는 자유주의, 개인주의 사상에 기초한 인간의 존엄과 인권 보호사

유산자들을 위한 사상이었지 무산자들, 혹인 노예들을 위한 사상은 아니었다.[544]

## 5. 현대의 인간의 하나님의 형상에 대한 이해

20세기에 들어와서 인간은 하나님의 형상을 따라서 창조되었다는 창세기 제1장 제26절 및 제27절과 제9장 제6절의 말씀에 기초하여, 인간의 하나님의 형상의 의미를 인간은 하나님의 동료(counterpart)로서 하나님과 대화를 할 수 있으며, 또한 인간은 이 세상에서의 신의 대리인(representative)의 의미로 해석하고 있다.[545] 이러한 하나님의 형상의 해석은 독일의 구약신학자 베스터만(Claus Westermann: 1909-2000)에 의하여 이루어지고, 스위스의 칼빈주의 신학자 칼 발트(Karl Barth: 1886-1968)도 이와 같이 해석하였다.[546] 인간은 신의 동료라는 사실에서 신의 형상을 갖고 있는 것이다. 신이 인간을 창조하였다는 것은 인간이 신의 상대인 동료로서 인간은 신과 대화할 수 있는 존재라는 것이다.[547] 그리고 인간이 신을 닮은 존재로 창조되었다는 것은 인간은 창조주 신과 관계를 맺을 수 있다는 의미로 해석한다.[548] 이와 같은 해석은 고대 중근동에서 왕은 이 땅에서 신의 대리인이라는 뜻으로 인간이 신의 형

상을 개인으로서의 인간에게만 인정하였으며, 인간의 단체에는 이를 인정하지 않았다(Ibid., p.261). 이러한 록크의 인권사상이 서구의 개인주의 인권사상이다. 그러나 동양의 중국은 개인은 단체에 종속한다는 그들의 전통을 정당하다고 한다(Ibid., p.262).

544) Ruston, op. cit., p.244.

545) Ibid., p.277.

546) Ibid., p.277.

547) Ibid., p.277.

548) Ibid., p.277.

상을 가졌다는 세속에서의 신의 형상의 의미와도 부합한다.[549] 그리고 현대에 와서 이스라엘인들의 바빌론 유수(BC 606경-BC 538경)의 역사를 설명함에 있어서, 이스라엘인들이 바빌로니아의 포로로 잡혀갔을 때에도 인간의 하나님의 형상에 따라서 창조되었다는 창조신학을 변용하여, 포로로 잡혀간 이스라엘인들은 바빌로니아의 노예가 아니라 신에게 자신들의 일을 설명할 수 있었던 자유인이란 의미로 하나님의 형상을 해석하고 있다.[550]

이와 같이 인간의 신의 형상은 기독교에서는 물론 세속의 중근동에서도 인간의 존엄의 의미로 해석되었으며, 인간의 존엄을 유지하기 위한 권리로서 인간의 인권과 인격을 보호할 수 있는 사상적 근거로 인간의 신의 형상론이 원용되었다. 또한 인간의 신의 형상은 인간의 자유와 평등의 사상적 근거가 되었다.[551] 특히 인간의 하나님의 형상론은  인간의 사회적 지위의 차등, 경제적 지위의 차등을 극복하기 위한 근거로 원용되고 있다.[552]

그리고 인간의 하나님의 형상론은 노예해방을 위하여 원용되었지만, 그 외에도 낙태금지, 치료용으로의 태아의 이용금지, 사형제도의 폐지, 불임수술(不妊手術, sterilization)의 금지,[553] 신체에 대한 피어싱(body-piercing)

549) Ibid., p.277.

550) Ibid., p.278.

551) Ibid., p. 288; George P. Fletcher, "In God's Image: The Religious Imperative of Equality under Law", Columbia Law Review (Columbia Law School, 1999), pp. 1611, 1618.

552) Ruston, op. cit., p.288.

553) 피우스 11세 교황(Pope Pius XI: 1857-1939)은 1930년 그의 회칙(encyclical)에서 우생학적 불임수술은 자연법의 위반이라고 하였으며(See, Sharon M. Leon, "An Image of God: The Catholic Struggle with Eugenics" (The University of Chicago Press, 2013), p.93), 바티칸에서도 불임수술은 인간의 존엄과 인격의 불침성에 대한 해악이라고 하였다(Ibid., p.167).

의 금지 등의 논의에 원용되고 있다.[554]

앞으로 인간의 신의 형상론은 기독교적 신자연법론 전개의 사상적 근거로 삼아야 할 것으로 생각한다. 주의주의가 주장되고, 그 후 주의주의가 더욱 발전된 근대 개인주의적 자연법론에서는 신중심의 중세의 기독교적 자연법론에서의 사회인으로서의 인간에 대한 이해와 공동선의 추구를 위한 사상적 근거로서 인간의 신의 형상을 사상적 근거로 삼았으나, 근세의 개인주의적 자연법론에서는 인간의 신의 형상론을 창조주보다는 인간중심으로 인간 개인의 존엄을 중시하고 인간의 존엄을 유지하기 위하여 인권과 인격, 그리고 인권과 인격을 자유롭게 전개할 수 있는 인간의 자유와 인간의 자유를 뒷받침할 수 있는 사유재산을 강하게 보호하기 위한 이념으로 활용하거나, 인간의 신의 형상을 전혀 인정하지 않으려는 방향으로 나아가기도 하였다.[555] 인간의 신의 형상을 기독교적 신자연법론의 사상적 근거로 하고자 하는 견해는 신의 형상과 인간의 정체성 간에 중요한 차이점이 있음을 발견하게 된다. 그것은 신의 본성에는 사랑이 있으나 인간의 정체성에는 사랑이 없고 이기심이 강하게 작용함을 지적하게 된다. 기독교적 신자연법론은 인간의 사랑에 의하여 잃어버린 하나님의 형상을 회복케 하는 법이 바로 자연법으로 이해하며, 하나님의 형상의 회복으로 이끄는 신자연법의 가장 중요한 내용은 공동선의 실현, 공동체를 위한 사랑의 실천이라 생각한다. 사랑의 실천이 바로 인간의 하나님의 형상의 회복의 길이라 생각하며, 그 길로 이끌어가는 법이 바로 신자연법

554) Ruston, op. cit., p.270.

555) 홉스의 자연상태에서의 인간의 모습을 만인에 대한 만인의 투쟁(Bellum omnium contra omnes; The war of all against all)으로 파악한 그의 견해는 인간에 신의 형상이 내재하고 있음을 인정하지 않은 견해로 평가된다.

이라 생각한다.

## Ⅳ. 하나님의 창조의 계속과 인간의 하나님의 형상과의 관계

창조주는 이 세상을 창조하시고, 인간을 자신의 형상을 따라서 창조하셨다. 이러한 신의 창조의 사업은 한 번에 완결하셨을까? 기독교에서는 그렇게 믿고 있다. 신은 이 세상을 단번에 완벽하게 창조하셨다고 믿는다. 그러면 이 세상은 더 이상의 변화가 없이 창조주가 창조한 그대로 진행만 하는 것일까? 하나님의 형상을 따라서 창조된 인간도 창조 그대로의 모습만을 지니고 변함이 없이 살아가고 있을까? 인간의 하나님의 형상에도 더 발전적인 변화가 있을 수는 없을까?

중세 신중심의 기독교의 창조론에서는 신은 한 번에 완벽하게 이 세상을 창조하시고 인간의 신의 형상도 창조 시에 이미 다 결정된 형상이었다는 믿음이 주류사상이었다. 그러나 종교개혁자들은 창조는 한 번에 이루어졌으며, 인간의 신의 형상은 창조에 의해 인간에게 주어졌으나 인간의 타락에 의해 잃어버리게 되었다고 하였다. 오로지 신의 은혜로만 인간은 하나님의 형상을 회복할 수 있다는 희망을 주었다. 그리고 진화론에서는 신의 이 세상의 창조를 인정하지 아니하고, 이 세상도 인간도 모든 생물도 자연발생적이며, 자기 선택에 의하여 최적의 상태로 스스로 진화해 나간다고 한다. 이러한 창조론과 진화론 이론의 어느 이론 하나의 이론만으로 이 세상의 존재와 운행, 인간의 하나님의 형상으로의 창조와 잃어버린 인간의 하나님의 형상의 회복을 제대로 의문 없이 설명할 수 있을까? 창조론과 진화론은 여전히 논쟁이 계속되고 있다. 어느 이론도 완전한 이론일 수는 없으며, 인간 각자의 믿음으로 받아들일 것인가 받아들이지 않을 것인가의 선택의 문제이고 신념의 문제로 남아있다. 그러나 이 세상은 변화를 계속하고 있으며, 인간도 변화를 계속하고 있다. 이 우주도 계속 팽창하고 있다. 그 발전도 후퇴로의 변화가 아니라 더 나은 방향으로의 발전을 이루어 나가고 있다. 실망으로의 발전이 아니라 희망으로의 발전을 계속하고 있다. 창조론도 진화론도 너무 곧이 곧대로 고지식하게(orthodox) 믿고 따르면 모든 것이 결정론(determinism) 내지 운명론(fatalism)에 이르게 된다.[556] 결정론만으로서는 인간의 자유의지도, 신의 구원(救援)도, 섭리도 설명할 수 없다.

저자는 소박하게, 인간은 신의 형상에 의한 창조에 따라서 신으로부터 부여받은 자유의지를 가진 이성의 존재이고, 이성의 발현에 의해 인간 문명이 발전해 나가고 있다고 생각한다. 그리고 이 세상은 발전적으로 변화를 계속하고 있는데, 이러한 발전을 신의 창조 시에 이미 다 결정되어 있었다고 설명할 수는 없을 것이며, 신은 무한한 에너지를 가진 살아있는 인격체로서 신 자신도 자신의 무한한 에너지로 이 세상의 발전적 변화를 계속 추구하고 있다고 함이 인간 문명의 발전과 이 세상의 계속적인 발전적인 변화를 설명함에 설득력이 있고 미래를 희망적으로 재설계해 나갈

556) 윤회설도 넓게는 결정론 내지 운명론에 속한다고 생각된다. 윤회설은 인간으로 하여금 선한 행위를 하도록 하는 교훈적인 사상이라 생각되나, 인과응보론에 입각해 있으며, 어느 정도의 선을 행하여야 구원에 이를 수 있을지 인간에게 불안을 주는 사상으로도 기능하지 않을까 생각된다. 회귀론(ewige Wiederkunft; The Eternal Recurrence)도 역시 윤회설과 함께 넓은 의미에서는 결정론 내지 운명론에 속한다고 생각된다. 이러한 윤회설, 회귀론은 인간에게 희망의 미래를 갖게 하는 사상으로보다는 숙명론으로 빠지게 할 위험성이 내재해 있다고 이해된다.

수 있도록 하는 것이 더 나은 이론이 될 수 있지 않을까 생각한다.[557] 창조주 신은 인간이 창조주에게 가까이 오도록 창조하셨다.[558] 그것이 바로 창조주는 인간을 창조주 자신의 형상에 따라 인간을 창조한 인간창조론이라 생각한다. 신은 인간을 그의 형상을 따라 단번에 창조만 하고 그친 것이 아니라, 계속적으로 신에게 가까이 오도록 창조를 계속하고 있다.

유대교에서는 신은 세계를 완벽한 상태(perfect state)로 창조를 완성하지 않고 계속적으로 세계를 창조해 나가며, 신은 신 자신의 계속적 창조사업에 인간이 동반자(partner)로서 동참하여 도움을 줄 것을 기대한다는 창조의 계속 사상이 있다.[559] 이러한 창조의 계속 사상을 히브리어로는 틱쿤 올람(Tikkun Olam)이란 말로 표현하고 있다. 틱쿤 올람(Tikkun Olam)은 세계를 고친다는 의미이며, 하나님은 이 세상을 창조하셨으나 단번에 완결적으로 창조한 것이 아니라 지금도 창조사업을 계속하고 계신다는 뜻으로 창조론과 진화론을 아우르는 사상을 표현하며, 유대교의 일파에서는 지금도 이러한 사상을 견지하고 있다고 한다.[560] 또한 틱쿤 올람(Tikkun Olam)은 보다 완전한 세계를 만들어나갈 인간의 의무로 이해되며,[561] 따라서 인간은 하나님의 파트너로서 세상을 개선하

---

557) 진화적 창조론(길희성, 영적 휴머니즘(아카넷, 2021), 532면))은 저자의 이러한 계속적 창조사상과 동일하다고 생각된다.

558) Matthew Levering, Biblical Natural Law: A Theocentric and Teleogical Approach (Oxford University Press, 2012), p.11.

559) Elliott Dorff, "Judaism as a Religious Legal System", in: Religion, Law and Ethics: A Symposium, The Hastings Law Journal, Vol. 29(1978), pp. 1348, 1349.

560) Tikkun Olam에 대한 보다 자세한 내용에 관하여는, Mürsel Özalp, "A Survey on the Concept of Tikkun Olam: Repairing the World in Judaism", Cumhuriyet İlahiyat Dergisi(Cumhuriyet Theology Journal) Vol.23, Nr.1 (Turkey, Sivas, Sivas Cumhuriyet University, Faculty of Theology, 2019. 6), pp.292-293 참조.

561) Ibid., p.293.

여 완전하게 만들어가야 할 책임이 있다는 의미로도 이해되고 있다. 유대인들은 인간의 병든 몸을 고치는 것도 틱쿤 올람(Tikkun Olam)이라 생각한다고 한다.[562] 이러한 유대교에서의 창조의 계속 사상은 인간은 신이 아니지만, 신은 창조를 완결하시지 않으시고 계속적으로 창조해 나가심에 인간에게 신 자신의 창조의 계속사업에 도움을 주기를 기대하며, 신은 인간과 협력하여 창조의 완성을 이루어간다는 사상으로서, 인간과 이 세상의 장래를 희망적으로 파악하며, 인간을 신의 협력자 내지 동반자로서 신과 인간이 협력하여 더 나은 세계를 계속 창조해 나간다는 신인협력(神人協力)의 사상이라 생각한다.[563][564] 인간과 이 세상의 장래를 신인협력에 의한 창조의 계속에 의해서 더 좋은 사회로 발전해 나간다는 사고는 인간과 이 사회의 장래에 희망을 주는 희망적 역사관이라 생각한다.

이러한 희망의 역사관은 하나님의 인간 사랑에 극명하게 나타난다. 하나님의 형상을 따라서 창조된 인간이 타락에 의해 하나님의 형상을 완

---

562) 김상용, "기독법률가의 덕목(德目)으로서의 정의와 사랑", 연세법학, 또 다른 백년: 진리, 자유와 법학(연세대학교 대학출판문화원, 2021. 11), 19면, 각주 45.

563) 저자는 일찍부터 이러한 신인협력이 창조론과 진화론의 조화를 위한 이론으로서 적절하다고 생각하였으며, 이러한 신인협력에 의한 더 나은 세계로의 발전을 신의 계속적 창조로 설명함이 적절하다는 생각을 갖고 있었다.

564) 마틴 루터는 하나님을 성서에서 말씀으로 선포된 하나님(The God preached)과 성서에서 기록되지 아니한 숨겨진 하나님(The God hidden)의 2종류의 하나님으로 나누고, 하나님의 계시와 성서의 해석도 점진적으로 발전되고 확장되어 나간다고 하였다. 다시 말하면 하나님의 세계는 일시에 전부 알려지는 것이 아니라 점진적으로 알려진다고 하였다. 이와 같이 하나님의 계시와 성서의 해석이 시간의 흐름에 따라서 점진적으로 인간에게 알려지고, 따라서 인간의 하나님의 세계의 이해가 발전되고 확장된다고 하였다(강성구, 원죄란 무엇인가?(도서출판 서로사랑, 1997), 107면), 이러한 루터의 하나님의 세계에 대한 점진적인 이해의 사상은 유대교에서의 tikkun olam 사상과 상통하는 사상이라 생각해 볼 수 있다.

전히 상실하였지만[565] 하나님의 은혜에 의해 인간은 창조 본래의 하나님의 형상을 회복할 수 있다. 이러한 하나님의 은혜에 의한 인간의 하나님의 형상의 회복은 하나님이 인간을 극진히 사랑하기 때문이다.[566] 특히 하나님은 타락한 인간의 구원을 위해 완전한 신의 형상인 예수 그리스도를 이 땅에 보내주셨다. 하나님은 예수 그리스도의 죽으심으로 인하여 인간의 원죄를 사(赦)하시고 인간이 희망을 갖고 살도록 하셨다. 이는 하나님의 지극하신 인간 사랑으로서, 인간에게는 구원의 희망을 갖게 한 것이다. 인간의 하나님의 형상의 회복의 가능성과  예수 그리스도를 통한 회복의 그 길은 하나님이 인간에게 주신 인간의 희망이다.

그리고 유대인들의 신에 대한 관계는 인간의 신에 대한 두려움의 관계가 아니라 사랑의 관계로 이해하고 있다. 그리하여 신인관계에서 신의 명령을 신의 인간에 대한 사랑으로 이해하고, 인간의 신에 대한 복종은 인간이 신의 인간에 대한 사랑을 받아들이는 표시(manifestation)로 이해한다.[567] 그리고 인간이 법을 지키는 것은 신에 대한 인간의 사랑의 표현으로 이해한다.[568] 그러므로 유대인들은 인간과 신과의 신인관계를 계약관계(covenant)로 파악하며, 그들의 유대법을 신의 인간 사랑법으로 받아들인다.[569][570] 또한 유대교에서 가장 중요한 경전(經典)이자 법전(法

565) 개신교에서는 인간은 타락에 의해 하나님의 형상을 완전히 상실하였으며, 하나님의 은혜로 회복할 수 있다고 한 반면, 구교(舊敎)에서는 인간이 타락에 의해서 하나님의 형상을 완전히 상실한 것은 아니며, 부분적으로 하나님의 형상이 남아 있다고 한다(Berkouwer, op. cit., p.162). 인간을 신의 사람(man of God), 신의 자녀(child of God)라고 하는 것은 인간은 신을 닮았다는 뜻이며, 또한 이는 바로 인간은 신의 형상을 따라서 창조되었기 때문이다. 그리하여 인간의 육체는 신의 예술작품(God's art)이다(Berkouwer, op. cit., p.77).

566) Berkouwer, op. cit., p.189.

567) Dorff, op.cit., p.1355.

568) Ibid., p.1355.

典)인 토라[571](Torah)는 신의 명령이며, 인간은 이를 바꿀 수 없다고 한다.[572] 이 모세오경이 인간과 신과의 신인관계의 내용을 담고 있다. 그리고 유대인에게서 신은 공포의 신이 아니라 사랑의 신이다.[573] 또한 유대법은 신의 계명은 신의 인간 사랑이며, 인간이 신의 계명을 지킴은 인간의 신에 대한 사랑으로 이해하고 있다. 따라서 유대교에서는 신인(神人)간은 협약관계(covenant)이며, 유대법은 신인(神人) 상호의 사랑법으로 이해하고 있다.[574] 그리고 유대인들은 하나님의 말씀을 인간의 가슴에 새겨진 법으로 이해하고 받아들였다.[575]

이러한 창조주의 창조의 계속 사상에 입각하여, 인간의 신의 형상도 계속적으로 인간이 본래의 신의 형상에로, 계속적 · 지속적으로 회복해 나갈 수 있다는 희망을 갖게 하며, 신도 인간에게 자신의 창조사업에 인간이 동참해 줄 것을 요청할 수 있고, 인간도 신에게 인간의 간절한 소망을 기도하면 신이 인간의 소망을 이루어주시는 기대와 희망을 가질 수 있으며, 인간과 사회의 역사가 발전적 · 희망적으로 진행해 나갈 수 있다는 미래에 대

---

569) Ibid., p.1355.

570) 유대법에서는 법의 강제를 도덕적 유인(moral inducement)에 두고 있다. 유대법은 종교법이기 때문에 권리구제에 있어서도 인법(人法)에 의한 인간적인 구제방법(human remedy)보다는 신법(divine law) 위반에 의해 유죄가 된다는 도덕적 강제(moral enforcement)의 방법에 크게 의존하고 있다(Ibid., p.1359). 그리하여 유대인들에게는 법을 지키면 축복을 받고, 법을 지키는 것이 즐거움이며, 평화로 가는 길이라고 생각하고 있다(Ibid., p.1360).

571) 토라는 모세오경이라고도 하며, 단순히 오경(Pentateuch)이라고도 한다. 창세기, 출애굽기, 레위기, 민수기, 신명기가 토라이다.

572) Dorff, op.cit., p.1334.

573) Ibid., p.1355.

574) Ibid., pp.1354-1355.

575) Milton R. Konvitz, "Conscience and Civil Disobidience in Jewish, Christian and Greek and Roman Thought", in: Religion, Law and Ethics: A Symposium, The Hastings Law Journal, Vol. 29(1978), p.1634.

한 희망의 역사관을 가질 수 있는 세계관 내지 사관(史觀)이라 생각한다. 이러한 신의 창조의 계속 사상과 신인협력 사상은 타락에 의해 잃어버린 인간의 하나님의 형상의 회복을 계속적, 지속적으로 실천해 나갈 것을 요청하는 사상이기도 하다. 이러한 창조의 계속 사상은 독일의 신학자 몰트만(Jürgen Moltmann: 1926-)도 견지하고 있는 사상으로 이해된다.[576)]

또한 성서는 창조가 단지 과거에 완결된 사건이 아니라 계속 완성을 향하여 진행되고 있는 사건임을 보여준다는 견해도 주장되고 있다.[577)] 이를 연속창조론으로 표현하여, 신의 연속창조(creatio continua)에 있어서는 자연과 인간이 단지 1회의 창조의 대상에 그치는 것이 아니라 인간은 신의 연속적인 창조의 파트너가 된다고 한다.[578)] 그리하여 연속창조론에서는 인간을 신과 공동창조자로 인정한다.[579)] 저자는 신의 이 우주의 창조 후에 신은 인간과 협력하여 창조를 계속해 나간다고 생각하며 또한 그렇게 믿고 있다.

그리고 이러한 신의 창조의 계속 사상에 의하면, 자연법도 신인협력에 의해 계속적으로 창조해 나갈 수 있는 사상으로 활용할 수 있을 것으로 생각한다. 이러한 사상에 의하면, 나치의 학정(虐政)을 극복하기 위하여 생성된 20세기 자연법론의 재생(Renaissance der Naturrechtslehre)을 자연법의 계속적인 창조의 하나로 설명할 수 있는 장점이 있다고 생각된다. 그리고 앞으로 새로운 자연법을 더 많이 창조해 나갈 가능성을 제

---

576) Ann McDougall, Pilgrimage of Love: Moltmann on the Trinity and Christian Life (Oxford University Press, 2005), p.111.

577) 이종성, 성령론(대한기독교출판사, 1993), 113면: 한우식, 과학시대의 종교를 말하다(Religion in an Age of Science)(연세대학교 대학출판문화원, 2022), 144면.

578) 상게서, 156면,

579) 상게서, 178면.

공하는 유용한 법사상이 될 것으로 생각된다.

이처럼 창조주 하나님은 인간을 그의 형상을 따라서 창조하셔서 그의 자녀로 삼으시고, 계속적, 지속적으로 인간으로 하여금 하나님의 형상을 회복할 수 있도록 인간을 얼래고 달래면서 인간이 하나님의 세계로 돌아와 하나님 자신과 함께 이 세계의 역사를 계속적으로 새롭게 창조해 나가실 것을 원하신다. 신의 이 세상의 창조는 인간의 행복에 있다.[580] 신은 인간의 행복을 위해 토라(Torah)와 복음(Gospel)을 인간에게 주셨다.[581] 또한 신은 인간의 번성을 바라신다.[582] 이러한 하나님의 섭리(攝理)는 하나님의 극진하신 인간 사랑이며, 인간에게는 무한한 희망인 것이다.[583]

---

580) Levering, op. cit., p.210.

581) Ibid., p.210.

582) Ibid., p.234.

583) 서구(西歐)에서 인간이 하나님을 멀리하게 된 것이 이미 17세기 및 18세기에 시작되었다고 한다. 하나님의 본성은 사랑이다. 그러나 인간이 하나님을 멀리 하면서 하나님의 사랑 대신에 인간의 행복을 위해 인간이 찾은 것들이 이성, 발전, 민족국가, 주의(ism) 등 수많은 인간의 우상들(idols)이었으나, 그러는 사이에 신은 천천이 죽어가고(slow death of God), 인간에게 궁극의 만족은 이루어지지 못하고, 인간에게 이루어지리라고 기대감을 주었던 수없는 인간의 약속들은 실현되지 못하였다고 진단하면서, 그래도 오로지 살아서 희망이 되어주는 것은 신의 사랑이라고 진단한 저작이 있다(See, Simon May, Love: A History (Yale University Press, 2011), pp.3-4). 신의 사랑이 신의 이 세상과 인간창조의 근원이고 동인이라 생각한다(전게 찬미 받으소서, 63면 참조). 신의 사랑이 이 세상의 근원이다. 그러므로 신의 사랑을 능가할 인간이 만든 가치는 없을 뿐만 아니라 있을 수도 없다고 생각한다. 인간이 신의 사랑에 동참하고 참여하는 것이 인간의 근본가치라 생각한다. 따라서 사랑은 모든 존재 및 모든 가치의 근원이고 시원(始源)이다(Ibid., p.18). 근세 이래 인간중심의 개인주의가 발전함으로써 인간은 개인만을 보고 이웃을 보지 못하였다. 그러나 창조주는 인간 모두를 하나의 가족으로 보았다. 이웃을 모두 한 가족으로 보았다. 전지구적으로는 지구가족을 이루고 인간 개인들에게 인간이 하나님을 사랑하듯이 이웃을 사랑하라고 하시고, 이웃을 사랑하는 것이 바로 창조주 신 자신을 사랑하는 것이라고 가르쳤다(마태복음 제25장 제40절). 그러나 근세 이래 발전된 개인주의가 강화됨으로써 인간은 이웃을 잊어버리고 개인의 행복과 만족만을 생각하여 왔다고 생각한다. 이러한 자기사랑의 개인주의에서 벗어나 모두가 이웃이고 이웃사랑이 곧 창조주에 대한 사랑이며, 그 이웃사랑이 하나님의 형상의 회복의 길임을 다시 자각하여야 한다

그리고 인간의 하나님의 형상의 회복을 향한 인간의 길은 인간에게서의 희망의 빛이다. 또한 인간이 창조주의 형상을 회복해 나가는 것은 인간이 창조주를 닮아가는 창조주의 동반자로서의 자격을 회복해 나가는 길이다. 그것이 바로 인간에게서의 희망이다. 또한 그러한 인간을 희망의 길로 이끌어가는 법이 자연법이다. 자연법은 인간이 창조주 신에게로 되돌아가도록 인도하는 법이다.584)

사람도 사회도 역사도 변화한다. 이러한 변화의 궁극의 동인은 창조주의 섭리라 생각한다. 그리고 변화의 주체는 창조주이다. 인간이 변화를 실천하고 있지만 궁극의 동인은 창조주이심을 믿는다. 창조주가 창조한 이 세상을 창조만 해 놓으시고, 그 변화를 인간에게 전적으로 맡겨두지는 않았다고 생각한다. 창조주의 창조는 계속되고 있다고 생각한다. 이 세상의 변화는 신인협력으로 끊임없이 진행되고 있다고 생각한다.585)

## V. 자연법의 근거로서의 인간의 하나님의 형상론

법사학자 헨리 메인(Henry James Sumner Maine: 1822–1888)은 법이란 언제나 종교와 구분되지는 않았으며, 원천적으로 법규정은 종교적 성격을 지니고 있었다고 하였다.586) 인간이 하나님의 형상으로 창조

---

고 생각한다(Ibid., p.18).

584) Levering, op. cit., p.13.

585) 프란치스코 교황은, 하나님의 거룩한 현존은 모든 존재의 생존과 성장을 보장해 주며, 창조사업은 계속 이어 나갑니다라고 말씀하셨다(전게 찬미 받으소서, 66면 참조).

586) W.D. Davies, "Paul and the Law: Reflections on Pitfalls in Interpretation", in: Religion, Law and Ethics: A Symposium, The Hastings Law Journal, Vol.

되었다는 성서의 말씀을 기초로 하여 그것으로부터 인간의 존엄이 인정되고, 인간의 존엄이 법적으로 인권과 인격권으로 구체화되었다는 논리는 바로 법이 종교적 성격을 띠고 있다는 반증이며, 특히 자연법론은 법의 종교적 성격을 강하게 지니고 있는 법사상 내지 법이론이다. 신중심의 자연법론(theocentric theory of natural law)은 더욱더 그러하다.

인간의 존엄의 근거는 인간이 신의 형상을 따라서 창조되었음에 있다. 인간이 이 지구에서의 신의 대리인으로서 이 지구를 신을 대리하여 관리해 나갈 것을 위탁받았다. 인간이 신의 대리인이기 때문에 인간은 존엄한 존재이다. 이 땅에 인간 이외의 생명 있는 것들이 존엄성을 갖는 것은 아니다. 생명 있는 것들을 관리할 수 있는 신의 위임을 받은 존재가 인간이다. 인간의 존엄은 인간 스스로가 스스로에게 부여한 인간의 지위가 아니다. 신이 준 인간의 지위가 인간의 존엄이다. 그 존엄은 바로 인간의 신의 형상으로부터 창조되어 인정된 인간의 지위인 것이다.

인간은 이성적 존재이다. 인간 이성은 인간이 스스로가 인간 스스로에게 준 능력이 아니다. 전지전능한 창조주가 인간에게 준 것이 인간의 이성이다. 그것은 창조주가 자신의 형상을 따라서 인간을 창조하였기 때문이다. 하나님의 형상을 따라서 인간이 창조되어 신의 본성 전부가 그대로는 아니라 하더라도 인간의 본성에도 존재하기 때문에 인간은 창조주와 소통할 수 있는 지위에 있다. 신과 소통할 수 있는 인간의 지위가 바로 인간의 존엄이다. 그 인간의 존엄으로부터 인권과 인격권의 법적인 권리가 인정된다.[587] 고귀한 인간의 존엄이 인간 스스로가 스스로에게 인

---

29(1978), p. 1496.

587) 창조주 신이 인간에게 인격을 주었는데, 그것이 바로 인간의 하나님의 형상이다 (See, Jónsson, op. cit., p.87). 대국가적 관계(對國家的 關係)에서 인격(人格, person-

정한 것이라고는 말할 수 없다. 창조주가 인간에 부여한 지위가 인간의 존엄이다. 창조주는 인간의 존엄을 모든 사람에게 부여하였다. 인간의 존엄에는 차별이 없다. 창조주는 모든 인간에게 동등한 존엄을 부여하였다. 그러므로 인간은 평등하다. 인간의 평등도 바로 인간의 신의 형상으로부터 인정된 인간의 지위이다. 이와 같이 인간의 존엄과 인간의 평등은 인간의 신의 형상에 따른 창조에서부터 인정된다.[588] 인간의 하나님의 형상론은 피조물인 인간을 가치 있게 하고 존엄하게 한다.[589] 인간의 하나님의 형상이 존엄한 인간의 정체성이다.

그리고 인간은 신의 동반자(counterpart) 내지 협력자이다. 신은 그의 세계를 단번에 창조를 완료하지 않았다. 계속적으로 그의 세계를 창조해 나가고 계신다. 신은 창조를 계속해 나가심에 인간에게 그의 계속 창조에 동참해 줄 것을 기대하고 계신다. 신은 인간을 그의 협력자로 인정하여 신의 창조의 계속사업에 참여하도록 하신다. 그것은 인간이 신 자신의 형상을 따라서 자신의 본성을 인간에게 부여하여 존엄한 존재로 인정해 주셨기 때문에 가능하다. 창조주 신은 인간에게 그의 창조의 계속사업에 참여할 수 있는 자격을 인정해 주셨다. 신의 창조의 계속사업에 인간이 동참할 수 있도록 함이 신의 인간 사랑이며, 인간은 신의 창조의 계속사업에 동참하는 것이 인간의 신에 대한 사랑이다. 이와 같이 신과 인간은 서로 소통할 수 있는 관계에 있고, 서로 협력하는 관계에 있으며, 서로 사랑하는 관계에 있다. 이것이 신인협력(神人協力)이라 생각한다. 신

---

hood)은 인권(人權, human rights)으로 표현된다.

588) Ruston, op. cit., p. 86; Fletcher, op. cit., p.1608.

589) Love and Christian Ethics (edited by Frederick V. Simmons with Brian C. Sorrels, Georgetown University Press, 2016), p.229.

인협력은 인간의 존엄이 인정되고, 신의 창조의 계속에 인간이 참여하며, 서로 사랑으로 신의 창조의 계속을 이루어가는 것이다.[590]

신은 인간을 그의 형상을 따라서 창조하면서 인간에게 인간 스스로가 자기 의사로 자신의 본성인 신의 형상을 유지할 수 있도록 인간에게 자유의지를 주셨다. 그 인간의 자유의지가 인간의 이성이다. 인간은 신으로부터 부여받은 자유의지를 신의 형상을 유지하면서 신의 창조의 계속에 참여할 수 있도록 인간의 이성을 신과의 협력을 이루는 데 사용하도록 하여야만 했으나, 인간은 신이 준 이성으로 인간 자신이 이 세상을 스스로 계획하고 스스로 관리해 나갈 수 있다는 방향으로 인간이 이해하고 행사하여 자고(自高)하였다. 그리하여 인간은 창조주 신을 잊고 이 세상을 인간중심으로 스스로 치리해 나가고자 하였다. 그것이 근세에 시작된 이성의 시대이며, 개인주의의 시대로서 오늘날까지 이성에 의한 개인주의는 계속되고 더욱 이기적인 개인주의로 발전해 가고 있다고 이해된다.[591]

역사적으로 중세는 신중심의 시대였다. 신중심의 중세를 극복하기 위하여 인간의 이성을 강조하고 이성에 의하여 인간세계를 치리하여 온 것이 오늘날에도 계속되고 있다. 인간 이성에 의하여 과학이 발전하고 경제가 부흥하여 인간의 삶이 풍요로워진 것은 사실이다. 이러한 인간중심의 사회발전을 문명이라고 한다. 오늘날의 인간문명은 인간이 인간의 창조주인 신을 멀리하고 이룬 결과이다. 과연 창조주 신을 멀리하면서 인간이

590) 신인협력의 사상은 신앙과 이성의 화해를 모색하는 신과 인간과의 관계에 기초하고 있다고 스스로 평가한다(길희성, 영적 휴머니즘 (아카넷, 2021), 13면 비교 및 참조). 이는 인간의 이성을 존중하지만, 신의 계시도 인정하고 존중하는 견해이다.

591) 개인주의는 중세의 윌리암 옥캄에 의하여 주장된 주의주의(主意主義)로부터 시작되어, 루터에 의해서 더 발전하였으며, 칸트에 이르러서는 이성에 의한 개인주의의 극치를 이루었다. 개인주의의 주된 흐름은 인간의 의지를 중시하는 주의주의(主意主義)적 개인주의이었다.

이성으로써 인간 문명을 계속 이어갈 수 있을까? 저자는 아니라고 판단한다. 인간과 신이 협력하여야 하는 신인협력을 하여야 현재의 문명을 더욱 발전시켜 나갈 수 있다고 생각한다.

신인협력 시대에 인간과 신과의 관계는, 신은 창조의 일을 계속해 나가고, 인간을 사랑하셔서 인간을 신 자신의 창조의 계속에 참여하게 하시며, 인간도 신의 창조의 계속에 참여하는 신에 대한 사랑을 하여야 하는 내용으로 구성되어야 한다고 생각된다. 인간이 신의 창조의 계속에 참여함으로써 인간은 타락에 의하여 잃어버렸던 하나님의 형상을 회복하도록 하여야 할 것이라고 생각한다. 인간이 신의 창조의 계속에 헌신적으로 참여하는 것이 인간의 신의 형상의 회복의 길이라 생각한다. 그것이 인간의 신에 대한 사랑이라 생각한다. 또한 인간은 신의 말씀에 충실하게 헌신하는 것이 이웃에 대한 사랑이다. 신은 사랑이다.[592] 따라서 신의 본성은 사랑이다. 또한 만물의 근원은 사랑이다. 사랑의 질서가 정의이다. 이와 같이 신의 본성은 사랑과 정의이다. 그러나 인간의 본성에는 선한 마음이 내재해 있기는 하지만, 타락에 의한 인간의 이기심에 의하여 선한 마음이 헌신적인 사랑의 실천으로 나아가지 못하고 있다. 정의도 인간 스스로 이성에 의하여 정한 질서를 정의라고 판단하고 있다. 그러므로 하나님의 형상을 받은 인간의 본성도 신의 본성과 같이 사랑과 정의이어야 한다. 그러나 인간에게는 사랑이 부족하다. 그 점이 신의 본성과 인간의 본성의 가장 큰 차이점이라 생각한다. 인간의 하나님의 형상의 회복의 길은 인간의 사랑의 실천이라 생각한다. 이기심을 이성으로 이해하고 살아온 인간은 사랑을 실천함으로써 하나님의 형상을 회복하도록 하여야 한다고 생

592) 요한일서 제4장 제16절

각한다.

인간을 하나님의 형상을 이루도록 이끌어나가는 법이 바로 자연법이라 생각한다. 그 자연법은 사랑이 중심내용을 이룬다고 생각한다. 지금까지는 정의를 자연법의 가장 주요한 내용으로 이해하고 이를 관철하려고 하여 왔지만, 정의를 지키면서 공동선, 공동체의 유지를 위한 이웃사랑이 자연법의 가장 중요한 내용으로 전환해 나가야 한다고 생각한다. 개인주의에 터잡은 개인의 존엄과 인격의 보호 및 인격의 자유로운 전개를 위한 재산적 기초로서의 사소유권의 보호를 근대 자연법, 즉 인간 이성법의 중요한 내용으로 파악하고 이를 지키는 법을 자연법으로 이해하였지만, 앞으로는 개인의 존엄을 유지하면서 공동체의 유지를 위한 공동선의 실천을 위한 이웃사랑을 자연법의 중요한 내용으로 전환해 나아가야 한다고 생각한다. 자연법의 내용은 사랑과 정의이다. 지금까지는 정의를 자연법의 중요내용으로 강조하여 왔으나, 앞으로는 사랑을 강조하는 방향으로 자연법의 중심내용이 바뀌어야 할 것으로 생각한다. 그렇지만 사랑과 정의는 함께 가야 할 자연법의 내용임에는 변함이 없다.[593] 인간은 실정법의 내용보다 더 높은 꿈과 희망을 요구하고 있다. 그 꿈과 희망이 사랑이다. 자연법은 정의와 사랑으로 꾸려져 있다.[594] 특히 정의와 사랑은 빈자(貧者)의 입장을 고려할 것이 요구된다.[595] 이는 빈곤의 문제가

---

593) 자연법의 내용으로서의 정의와 사랑 및 양 덕목(德目)이 함께 가야 한다는 것에 관하여는, 김상용, 법정책 방향으로서의 정의와 사랑: 법과 성서와 역사 연구소, 연구시리즈 제5권(피앤씨미디어, 2019. 11), 참조.

594) Levering, op. cit., p.190.

595) Ronal M. Green, "Neighbor Love in the Jewish Tradition", in: Love and Christian Ethics: Tradition, Theory and Society (edited by Frederick V. Simmons with Brian C. Sorrels, Georgetown University Press, 2016), p. 380.

정의의 문제로 다루어진 역사적 과정을 살펴보면 더욱 확실하며, 사랑과 정의는 빈자에 더 큰 희망을 가져다 준다. 그리고 구약성서 레위기 제19장 제18절의 네 이웃을 내 몸같이 사랑하라는 말씀은 이웃도 역시 하나님의 형상을 따라서 창조되었기 때문에 사랑할 수 있다고 한다.[596] 성서의 계명에서와 같이 이웃을 자신처럼 사랑하기는 힘들지만 이웃도 신의 형상을 닮은 존엄한 존재이기 때문에 서로 서로 사랑할 수 있다는 것이다.

그리고 자연법은 인간의 마음에 신의 사랑의 손으로 새겨둔 법으로서, 인간이 비록 타락했어도 어두워지지 않는 인간의 이성에 의해 읽혀진다.[597] 그것은 인간은 창조주 신의 형상을 따라서 창조되었기 때문이다. 또한 신은 인간을 창조하시고 계속적으로 인간을 축복해 주시는 분이기 때문이다.[598]

596) Ibid., p.354.
597) Levering, op. cit., p.19.
598) Ibid., p.22.

# VIII

# 사랑의 법으로서의 자연법

# 제8장 사랑의 법으로서의 자연법

## I. 핵심덕목이며 최고가치로서의 사랑

사랑은 정의와 함께 인간과 사회의 최고의 핵심덕목(Kardinaltugend)이며, 최고의 가치이다. 또한 인간이 이룰 수 있는 최고의 경지(境地)이다. 인간 개인의 삶도 인간이 모여 이루는 공동체인 사회도 사랑이 있고 정의가 바로 세워져 있으면 더 이상 바랄 것이 없는 이상적인 인격자의 삶이고 이상적인 사회이다. 그러나 이 세상과 인간의 창조 이래로 이상적인 인간의 모습이고 이상사회의 모습인 정의와 사랑이 바라고 이루고자 하는 궁극의 이상이지만 제대로 실현하지 못하였을 뿐만 아니라, 그 궁극의 이상을 실현하는 것은 원죄의 인간과 인간사회에는 불가능하다.[599] 그러나 궁극의 이상이며, 핵심덕목이고, 최고가치이며, 더 올라갈 수 없는 최고의 경지인 사랑과 정의를 향해 인간은 중단 없이 이를 이루어 나가고자 한다. 사랑과 정의의 궁극의 이상에 도달하지 못할 것을 알지만 그 궁극의 이상을 향해 나아가는 것이 인간의 본성이기도 하다. 그러한 궁극의

599) Love and Justice, Selections from Shorter Writings of Reinhold Niebuhr (edited by D. B. Robertson, Cleveland and New York, the World Publishing Company, 1967), pp.40-41.

이상을 향해 노력해 온 인간의 삶과 사회의 발전은 인간이 이룬 문명의 역사이기도 하다. 이처럼 사랑과 정의는 인간사회의 최고의 덕목이고 가치이며 최고의 경지이기 때문에 궁극의 이상사회인 정의와 사랑의 사회는 이룰 수 없는 세계임에도 불구하고, 인간은 궁극의 정의와 사랑의 세계인 사랑의 왕국(kingdom of love)을 이루기 위하여 신의 이 세상과 인간 창조에 의한 역사의 시작과 함께 계속하고 있다.[600] 이와 같이 궁극을 향하여 인간은 이상적인 사랑과 정의의 사회를 이루기 위하여 중단 없이 노력해 왔고 또 노력해 나가고 있다.

사랑과 정의는 별개의 덕목이다. 그러나 정의와 사랑은 분리될 수 없다.[601] 정의와 사랑은 항상 함께 가야 할 관계에 있다. 정의에는 용서란 없다. 그러나 사랑에는 용서가 중요한 내용이다.[602] 그리고 정의는 급진적이고 혁명적일 때가 있다. 그러나 사랑은 혁명적이지 않고 현상유지적인 속성이 있다. 그 점에서 정의와 사랑은 중요한 차이점이 있다.[603] 또한 정의는 사람의 마음의 아픔을 치유해 주지는 못한다. 그러나 사랑은 사람의 마음의 아픔을 치유해 준다.[604] 이처럼 사랑은 회복적 정의(restorative justice)를 호소하지만, 혁명적 정의를 호소하지는 않는다. 성서상의 산상수훈[605](The Sermon on the Mount)은 예수 그리스도의 아가페 사랑이다. 그러나 그 산상수훈에서 예수 그리스도는 인간이 정의롭게 살기를

600) Ibid., p.89.
601) Simon May, Love: A History (Yale University Press, 2011), p.17.
602) Ibid., p.116.
603) Love and Christian Ethics: Tradition, Theory and Society (edited by Frederick V. Simmons with Brian C. Sorrels, Georgetown University Press, 2016), p.23.
604) Ibid., p.24.
605) 마태복음 제5장 제1절–제7장 제29절

바라시지만 혁명을 충동하지는 않는다.[606] 이와 같이 사랑과 정의는 별개의 덕목이고 가치이지만, 분리되지 않고 항상 함께 가야 하는 관계에 있다. 사랑은 정의의 질서 안에서 이루어져야 하며, 정의는 사랑에 의하여 완성된다. 또한 사랑은 정의를 수단으로 하여 실천된다.[607] 사랑이 없으면 정의도 없다.[608]

사랑이 무엇인가? 사랑은 창조주의 본성이다.[609] 창조주는 사랑으로 이 세상을 창조하셨다. 이렇게 창조주의 사랑은 창조력이 있다. 이 우주를 창조하신 힘이 바로 사랑이다. 교황 베네딕토 16세는 사랑은 신의 힘(Love is divine power)이라고 하였다.[610] 창조주는 왜 이 우주를 창조하셨을까? 그것은 바로 사랑이다. 창조주의 본성이 사랑이기 때문에 사랑으로 이 우주와 인간을 창조하셨다. 그러므로 만물의 근원은 사랑이다. 사랑이 행하여져 사랑이 흘러가는 질서가 바로 정의다. 사랑이 정의의 길을 따라서 흘러가도록 창조질서가 세워져 있다. 따라서 사랑은 창조의 동인(動因)이고 정의는 사랑이 실천되어 가야 할 길이다. 사랑이 정의의 길을 벗어나면 방종이나 온정이 된다. 정의에 사랑이 더하여지지 않으면 정의는 차갑고 냉혹하고 때로는 잔인할 수도 있다. 그러므로 정의와 사랑은 항상 함께 가야 한다. 그것이 양자와 관계이며, 사랑은 정의의 바탕 위에서 이루어져야 하며, 사랑은 정의를 통하여 이루어 나가야 하는 관계에

606) Love and Christian Ethics, op. cit., p.24.

607) Tina Bellmann, Zwischen Liebesideal und Realismus: Theologische Anthropologie als Soziale Ressource bei Reinhold Niebuhr (Universitätsverlag, Göttingen, 2018), S.281.

608) Love and Justice, op. cit., p.49.

609) Love and Christian Ethics, op. cit., p.38.

610) Wischmeyer Oda, Love as Agape: The Early Christian Concept and Modern Discourse, Translated by Wayne Coppins (Mohr Siebeck, 2021), p. 247.

있다. 사랑의 넓이는 한없이 넓다. 순수한 육체적인 욕망으로서의 사랑으로부터 십자가에 못박히는 희생적인 사랑까지 그 넓이는 한없이 넓다.[611] 그러한 어느 경우에서나 정의와 사랑은 함께 가야 한다. 정의와 사랑이 온전히 이루어지는 그 경지가 이 세상의 궁극이다. 그러한 궁극의 가치와 궁극의 세계를 이루어 나가는 것이 인류의 역사이고 문명의 발전이다. 그리하여 일반적으로 사랑이라 하면 정의를 포함한 사랑, 즉 정의를 바탕으로 한 사랑을 의미한다.

창조주는 완전하여 신의 사랑과 신의 정의를 다 실천하신다. 인간은 창조주의 형상을 따라서 창조되었다. 인간이 가질 수 있는 모습 중에서 하나님의 형상보다 더 아름답고 좋은 형상이 있을까? 인간 스스로 하나님의 형상과 다른 인간의 형상을 만들 수 있으며, 만든다 하더라도 하나님의 형상보다 더 아름다운 형상일 수 있을까? 인간은 인간 스스로가 하나님의 형상과는 다른 인간의 형상을 만들 수 없다고 생각한다. 창조주가 창조주 자신의 모습을 따라서 인간을 만들었는데, 창조주의 모습과 다른 인간의 모습을 인간이 만들 수 있다면 인간은 창조주를 부인하는 결과에 이른다. 이처럼 인간은 신의 피조물로서 신이 창조해서 인간에게 주신 이 땅에서, 창조주이신 신이 세워주신 정의와 사랑의 계명(誡命)을 따라서 살아가야 한다. 이러한 생각은 인간의 숙명론을 용인하는 것이 아니라, 인간이 가야 할 길의 방향을 말하는 것이다. 창조주의 이 세상의 창조는 사랑 이외에는 다른 원인을 찾을 수 없다. 전능하신 신이 이 세상에서 힘을 쓰고 지배하기 위하여 이 세상을 창조하였다고 할 수는 없다.[612] 창조

611) Love and Justice, op. cit., p.219.
612) 이슬람교에서의 신은 지배자, 심판자의 성격이 강하다(See, Ann McDougall, Pilgrimage of Love: Moltmann on the Trinity and Christian Life (Oxford Uni-

주는 인간을 너무나 사랑하셨기에 이 세상을 창조하시고 인간이 이 세상에서 행복하게 살기를 원하시는 그 사랑으로 인간을 창조하셨다고밖에는 달리 인간 창조의 원인을 이해할 수 없다. 창조주이신 신의 본성은 사랑이다. 인간을 사랑하고 인간과 더불어 계속해서 가장 아름다운 이 세상으로 가꾸어 가시길 원하셔서, 인간을 창조주 자신의 형상을 따라서 창조하시고, 헌신적인 사랑으로 인간을 살피시고, 인간도 서로서로 사랑하며 행복하게 살라고 하셨다. 창조주는 원수도 사랑하라고 하시고, 한계상황에 있는 인간(marginal person)까지도 모두 이웃으로서 사랑하라고 하셨다. 그리하여 창조주는 이 세상을 창조하시고 인간과 함께 이 세상을 사랑의 왕국으로 건설하시기를 원하신다. 사랑의 왕국의 질서는 아가페 사랑이다. 정의를 바탕으로 하는 아가페 사랑이 사랑의 왕국의 질서이다. 신은 사랑이다.[613]

정의와 사랑의 길 외에 인간이 행복하게 살아갈 수 있는 다른 길이 있느냐고 반문해 보면, 정의와 사랑의 길로 가야 인간이 행복한 삶을 살 수 있음은 자명(自明)의 진리로 다가온다. 인간이 우연히 이 땅에 생존하게 되었다면, 창조주의 계명인 정의와 사랑의 세계가 아닌 다른 세계로 인간이 갈 수도 있을 것인데, 왜 인간은 창조주이신 신의 계명인 정의와 사랑의 세계로 감이 인간의 행복의 길이라고 하는가? 왜 정의와 사랑의 길 이외의 인간의 다른 행복의 길이 인간에게는 없는가? 그것은 인간은 신의 형상을 따라서 창조되었으며, 창조주의 창조의 원리 외의 다른 원리가 인간에게는 주어져 있지 않기 때문이며, 인간이 또한 다른 원리를 만

---

versity Press, 2005), p.77).

613) Ibid., p.3.

들어 낼 수도 없는 존재이기 때문이라 생각된다. 이 세상은 창조주가 창조하고, 사랑으로 창조하셨으며, 사랑이 실천되어 나가야 할 질서를 정의의 계명으로 주셔서, 그 사랑과 정의의 계명을 따라서 살도록 창조되어 있기 때문이다. 신인협력(神人協力)에 의하여 현재의 계명 이외의 다른 궁극의 인간 행복의 원리가 창조되면 현재의 인간과 사회의 궁극의 가치이고 이상인 사랑과 정의 외의 다른 궁극의 가치가 사랑과 정의를 대체할 수 있을 것이지만, 인간의 이성의 힘만으로는 사랑과 정의의 궁극 원리의 변경은 불가능하다. 현재 인간이 할 수 있는 일은 인간과 사회의 궁극의 가치인 사랑과 정의의 내용을 더 상세히 하고 시대에 맞게 그 내용을 수정하여 부단히 실천해 나가는 일이라고 생각한다. 이것은 신의 형상을 따라서 창조된 인간이 행복한 삶과 안전한 사회를 위하여 지켜야 할 사명이라 생각한다.

인간은 원죄로 인하여 창조주의 사랑과 창조주의 정의를 제대로 실천하지 못한다. 피조물인 인간이 신의 창조질서인 정의와 사랑의 질서에 어긋났을 때에 인간은 정상적인 삶을 살지 못한다. 행복한 삶과 안전하고 평화로운 사회를 이루기 위하여서는 신의 형상을 따라서 창조된 인간은 이 세상의 궁극의 가치인 정의와 사랑을 이상으로 하여 그 시대, 그 사회에 맞게 이를 구체화하여 실천해 나가는 길이라 생각한다. 이것이 일반적으로 정의가 포함된 사랑의 실천이라 생각한다. 사랑이 인간의 최고의 핵심덕목이고 가치이고 궁극의 경지이며, 인간이 추구해 나가야 할 가장 아름다운 궁극의 세계라 생각한다. 인간사회의 모든 현상은 다 사랑의 최고가치의 실현을 위해서 움직이는 구체적인 변화와 발전이라 생각한다.

왜 사랑이 이 세상의 궁극의 가치인가? 사랑의 세계가 어떠한 경지이고 사랑은 어떠한 힘이 있기에 사랑이 인간과 사회의 궁극의 최고가치인가? 이미 언급하였듯이 창조주는 사랑으로 이 세상을 창조하셨다.[614] 이 세상은 사랑으로 서로 연결되어 조화롭게 움직인다. 이 세상은 창조주의 사랑의 결집체이다. 인간도 마찬가지이다. 인간이 혼자서는 정상적인 아름다운 삶을 살 수 없다. 인간은 더불어 공동체를 이루어 살아야 한다. 인간 개인에게는 인간이 아름답게 살아갈 수 있는 모든 달란트가 다 주어져 있지 않다. 서로 다른 달란트를 가지고서 공동체를 이루어 서로 다른 달란트로 얻은 것을 서로 주고받으면서 함께 살아가야 아름다운 개인의 삶이 가능하도록 구성되어 있다. 또한 사랑은 사랑하는 자의 자기자신을 풍요롭게 하고 자신의 정신적, 육체적 활동범위를 넓힌다.[615]

인간이 공동체를 이루어 살아가도록 하는 힘이 사랑이다. 인간공동체를 이루어 주는 힘은 인간 상호간의 사랑이다. 이처럼 사랑은 그 자체가 힘을 지니고 있다.[616] 사랑은 결집력, 결합력을 가지고 있다.[617] 플라톤은 사랑이라 하는 정신적 노력이 개인이 풍성할 수 있는 열쇠라는 이념을 발전시켰다.[618] 그것이 바로 플라톤의 에로스 사랑이다. 에로스는 최고의 미(美), 그 자체에 도달하고자 하는 갈망하는 사랑이다. 플라톤은 에로스의 사랑이 풍성한 개인을 만드는 열쇠라고 하였다. 이와 같이 사랑은

614) Papst Franziskus, Amoris Laetitia: Freude der Liebe (Mit einer Hinführung von Christoph Kardinal Schönborn, Freiburg, Herder, 2016), S. 218.

615) Eros, Agape and Philia: Readings in the Philosophy of Love (edited by Alan Soble, Minnesota, St. Paul, Paragon House, 1989), p.30.

616) 어느 불승(佛僧)은 사랑은 뜨거운 에너지를 품고 있으며, 그 사랑의 에너지는 생산적이고 창조적인 에너지라고 하였다(김옥림, 법정잠언집 365: 너는 꽃이 되어라(Mirae Book, 2022), 139면).

617) May, op. cit., P.39.

618) Ibid., p.39.

인간 개인을 순수하고 평화롭게 만들며, 인간 상호간은 물론 사물 상호간을 결합, 결집시키는 힘이 있다. 이러한 결집력은 인간 개인을 하나의 공동체로 결합시킨다. 그리하여 인간 개인은 다른 인간이 없으면 인간일 수 없다. 다시 말하면 한 인간은 다른 사람의 반(half)이 없으면 인간일 수 없다고 한다. 인간 각자가 다 그렇게 연결되어 결합되어 있다. 그렇게 인간을 결합하게 하는 힘이 바로 사랑이다. 성서도 역시, 사도 바울을 통하여, 사랑은 서로를 서로 연결시키고 완벽하게 통합하게 한다고 말씀하고 있다.[619]

그리고 사랑은 선(goodness)이다. 사랑은 육체의 아름다움이 아니라 영혼의 아름다움이며, 덕스러운 행동인 선이다. 사랑은 선이며, 인간의 최고 가치이며, 최고의 경지이다. 사랑은 인간과 인간간을 결합시켜주는 결집력을 가질 뿐 만이 아니라 인간과 자연과 사물을 가장 가치 있는 관계로 결합시켜주는 힘이다.[620] 그렇게 이 세상은 사랑의 관계로 서로 결합되도록 창조되어 있다. 사랑이 아니면 흩어진다. 물리적인 힘에 의해 일시적으로 결합된다 하더라도 정의를 수반한 사랑의 관계가 아니면 흩어진다. 사랑으로 결합되어야 지속하는 아름다움의 관계로 발전되어 나간다.

또한 사랑을 하면 상대방으로부터 덕과 지혜를 얻게 된다.[621] 물론 이러한 사랑은 아리스토텔레스가 말한 우정으로서의 사랑인 필리아 사랑이지만 사랑을 통하여 서로가 서로에게 덕을 세워주고 지혜를 나누게

---

619) 골로새서 제3장 제14절

620) Ibid., p.40; Wischmeyer Oda, Love as Agape: The Early Christian Concept and Modern Discourse (Translated by Wayne Coppins, Mohr Siebeck, 2021), p.119.

621) Ibid., p.40.

된다.

기독교에서는 인간을 창조주 자신의 형상을 따라서 창조하였음을 말하고, 창조주를 사랑하고 이웃을 사랑할 것을 계명으로 주었다. 성서가 가르치는 사랑은 헌신적이고 희생적인 아가페 사랑이다. 아가페 사랑이 기독교의 사랑의 가르침이며, 이러한 기독교의 사랑의 가르침은 서구(西歐)에서의 최고의 가치가 되어,[622] 아가페 사랑이 인간의 삶과 사회의 궁극의 덕목이고 가치가 되었다.[623] 아카페 사랑은 플라톤의 에로스 사랑도 아리스토텔레스의 필리아 사랑도 모두 포괄하는 가장 위대하고 아름다운 헌신적, 희생적인 사랑이다. 이와 같이 사랑이 이 세상의 창조의 근원이며, 만물의 본성은 사랑이며, 사랑으로 서로 결합되어 있으며, 이 세상이 정의롭게 사랑으로 연결되어 운행되고 있다. 인간사회는 사랑으로 결합된 공동체이다. 인간공동체를 결집시키고 결합시키는 힘은 바로 사랑이다.

역사적으로 사랑에 관한 논의는 다양하게 논의되어 왔다. 사랑의 논의 중에서도 가장 중요한 사랑으로는 플라톤의 에로스(eros) 사랑, 아리스토텔레스의 우정으로서의 필리아(Philia) 사랑, 그리고 기독교 성서에서의 아가페(agape) 사랑이다. 플라톤의 에로스 사랑은 아름다움 그 자체를 갈구하는 사랑이다. 이는 다시 플라톤이 그리던 이상세계인 이데아를 찾아 갈구하는 노력이었다. 그리하여 사랑 중에서 최고의 가치를 찾아 가지려는 사랑을 에로스라 하였다. 플라톤에게서의 에로스는 미(die

622) 사랑이 서구에서 최고의 덕목(supreme virtue)과 가치로 정착하게 된 것은 구약성서 신명기(Deuteronomy)에서의 사랑으로부터 시작하여 성 아우구스티누스에 이르기까지의 1000년여의 기간을 거쳐 이루어졌다(See, May, op. cit., pp. 11-12).

623) Ibid., p.50.

Schönheit)와 선(das Gute)을 향하여 그것을 가지려는 갈망이었고 열정으로서의 사랑이었다.[624] 플라톤에게서 이러한 미와 선은 동일한 것이었으며, 인간이 미와 선을 가졌을 때가 인간이 행복(Glückseligkeit)한 때라고 이해하였다. 이처럼 플라톤에게서의 사랑인 에로스는 완전, 미, 선의 이상을 향하여 그것을 얻으려는 갈망이었고 노력이었다. 따라서 플라톤의 에로스는 행복의 갈망이었으며, 또한 사랑은 영원을 목표로 하기 때문에 에로스는 사랑의 대상을 영원히 갖고 싶어 하는 소망이었다. 그리하여 영원에 대한 소망, 갈망이 또한 플라톤에게서의 에로스였다.[625] 이러한 플라톤의 에로스 사랑은 영원한 이상세계인 이데아의 세계를 동경하고 그 이데아의 세계를 이 세상의 현실세계로 만들고자 하는 갈망이고 노력의 표현이었다.

그리고 아리스토텔레스는 사랑을 우정인 필리아로 표현하였다. 필리아는 인간 서로간의 우정의 사랑으로서 강제도 없고, 의도적인 목적도 없고, 서로 상호간의 동정(同情)으로부터 나오는 지속적인 인적 결속을 이루는 사랑이다. 필리아는 사람과의 관계이지만 단순한 친구관계를 넘어 공동체 내에서 서로간에 공동체를 유지하는 결속적인 사랑이다. 이 필리아 사랑은 사랑의 상대방이 사랑하는 사람에게 유익을 주기 때문에 하는 사랑이다. 반대로 필리아 사랑은 사랑의 상대방으로부터 사랑하는 사람이 유익을 얻을 수 있기 때문에 하는 사랑이다. 그러므로 필리아 사랑은 공동체를 구성하는 사람 상호간에 유익을 주고받는 관계의 사랑으로서,

624) Claudius Reinert, Eros, Philia und Agape: Zum Griechischen und Christlichen Verständnis Göttlicher und Menschlicher Liebe (Mauritius, AV Akademischer Verlag, 2014), S.10.
625) A. a. O., S.19.

필리아 사랑을 통하여 공동체가 결속되고 결집되는 유용성이 있기 때문에 사랑하는 사랑이다. 아리스토텔레스는 이러한 필리아 사랑이 계약, 약정, 법률에 기초한 관계 등으로 나타난다고 하였다. 그러나 이러한 필리아 사랑은 서로간에 유익을 주고받을 수 있는 동안에만 지속될 수 있는 사랑으로서 유익이 사라지면 지속되지 못하는 한계가 있는 사랑이다. 그리하여 우정이 지속될 수 있는 사랑으로 친구의 덕스러움 때문에 사랑하는 관계로 필리아의 사랑을 격상하고자 하였다. 그 결과 아리스토텔레스는 우정인 필리아 사랑을 덕으로 이해하고자 하였다.[626] 이러한 아리스토텔레스에게서의 필리아는 인간의 행복을 위한 공동체적 삶에서의 기본적인 미덕인 사랑이었다. 그러나 필리아 사랑은 누구에게나 사랑하는 사랑이 아니라, 사랑하고자 하는 사람만을 사랑하는 선택적인 사랑이다.

아가페 사랑은 가없는, 끝이 없는 헌신적, 희생적인 사랑이다. 에로스, 필리아의 사랑이 인간의 사랑인 데 반하여 아가페 사랑은 근본적으로 신의 인간사랑이며, 갈구하는 사랑도 우정도 다 포괄하는 가장 높은 차원의 사랑이다. 아가페 사랑 위에 더 높은 사랑은 없다. 창조주의 이 세상과 인간 창조의 사랑, 인간을 원죄로부터 구하기 위한 예수 그리스도의 이 땅에 오심과 인간의 죄를 대속하신 십자가에서의 죽음, 예수 그리스도의 십자가 죽음 후에 성령을 보내셔서 이 세상을 치리하고 인간을 부활로 이끄시는 사랑은 모두가 아가페 사랑이다. 아무런 대가도 요구하지 않으시는 헌신적이고 희생적인 사랑이 아가페 사랑이다.

이러한 아가페 사랑은 인간에게 희망을 주는 사랑이다. 평화를 가져다준다. 사랑의 공동체를 이루게 한다. 세계의 모든 사람이 인류애로 하

626) A. a. O., S. 42.

나의 지구공동체를 이루어 나가게 한다. 그러한 사랑의 공동체 사회가 인류가 이룰 수 있는 최고 이상의 사회이다. 그 이상사회에서의 최고의 가치는 사랑이며, 최고의 덕목도 사랑이다. 그러한 이상사회가 인간이 꿈꿀 수 있는 최고의 이상사회이다. 그러나 현실은 그것과 멀리 있다. 그러나 그 사랑의 이상사회를 목표로 하여 인류는 신과 함께 나아가는 것이다. 그것이 인간의 역사이고 문명의 발전이라 생각한다. 그러한 역사진행과 문명발전의 진리에는 변함이 없다고 생각한다.

아가페 사랑은 에로스 사랑과 필리아 사랑도 다 포괄하는 사랑이다. 구약성서의 신명기에서는, 너는 마음을 다하고 성품을 다하고 힘을 다하여 네 하나님 여호와를 사랑하라[627]고 하시고, 신약성서 마가복음에서도 역시, 네 마음을 다하고 목숨을 다하고 뜻을 다하고 힘을 다하여 주 너의 하나님을 사랑하라[628]고 하셨다. 그리고 구약성서 레위기에서는, 너희는 원수를 갚지 말고 너희 동족에게 앙심을 품지 말며 너희 이웃을 너희 몸과 같이 사랑하라[629]고 하셨으며, 신약성서 마태복음과 마가복음에서도, 네 이웃을 네 몸과 같이 사랑하라[630]고 하셨다. 창조주는 사랑으로 이 세상과 인간을 창조하셨다. 자신의 형상을 따라서 인간을 창조하셨다. 이러한 신의 인간사랑은 바로 아가페 사랑이다. 그리고 창조주는 인간으로 하여금 자신을 사모하고 갈급하게 구하라고 하셨다. 인간이 창조주를 찾고 구하고 사모하라고 하셨다. 이러한 인간의 신에 대한 사모도 아가페 사랑이면서 동시에 에로스 사랑이다. 그리고 신의 인간사랑에 대한

627) 신명기 제6장 제5절
628) 마가복음 제12장 제30절
629) 레위기 제19장 제18절
630) 마태복음 제19장 제19절, 제22장 제39절; 마가복음 제12절 제31절

답으로서의 인간의 신에 대한 사랑은 인간의 이웃사랑(neighbor love; Nächstenliebe)으로 나타난다. 이웃을 사랑하는 것은 바로 창조주의 인간사랑에 대한 인간의 신에 대한 답으로서의 사랑이다. 이웃사랑도 아가페 사랑이며, 이는 또한 필리아 사랑이다. 인간 상호간의 사랑이 바로 아가페 사랑이며 동시에 필리아 사랑이다. 이와 같이 아가페 사랑은 에로스 사랑도 필리아 사랑도 다 포괄하는 최고의 경지의 사랑이다.[631)][632)] 에로스 사랑과 필리아 사랑은 이기적이며(egoistic), 아가페 사랑은 가지려고 하지 않는(disinterested) 사랑이라고 평가하기도 하지만,[633)] 아가페 사랑은 아가페 사랑이 행하여지는 상대방에 따라서 에로스 사랑도 필리아 사랑도 포괄하고 있는 사랑이다.[634)] 아가페 사랑 위에 더 높은 사랑은 없다. 이러한 아가페 사랑을 통하여 사랑의 왕국이 이루어지는 것이며, 사랑의 왕국의 질서는 바로 이러한 아가페 사랑이다. 아가페 사랑은 상대방의 선을 위한 조건 없는 자발적인 의사(unconditional willing)이며, 상대방의 행복을 위한 평등한 대우(equal regard)이며, 상대방을 위한 자기희생의 열정적인 봉사(self-sacrificial passionate service)이다.[635)]

---

631) Love and Christian Ethics (edited by Frederick V. Simmons with Brian C. Sorrels, Georgetown University Press, 2016), p.12.

632) 에로스 사랑, 필리아 사랑, 아가페 사랑에 관한 보다 자세한 내용에 관하여는, 김상용, 전게 법정책방향으로서의 정의와 사랑, 282-315면 참조.

633) Love and Christian Ethics, op. cit., p.41.

634) 일본의 신학자이고 목회자인 高見伊三男은 성서에서의 사랑을 3가지 측면으로 나누어 설명하면서, 위로부터 아래로의 사랑으로 신의 계시(啓示, revelation)를 들고, 아래로부터 위로의 사랑의 모습으로 인간의 신을 향한 기도, 예배, 신학에 의한 봉사를 들고, 인간 상호간의 수평적인 사랑으로 인류애, 형제애를 들고 있다(高見伊三男, 聖書における愛: イエスの愛とパウロの愛 (橫浜, 春風社, 2011), 179, 183面). 이웃간의 수평적 사랑은 인류애로서 사해동포주의의 사랑이 이에 속한다. 그리하여 성서에서의 아가페 사랑은 위로부터의 신의 인간을 향한 아가페 사랑, 아래로부터의 인간의 신에 대한 에로스 사랑, 인간 상호간의 인류애로서의 사해동포주의의 사랑인 필리아 사랑을 모두 포괄하고 있다.

이러한 아가페 사랑은 인간의 존엄을 증진시킨다.[636] 그리고 아가페 사랑은 사랑하는 이유를 묻지 않으며, 동기가 없는 사랑 그 자체가 동기이다.[637] 아가페 사랑은 가치 창조적 사랑이다.[638] 하나님이 아가페 사랑으로 인간의 가치를 만들어 준다. 이같이 아가페 사랑은 가치를 창조한다.[639] 또한 아가페 사랑은 불멸적(immortal)이며 영원하다.[640] 그러나 이러한 이상적인 아가페 사랑에 의한 완전한 사랑의 왕국이 현실세계에서는 존재하지 않지만, 인간이 동경하고 이룩하고자 하는 최고경지의 나라라 생각한다. 사랑은 바로 이러한 사랑의 왕국에 대한 희망을 가지게 하며, 사랑의 왕국 건설을 위한 창조적인 지혜가 도출되며, 인간이 공동체로서 함께 이루어 나가게 된다. 이 사랑의 왕국의 법인 정의의 그 법은 사랑의 법(law of love)이며, 그 사랑의 법이 바로 자연법이다. 그 자연법으로 나아가는 것이 법이 추구해 나가야 할 법의 이상이고 궁극의 목표라 생각한다.

이와 같이 사랑이 기초가 되어 있는 문명사회, 그리고 사랑을 기초한 사랑의 자연법의 사회는 프란치스코 교황이 말씀하신 사랑의 문명[641]이라고 할 수 있다. 이 사랑과 사랑의 자연법은 이러한 사랑의 문명을 이루는 핵심내용이라 생각한다.

---

635) Love and Christian Ethics (edited by Frederick V. Simmons with Brian C. Sorrels, Georgetown University Press, 2016), p.229.

636) Ibid., p.257.

637) Eros, Agape and Philia: Readings in the Philosophy of Love (edited by Alan Soble, Minnesota, St. Paul, Paragon House, 1989), p.85.

638) Ibid., p.87.

639) Ibid., p.145.

640) Ibid., p.52.

641) 전게 찬미받으소서, 163면.

# II. 사랑의 실천 주체와 사랑의 방법의 역사적 변천

## 1. 박해시대의 아가페 사랑

사랑에 대한 논의는 서력기원 전 5세기 경의 플라톤과 아리스토텔레스에서 시작되었으나, 아가페 사랑이 성서에 쓰이기 시작한 시기는 그 보다 뒤인 히브리어 성경을 그리스어로 번역한 70인역(Septuaginta)의 성경번역이 이루어졌던 서력기원 전 4세기 중반으로 거슬러 올라가며,[642] 사랑이 구체적인 신앙생활에서 가장 중요한 덕목과 가치로서 인정되고 실천되기 시작한 것은 예수 그리스도가 이 세상이 오시고, 사도 바울에 의해 율법의 종교였던 유대교에서 사랑의 종교인 기독교로의 종교의 전환이 이루어졌을 때에 비로소 사랑이 기독교의 최고가치이자 인간의 최고덕목으로 인정되기 시작하였다. 예수 그리스도가 몸소 실천하였던 아가페 사랑이 구체적인 인간생활에서 실천된 것은 기독교가 로마제국에 전해지고 로마제국에서 기독교가 공인되기 전까지의 약 300여년 동안 기독교가 가장 박해를 심하게 받는 때였다고 진단된다. 그 박해시대에 기독교인들은 재산의 개인소유를 하지 않았으며, 오로지 아가페 사랑으로 공동체를 이루어 목숨을 바쳐 순교하면서 기독교의 아가페 사랑을 실천하였다. 그 박해시대의 교황들은 모두가 다 순교를 당하였다. 그러면서도

642) 히브리어 성경을 희랍어로 번역한 것은 알렉산더 대왕의 동방원정으로 시작된 당시 헬레니즘문화의 확산으로 희랍문화의 영향이 보편화되고 희랍어가 널리 사용되었기 때문이었다.

기독공동체를 유지하였던 것은 바로 헌신적이고 희생적인 아가페 사랑으로 기독교인들 서로간에 헌신적이고 희생적인 아가페 사랑이 이루어졌기 때문이라 생각한다.

박해시대의 초기 기독교는 율법으로 조직된 공동체가 아니라 사랑의 공동체였다. 박해시대의 교회는 지하교회의 형태로 유지되었으며, 교회는 율법의 질서(Rechtsordnung)가 아니라 사랑의 질서(Liebesordnung)이었다. 그리하여 박해시대의 초기 기독교인들의 생활은 율법이 아니라 사랑이 그들의 삶의 기초이었으며 사랑의 질서였다. 그 사랑은 아가페 사랑이었다.[643)]

서양에서 가장 중요한 핵심 덕목인 정의와 사랑 중에서 정의는 일찍부터 실정법으로 규정되었다. 서력기원 전 1750년에 바빌로니아의 함무라비 법전에서 실정법으로 정의를 규정하였다. 그러나 사랑은 정의보다 훨씬 후에 핵심 덕목으로 인정되었다. 그것도 사랑으로 인한 극심한 박해와 순교를 거친 후에 비로소 서양인의 핵심 덕목으로 인정되었다. 기독교가 극심한 박해를 받을 때에 예수 그리스도는 십자가에서 이미 죽임을 당하셨다. 그리하여 박해시대의 박해를 피하고 박해를 이기기 위해서 교회의 조직화가 주교를 중심으로 시작되었다. 주교는 사도의 후계자로서 주교를 중심으로 교회의 조직화가 이루어져 갔다. 주교교회 중에서도 로마교회의 주교가 수위권(Primat)을 가지고 전체 기독교회의 조직화가 이루어져 갔다. 교회의 조직화가 이루어져 갔지만 율법의 기독교가 아니라 박해시대의 교회는 아가페 사랑의 공동체였다.

이와 같이 가장 순수한 아가페 사랑의 실천 시대가 바로 박해시대의

---

643) Adalbert Erler, Kirchenrecht, 5. Aufl, (C.H. Beck, 1983), S.9.

초기 기독교였다고 진단된다. 예수 그리스도가 바로 하나님의 형상 그 자체로서 그의 본성은 창조주 하나님의 본성으로서 아가페 사랑이었다. 박해시대의 기독교인들과 기독공동체가 헌신적이고 희생적인 아가페 사랑을 실천하지 않았다면 로마제국의 박해를 이기고 기독교가 공인을 받을 수 없었을 것이다. 시대가 흘러 사회가 어지럽고 기독교의 아가페 사랑이 약화되었을 때마다 기독교의 사랑의 회복운동은 언제나 박해시대의 초기 기독교의 시대로의 회복이 이상과 이념으로 제시된 것도 바로 박해시대의 기독교는 사랑의 공동체, 그 중에서도 아가페 사랑의 공동체였음을 반증하고 있다고 생각한다. 이와 같이 사랑, 그 중에서도 아가페 사랑은 역사를 바꾸어 놓는 힘을 갖고 있다. 그 사랑의 힘은 물리적인 힘(force)이 아니라 인간의 마음을 움직이는 정신적이고 영적인 힘(power)이다. 아가페 사랑의 힘은 박해시대에는 물론 지금도 여전히 가장 강력한 역사진행의 원동력이며 희망의 에너지라 생각한다. 박해시대의 사랑은 전적으로 헌신적이고 희생적인 아가페 사랑이었으며, 어두움 속에서 빛을 비추어 준 희망의 에너지였다고 생각한다.[644)]

## 2. 중세의 공동선의 사랑

중세는 교회의 시대였다. 교회가 가난한 자를 돕는 일을 담당하였다. 세속권력은 가난의 문제를 다루지 않았다. 가난이 장려되기도 하였으며, 구원을 얻을 수 있는 것이 가난이라고 가난을 칭송하기도 하였다. 그러나 중세의 농노들은 가난을 벗어나지 못하였다. 그들의 가난을 극복해 나간 사랑은 교회가 이를 담당하였다. 그리하여 중세의 사랑은 공동선의 사랑

644) May, op. cit., p.6.

이었다. 개인이 이익을 얻는 개인사랑이 아니라, 사회구성원들 전체의 이익을 도모하는 공동선의 사랑이었다. 이러한 공동선의 사랑은 중세의 시대모습이었다.

중세는 봉건주의 경제사회였다. 그리고 상급소유권과 하급소유권으로 토지소유권의 권능의 분리를 매개로 한 신분구속적인 사회였다. 토지소유권의 권능 중에서 관리 · 처분권은 상급소유권자인 영주가 갖고 이용권인 하급소유권은 농노인 영민(領民)이 갖는 분할토지소유권을 이용하여 농노인 영민은 상급소유권자인 영주에게 구속되어 토지를 떠날 수 없었다. 토지가 주물이고 영민은 종물인 관계를 유지하였던 것이 중세 봉건주의 경제체제에서의 분할소유권을 통한 신분구속적인 사회였다. 영민은 토지를 떠나서는 생존할 수 없었다. 영민이 하급소유권자로서 토지의 이용권을 갖는다고 하였지만 그 이용권은 권리가 아니라 의무였다. 경작의무가 이용권의 내용이었다.

그리하여 상급소유권자인 영주는 토지를 영민에 수여하면서 자기의 상급소유권의 내용인 토지의 관리, 처분권을 가지고 영민을 자신의 토지에 예속시키고 영민으로부터 각종의 인적 · 물적의 봉건적 부담을 부과하였다. 영민은 수여받은 토지를 떠나서는 생존을 유지할 수 없었다. 이와 같이 중세의 봉건경제사회는 토지소유권을 상급소유권과 하급소유권의 분할과 분리귀속에 의한 분할소유권에 의하여 농노신분이었던 영민은 하급소유권자로서 상급소유권자를 위하여 봉건적 의무를 부담하였으며, 영민은 가난을 벗어나지 못하고 영주에게 구속되어 있었다. 장원 단위에서는 영주로 하여금 영민들의 가난을 해결하도록 하는 것이 공동선이었으며, 중세사회 전체적으로도 교회는 장원을 떠나 방랑하는 하층민들을 돌

보는 일이 공동선이었다. 이처럼 중세에는 개인의 행복을 위한 자기사랑이 중심이 아니라 농노들, 하층민들의 가난의 해결이 중요한 관심사였으며 그들의 가난의 해결을 위한 공동선의 사랑이 중세의 사랑의 모습이었으며, 교회가 공동선의 사랑을 담당하여 실천하였다.

그리고 중세의 재판관할권도 법권(法圈, Rechtskreis)에 따라서 분할되어 있었다. 교회법원은 교회 내부의 문제에 대하여 관할권을 가졌다. 그러나 교회재판권은 그 관할이 확장되어, 빈민, 고아, 과부, 십자군 전쟁에 나간 사람 등과 같은 세속법의 보호를 받지 못하는 비참한 사람들을 위한 사건들을 교회법원이 관장하였으며, 중세의 교회전성기에는 교회 밖의 세속의 일반사건도 당사자의 요청으로 교회재판권을 행사하였다.[645] 이처럼 중세는 교회가 공동선의 사랑을 가난문제의 해결은 물론 교회재판권의 행사에 있어서도 이를 실천하였다.

이와 같이 중세에 교회가 개인사랑을 위해서가 아니라 공동선의 사랑을 행사할 수 있었던 것은 물론 기독교의 아가페의 이웃사랑의 가르침에 있었다. 성서에서의 아가페 사랑은 개인을 위한 사랑이 아니라 이웃사랑인 공동선의 사랑이다. 예수 그리스도의 이 땅에서의 삶도 특정 개인을 위한 개인사랑이 아니라 인간 모두를 위한 사랑이었다. 창조주 신은 이 세계와 인간을 사랑으로 창조하셨다. 신약성서에서는 예수 그리스도는 바로 하나님의 형상 그 자체라고 하였다.[646] 또한 신약성서는 하나님은 사랑이라고 하였으며,[647] 삼위일체(三位一體)의 한 분이신 예수 그리스도도 역시 사랑이다. 이러한 성서상의 사랑은 모두가 특정 개인을 위한 개

645) 김상용, 전게 서양법사와 법정책, 393면.
646) 고린도후서 제4장 제4절; 골로새서 제1장 제15절
647) 요한일서 제4장 제8절 및 제16절

인사랑이 아니라 모든 사람들을 위한 공동선의 사랑이다. 공동선의 사랑은 공동체사랑이다. 이러한 공동체 사랑, 공동선의 사랑을 박해시대에 이미 실천을 하였으며, 중세의 교부들도 이러한 공동선의 사랑을 사랑으로 주장하였다.

아우구스티누스는 정의와 함께 사랑의 도시(city of love)를 세울 것을 주장하였다. 아우구스티누스는 사랑의 최고형태가 자선(caritas)이며, 자선은 인간이 창조주이신 하나님에게로 돌아가고자 하는 영혼의 동경이라고 하였다.[648] 또한 그는 어떠한 결실도 자선에 뿌리를 두고 자란 것이 아니면 선(good)하지 않다고 하였으며, 모든 선한 행동과 의사는 사랑에 그 뿌리를 두어야 한다고 하였다.[649] 그리고 그는 모든 진정한 덕(all true virtues)은 사랑의 모습이라고까지 하였다.[650] 토마스 아퀴나스도 역시 공동선의 사랑을 실천할 것을 주장하였다. 아퀴나스는 자선이 사랑이 없으면 진정한 덕이 아니라고 하였으며,[651] 사랑하지 않으면 그 어떠한 것도 무게가 없으며, 사랑하지 않으면 살아있어도 그것은 살아있는 죽음(a living death)이다라고 하였다.[652] 이들이 주장한 사랑은 자기사랑이 아니라 공동선의 이웃사랑이었다. 공동선의 사랑은 이기적이지 않고 이타적이며 희생적이며 헌신적인 사랑이다. 아퀴나스는 당시에 이미 세속에서 용인되고 있던 사소유권도 사소유권자들이 헌신하여 그의 재산의 출연으로 공동선의 사랑이 가능할 수 있도록 하기 위해 이를 인정하였다. 중세의 공동선의 사랑은 근세에서와 같은 개인주의적인 사랑이 아니라

648) May, op. cit., p.9.
649) Ibid., p.86.
650) Ibid., p.87
651) Ibid., p.86.
652) Ibid., p.87.

공동체주의적 사랑이었다. 이러한 중세의 공동체주의적 공동선의 사랑은 성서의 사랑의 가르침이며, 교회의 오랜 전통이 되어 오늘날도 교회가 공동선의 사랑을 실천하고 있다. 교회는 극단의 개인주의도 극단의 자유주의도 반대한다. 교회는 모두가 이웃이 되는 공동체를 이룰 것을 강조하고, 공동체의 유지와 공동번영을 위한 공동선의 사랑을 핵심적인 덕목으로 삼고 이를 실천하고 있다. 고린도전서 제13장 제13절의 믿음, 소망, 사랑, 이 세 가지는 항상 있을 것인데, 그 중에 제일은 사랑이니라고 한 그 사랑은 개인주의적인 자기사랑이 아니라 공동체를 이루어 함께 살아가는 이웃에 대한 이타적인 공동선의 사랑이다.

### 3. 근세의 개인사랑 및 자기사랑

근세는 중세의 신분구속적인 봉건경제체제를 극복하고 형성된 시대이다. 근세는 중세의 장원을 중심으로 한 공동체주의적 삶의 구속으로부터 인간이 해방되기 위하여 중세의 모든 제도를 부인하는 저항사상으로 새롭게 형성된 사회이다. 그리하여 중세의 신분구속적인 사회를 극복하기 위하여 자유로운 개인의 가치를 실현할 수 있는 개인주의와 자유주의를 기본 사회사상으로 하여 중세에 저항하고 새시대인 근세를 열었다. 개인의 존재가치를 인정하지 아니하고 공동체 구성원으로서의 자격만을 인정하던 중세의 신분구속사회를 극복하기 위해서는 개인을 가장 중시하고 개인의 인격과 활동을 고도로 전개할 수 있는 개인주의와 자유주의가 근세의 시대사상이 될 수밖에 없었다. 그리고 개인의 존재가치를 인정하면 개인이 자유롭게 활동할 수 있는 사회경제제도를 수반하여야 하기 때문에 근세의 개인주의, 자유주의 사회에서는, 중세의 분할소유권을 극복하고 소유권을 단일의 혼일한(einheitlich) 소유권으로 전환하여 그 소유권을 개인이 권리로 가질 수 있도록 할 필요가 요청되었다. 그리하여 자유사소유권을 인정하고, 이를 절대적으로 보호하고자 하였으며, 사유재산제를 인정 · 보호하고, 부를 축적할 수 있는 자유로운 시장형성이 가능할 수 있는 자유시장경제를 경제운용의 기본적인 제도로 하였다.

이와 같이 근세는 중세의 신분구속적인 봉건체제를 극복하기 위한 저항적인 이데올로기로서 개인주의, 자유주의, 사소유권의 인정과 절대적 보호, 자유시장경제체제를 인정하고 이를 보호 · 육성하게 되어, 이러한 개인의 인격과 개인의 활동과 개인의 이익보호를 최우선으로 하는 사회로 발전하게 되었다. 국가에 대해서도 개인의 자유로운 활동에 장애가 되지 않는 최소국가로 나아갈 것을 요청하였다. 그리하여 근세는 개인이 중심이 되고 개인의 의사와 활동과 이익을 보호하는 방향으로의 사회로 발전하게 되었다. 또한 중세의 신중심의 사회에서 신까지도 인간에게서 좀 멀리 있기를 바라는 신중심에서 인간중심의 사회로 발전하게 되었다.[653] 그 결과 인간 개인의 의사와 활동과 이익을 보호하는 사상과 제도가 형성되어 인간개인중심의 사회로 발전하게 되었다. 근세에는 법에서도 의무중심에서 권리중심으로 바뀌어 나갔다. 그것도 근세의 권리중심의 법에서의 자기사랑의 제도적 표현이라 생각한다.

따라서 사랑에 있어서도 변화가 수반될 수밖에 없었다. 성서의 말씀에 기초하여 중세의 공동체사랑, 공동선의 사랑이 근세에는 개인의 자기사랑, 자기이익을 보호하는 인간의 자기사랑(self-love)으로 사랑의 모

653) 오늘날 서양에서 기독교가 약화되고 교회가 쇠약해진 것도 근세의 개인주의, 자유주의 사상의 영향과 인간 이성을 최고도로 신장하고자 한 근세 이래의 시대사조 내지 시대정신의 변화의 영향에 기인하는 것으로 이해된다.

습이 변화하게 되었다. 이러한 자기사랑은 중세의 공동체주의를 극복하는 데는 기여하였으나, 사람과 사회에 자비와 자선과 사랑이 부족해지고 인간이 이기적으로 바뀌게 되고, 이익이 되는 일이면 노예무역까지도 합법적으로 용인하게 되는 몰인정한 사회로까지 발전하게 되었다. 또한 근세의 대표적인 자유경제론자인 아담 스미스는 개인에게 자유를 인정하고 분업을 하면 사회는 보이지 않는 손에 의하여 조화롭게 발전할 것이라고 하였다. 또한 근세에는 사회경제제도로서 생산수단에 대한 사소유권을 인정하고 사소유권을 천부인권으로까지 인정하여 이를 보호하고자 하였다. 그리고 자유시장경제를 통하여 인간이 부를 무한히 축적할 수 있도록 하여야 한다는 방향으로 경제제도를 운용하였다. 이러한 이론과 제도들은 모두가 다 공동체 구성원의 이웃에 대한 사랑이 아니라, 자기 자신에 대한 자기사랑을 강조하고 자기사랑이 미덕으로 칭송받는 사회로 발전하게 되었다. 근세는 이러한 자기사랑으로 인간은 스스로 이상적인 사회를 계획하고 건설할 수 있다고 믿었던 것이다. 국가도 개인에게 간섭하지 말 것과 인간을 창조하신 신까지도 인간 개인으로부터 멀리 떨어져 있기를 바라는 인간 개인을 존중하는 개인주의가 점차 극도로 발전해 나간 것이 근세이다. 끝내는 신의 존재까지도 부인하고 인간은 인간 이성으로 이상적인 사회를 이룰 수 있다는 주장과 믿음에까지 이르렀다.654) 이러한 사회가 바로 근세 자본주의 경제사회였다. 자본주의 사회의 지도적 계층(leading group)은 자본가이다. 그러므로 근세 자본주의 사회는 자본가

---

654) 신이 사라지면 인간은 자유와 해방을 가진다(길희성, 영적 휴머니즘 (아카넷, 2021), 263면 참조). 그러나 신이 없는 사회에서는 인간이 추구하여야 할 가치와 목적이 사라져 버린 데서 오는 인간의 삶의 무의미성(meaninglessness of life)이라는 새로운 복병을 만나게 된다(상게서, 262-263면). 이는 자유가 현대인의 새로운 짐이 된 셈이다(상게서, 267면).

가 지도층이 되어 진행된 사회였다. 자본가에게는 자기사랑이 강하였으며 또한 용인되었다. 자본주의 사회에서 소외된 노동자들은 그들 스스로를 자기사랑할 수 있는 경제적 기초를 제공해 줄 것을 요청하였다. 그리하여 자본가와 노동자간의 계층간의 대립이 일어나게 되고, 그 원인은, 사랑의 측면에서는, 자본가의 자기사랑과 노동자의 공동체사랑의 요청간의 사랑의 충돌현상이었다고 진단해 볼 수 있다.

이와 같이 근세는 중세의 봉건사회, 신중심의 사회를 인간중심, 그것도 개인중심의 사회로 전환해 나감에 있어서 개인주의, 자유주의, 사소유권, 자유시장경제가 자리 잡게 되고, 개인주의와 자유주의 사상에 의하여 개인의 의사와 활동과 이익을 너무 강조하고 보호한 관계로, 사랑도 공동선의 사랑에서 개인사랑, 자기사랑(self-love)으로 바뀌게 되었다. 이러한 자기사랑은 이기적인 사랑으로 발전하게 되어 나갔다. 자기사랑과 이기적인 사랑(selfisch love)은 구별된다. 자기사랑은 인간 자신의 품격을 승화시키는 사랑이다.655) 자기사랑은 점차 이기적인 사랑으로 발전하여 그 결과 산업혁명 후의 자본가와 노동자의 계층대립이 사회의 중심적인 문제로 제기되었다. 자본가와 노동자간의 계급대립은, 그 원인에 대한 여러 가지의 설명이 가능하지만, 바로 인간과 인간간의 사랑이 중세의 공동선의 사랑에서 근세의 자기사랑으로 바뀐 것이 그 원인이 된 것으로 진단된다. 근세의 개인주의와 자유주의에 기초한 자기사랑은 가진 자인 자본가에게는 무한한 축복이었지만, 가진 것이라고는 자기 몸 밖에 없

655) Eros, Agape and Philia: Readings in the Philosophy of Love (edited by Alan Soble, Minnesota, St. Paul, Paragon House, 1989), p.xvi. 자기사랑에 대해서 타인을 위한 사랑(love for others)이 바로 아가페 사랑이다. 플라톤의 에로스 사랑은 자기사랑이다. 그러나 기독교인들의 이웃에 대한 사랑은 아가페 사랑이다.

는 노동자에게는 자본가에게 예속되는 자유에 지나지 않았다. 자본가의 자기사랑이 노동자의 자기사랑, 즉 공동체사랑을 박탈하는 결과에 이른 것이다. 아담 스미스의 보이지 않는 손에 의한 조화로운 사회발전은 노동자의 자기사랑이 박탈당하는 환경에서는 이루어질 수 없는 것이다. 강한 사소유권의 보호, 자유시장경제도 노동자의 자기사랑이 박탈당한 상태에서는 제대로 작동할 수 없는 것이며, 사소유권의 절대적 보호도 소유자의 노력에 의하지 않고 사회발전에 따른 토지가치의 상승분도 소유자가 독점하고, 자유시장도 그 작동원리가 이기적이지 이타적이 않다. 이와 같은 자본가와 노동자간의 계층간의 대립은 공동체사랑이 약화되고 자기사랑을 너무 강조한 결과라 생각한다.

근세의 개인주의, 자유주의에 바탕한 자기사랑의 강조에 의한 계층간의 갈등은 노동자의 빈곤의 문제에 기인하였다. 노동자의 빈곤의 문제의 해결은 서양에서는 18세기 중엽까지는 세속의 국가에서는 정의의 문제로 다루지 않았다. 18세기 중엽까지는 빈곤의 문제해결을 위한 사회적 부의 배분을 배분적 정의의 문제로 다루지 아니하였다.[656] 그러한 빈곤은 교회에서 공동선의 사랑으로 해결해 나가고자 하였을 뿐이었다. 역사적으로 플라톤과 아리스토텔레스는 가난, 빈곤을 개인생활의 문제로 파악하였으며, 토마스 아퀴나스에게서도 빈곤은 정의의 문제가 아니었으며, 부자가 빈자를 돕는 것은 도덕적 요청이었지 정의의 문제가 아니었다.[657] 가난의 극복은 교회에서 공동선의 사랑으로 해결해 나갔을 뿐이었다. 18세기 중엽에 와서야 비로소 가난의 문제를 정의의 문제로 삼게 되고, 법

656) 김상용, 전게 법정책 방향으로서의 정의와 사랑, 102면.
657) Samuel Fleischacker, A Short History of Distributive Justice (MA, Harvard University Press, 2004), p.32.

적 처리의 대상으로 되었던 것이었다. 그 결과로 배분적 정의에서 배분의 기준을 고대로부터 공적(功績, merit)에 두었으나, 가난의 문제해결을 정의의 문제로 받아들이고서는 필요(need)가 배분의 기준으로 변하게 되었다. 이와 같이 필요에 따라서 사회적 부를 배분하고자 하는 배분적 정의의 변화는 자기사랑에서 공동선의 사랑, 공동체사랑으로의 사랑의 변화를 시도할 수 있는 계기가 될 수 있었다. 그러나 근세부터 지금까지 기본적인 사랑의 흐름은 자기사랑이 기본이며, 공동체사랑, 공동선의 사랑은 자기사랑이 낳은 모순을 해결하고자 하는 한에서 실천이 요청되고 있을 뿐이다.

이와 같이 근세는 자기사랑에 기초하여 자기사랑을 실천할 수 있는 사상과 법제도가 정립되고 발전되어 왔다. 인간 이성에 의한 자기사랑에 기해서 근세에 과학이 발달하고 경제가 부흥을 하였지만, 자기사랑은 이기적인 자기사랑으로 변하여 사회적 강자의 자기사랑이 사회적 약자의 자기사랑을 억압하는 사회적으로 사랑의 모순현상이 발생하게 되었다. 이는 공동선의 사랑에 의한 이웃사랑(neighbor love: Nächstenliebe)은 아가페 사랑이지만, 자기사랑은 이기적인 사랑이지 이웃을 위한 아가페 사랑이 아니기 때문에 사회적으로 사랑의 모순현상이 발생한 것이라 생각한다. 또한 그것은 인간은 성선만을 갖고 있는 것이 아니라 악성도 갖고 있기 때문이며, 인간의 선성은 인간의 하나님의 형상에 따른 창조에 의하지만, 악성은 바로 인간의 원죄로부터 생성된 인간의 본성이라 생각한다. 인간은 인간의 타락에 의한 원죄로부터 하나님의 은혜로 하나님의 형상을 회복하여 자기사랑도 하지만 공동체사랑, 공동선의 사랑을 더 넓게 더하여 갈 것이 요청된다고 생각한다. 인간은 혼자만이 살아갈 수 있는 존재가 아니라 공동체를 이루어 살아가야 하기 때문이다. 공동체의 삶에는 서로 간의 이웃사랑이 요청되는 것이다. 근세의 자기사랑은 공동체보다는 인간 개인의 자기의사, 자기이익을 너무 강조한 것이 그 원인이었다고 생각되며, 또한 인간 이성의 자고(自高)함에 그 원인이 있었다고 생각한다.

## 4. 현대의 사회복지국가에서의 자기사랑과 공동체사랑의 병행과 병존

자기사랑과 이웃사랑은 서로 대치된다. 그러나 자기사랑과 이웃사랑은 함께 조화롭게 이루어져야 한다. 중세의 이웃사랑만을 강조한 시대에도 근세의 자기사랑을 강조한 시대에도 사회는 이상적인 사회에 도달하지 못하였다. 사랑을 개인의 문제로만 다루어도 사회 전체가 조화롭게 발전되어 나가지 못한다. 인간이 모여서 공동체를 이루게 된다. 지구상의 모든 사람이 모인 지구공동체가 최고의 이상적인 공동체이겠지만, 그러나 지구공동체가 이상적으로 조화롭게 운영되기는 극히 힘든다. 공동체 구성원 간에 신뢰를 가지고, 공공체 구성원간의 결속을 이룰 수 있기 위해서는 공동체 구성원간의 규범인 법이 공동체 구성원 간의 상호신뢰 가운데서 지켜질 수 있는 공동체 수준이어야 한다.[658] 그러한 공동체 수준이 국가이다. 따라서 사랑도 개인 차원에서 개인사랑도 이루어져야 하지만, 이제는 국가공동체의 수준에서 제도적으로도 이루어져야 한다. 그리하여 사랑은 공동체 내에서 개인간의 자기사랑에 국가에 의한 제도적 사랑이 더하여지는 방향으로 사랑이 실천되어 가고 있다. 그러한 국가가 바

658) Love and Justice, op. cit., p.216.

로 사회복지국가로서, 사회복지국가에서는 사랑이 제도적으로 실천된다. 그러므로 사랑은 개인 차원에서의 자기사랑(self-love)도 중요하지만, 국가적 차원에서의 제도적 사랑(institutional love)이 더하여져야 하고 그러한 시대로 진행되어 가고 있다.

사회복지국가의 이념은 배분적 정의가 사회정의(social justice: soziale Gerechtigkeit)로 발전하여 사회적 부의 배분을 빈곤한 자들의 필요를 따라 배분받는 사회를 지나, 공동체 구성원 모두가 평등하게 배분받는 사회를 이상으로 하는 사상이 오늘날의 정의사상의 흐름이다. 사회정의는 개인의 자유를 기본으로 인정하면서 사회적인 약자를 배려하는 사회사상으로서, 이러한 사회정의는 복지국가사상으로 구체적으로 실천되고 있다. 그리하여 사회정의에 입각하여 사회보장, 사회안전망의 구축을 이루어 나가고 있다. 국민연금, 국민의료보험 등의 사회보장제도는 바로 국가에 의한 제도적 사랑의 표지(標識)들이다. 이러한 사회보장제도는 바로 사랑의 표현이며, 제도에 의한 사랑의 실천이다.

사회복지국가에 의하여 제도에 의한 사랑의 실천을 위해서는 국가의 기능이 자기사랑의 시대의 근세 초와는 달리 치안유지의 소극의 최소국가에서 적극적으로 사랑을 실천하는 국가로 그 기능이 확대될 수밖에 없다. 사랑의 제도화는 사회적 기본권을 헌법에서 법적인 권리로 규정하고, 따라서 국민 개인은 국가로부터 법에 의하여 제도적으로 사랑을 받을 수 있는 권리를 갖게 되었다. 이와 같은 근세의 자기사랑의 시대에는 국민 각자는 국가로부터 사랑받을 적극적인 권리가 인정되지 않고 스스로가 스스로를 사랑하는 일에 국가가 간섭하지 않기만을 바라는 정치체제이었으며, 사랑은 덕목이었지 국가에 대한 국민의 권리가 아니었다. 그러나 사회복지국가 시대의 사랑은 인간과 사회의 최고의 덕목이면서 동시에 국민의 국가에 대한 권리로서의 성질도 갖게 되었다. 그리하여 오늘날 사랑은 개인의 자기사랑도 인정되고 보호받아야 하며, 사랑의 전부는 아니지만 국가에 대하여 제도적으로 사랑을 받을 수 있는 적극적인 법적 권리로서의 성질도 갖게 되었다. 인간의 하나님의 형상은 사랑으로 대표된다. 사랑은 자기사랑, 이웃사랑의 덕목이고 가치인 동시에 부분적으로 법적으로 국가에 대하여 청구하여 누리는 법적인 권리로서의 성질을 갖는 그러한 시대로 전환되어 가고 있다. 이와 같이 사랑은 그 모습이 시대의 변천에 따라서 변화할 뿐만 아니라 그 성질도 변화를 한다. 그것은 사랑의 본질이 변한 것이 아니라 사랑이 그만큼 강하게 요청되고 있다는 반증이라 생각한다. 사랑이 갈급한 시대에 인류가 살고 있다는 역사진행의 한 과정이며, 인간 개인간의 사랑이 제도에 의한 사랑으로 사랑이 더욱 강하게 요청되고 있다고 생각된다.

산업혁명 후에 노동자들의 자본가들에게의 예속이 극심하였을 때에 이를 해결하기 위한 사상으로 사회주의가 대두하여, 자본주의의 기초인 생산수단에 대한 사소유권을 일시에 혁명적인 방법으로 제거할 것을 주장하고, 모든 토지를 전인민의 소유로 전환할 것을 주장하고 실천하고자 하였다. 그러한 노동자의 해방을 위한 자본주의의 사회주의로의 전환은 사랑에 기초하고 사랑을 실천하기 위한 체제 내지 제도의 전환은 아니었다. 사회주의는 자본가와 자본주의에 대한 미움과 저주(詛呪)와 공포에 바탕을 둔 사상이며, 그 체제전환의 방법은 폭력적이고 혁명적인 방법이었다. 결코 사랑의 진리에 기초한 체제의 변화가 아니었다. 미움과 폭력에 의한 자본주의의 사회주의로의 체제전환을 이룩한 구소비에트 연방은

70여년간 사회주의를 지속하였으나, 결국 사회주의 체제의 붕괴를 맞고 말았다. 그것은 사랑에 기초하지 아니한 사회주의 체제는 진리에 반하기 때문에 지속할 수 없다는 것을 역사가 증명해 주고 있다. 사랑에 기초하지 아니하는 체제는 지속할 수 없는 것이다. 사랑이 없는 폭력적인 힘에 의한 지배는 그 사회주의 체제의 구성원들을 공포에 의해 굴복시킬 수는 있으나 그 사회주의 체제의 결속을 계속 유지할 수는 없다. 사랑에 의한 공동체 구성원의 결속이 아니면 그 체제는 오래 지속하지 못한다. 지금 지구상에 남아 있는 사회주의 체제의 나라도 결국 구소비에트와 같이 해체되는 운명을 맞게 될 것이며, 사랑의 결속력으로 결집되는 사회로 전환해 갈 것이다. 사회주의 체제에 살고 있는 사람들도 모두가 하나님의 형상을 따라서 창조된 창조주의 피조물이다. 하나님의 형상으로 창조된 피조물은 창조주의 사랑으로 창조된 사람으로서 그 인간의 본성에는 사랑의 선한 본성이 살아있다. 사회주의 체제 내의 사람들도 역시 그 본성에는 사랑의 본성이 살아있다. 다만 국가적 폭압으로 인한 공포에 의하여 사랑의 본성이 살아나지 못하고 인간 본성의 또 하나인 인간의 악성이 더 키워져 있을 뿐이라 생각한다. 사회주의의 극복도 결국 사랑, 그 중에서도 아가페 사랑이어야 정상적인 나라를 이룰 수 있다고 생각한다.

오늘날 사회는 일원적인 단순한 사회가 아니라 이해가 서로 상충되고 충돌하는 다원화 사회로 발전해 나가고 있다. 그만큼 사회가 복잡해 지고 있다. 또한 앞으로의 사회는 과학과 경제의 발전으로 물질적으로는 풍요로운 사회로 발전해 나갈 것이지만, 안전하고 평화로운 사회로 나아가기보다는 위험사회, 불안사회로 발전해 나갈 것이라는 진단이 이루어지고 있다. 또한 지식정보화사회의 도래로 대면사회도 중요하지만 비대면사회도 중요한 부분을 차지하여 사람과 사람이 서로 마주보고 대면하여 공동체를 꾸려나가기 보다는 기계장치를 통한 비대면의 공동체를 이루어 살아가야 할 부분이 더 넓어지게 되었다. 이러한 다원화 사회, 불안사회, 비대면의 사회 등은 예전에 미처 예측하지 못한 사회로서 인간이 서로가 이해하며, 이러한 사회에서 서로가 평화롭고 안전하게 살아갈 수 있는 사회철학 내지 사회사상이 무엇일까? 법으로 일일이 시시비비(是是非非)를 가려 규율할 수 있을까? 제도에 의해 치밀하게 사회가 안전하고 평화로울 수 있도록 조직할 수 있을까? 저자는 그렇게 생각하지 않는다.

사랑이 최고가치로 제대로 실천되는 사랑의 사회로 발전되어야 살 만한 사회로 발전할 수 있다고 생각한다. 아가페 사랑이 실천되는 사회로 가야 살 만한 안전하고 평화로운 인간다운 사회가 될 것으로 생각한다. 사회의 모습은 변하여도 인간의 본래의 모습은 여전히 하나님의 형상에 따라 창조된 인간이 모여 살아가는 사회이다. 인간의 하나님의 형상의 기본적인 내용은 사랑이다. 오늘날 물질문명의 발전은 근세 인간의 자기사랑에 기초하여 이루어 놓은 문명이다. 자기사랑의 사회는 물질적으로는 풍요롭다. 그러나 정신적으로는 빈곤하다. 오늘날도 근세의 자기사랑의 사회가 계속되고 있다. 자기사랑이 때로는 극단화되어 사회에 해악을 끼친다. 그것이 불안사회의 원인이라 생각한다. 이웃이 있는 사회로 가야 한다. 이웃이 있는 사회로 만드는 덕목과 철학과 가치가 바로 사랑이다. 앞으로의 사회는 자기사랑에 의해 과학과 경제의 발전을 도모하면서 동시에 이웃을 향한 아가페 사랑을 실천해 나가야 한다. 이웃사랑은 제도에 의한 제도적 사랑으로 이루어 나가는 사회로 발전해 나갈 것이다. 사랑하라는 창조주의 말씀은 시대가 변하여도 변하지 않는 진리이다. 창조주는 사랑이 그 본성이며, 창조주의 이 세상의 창조는 사랑으로 이루어졌으며, 만물의 본성도 사랑이며, 세상의 모든 것들은 사랑으로 서로 연결되어 결합되어 있다. 사회가 복잡해지고 다기화하고 불안하면 할수록 사랑이 요청된다. 아가페 사랑이 요청된다. 아가페 사랑은 에로스 사랑도 필리아 사랑도 다 포괄하는 이 세상을 결속시켜주는 사랑이다. 하나님의 형상을 따라서 창조된 인간이 하여야 할 가장 중요한 사명은 그 언제나 사랑이다.

사랑만으로 이상적으로 풍요롭고 평화로운 사회를 이룰 수 있을까? 사랑만으로 정의로운 사회를 유지할 수 있으며, 정의 또한 물리적인 힘의 뒷받침이 없어도 정의로울 수 있을까? 이에 대하여는 사랑과 정의만으로 이상적인 사회를 이룰 있다는 견해도 있지만, 기독교 현실주의(Christian realism)에서는 사랑과 정의만으로는 이상적인 사회를 이룰 수 없으며 힘의 뒷받침이 있어야 한다고 한다. 기독교 현실주의에서는 문화와 문명은 물리적인 힘이 아니고서는 지켜지지 않는다고 한다.[659] 또한 정신적인 사랑과 정의의 태도만이 안전을 보장해 주지 않는다고 한다.[660] 이러한 기독교 현실주의를 옹호하는 대표적인 신학자가 미국의 니버(Karl Paul Reinhold Niebuhr: 1892-1971)이다. 그는 때로는 물리적인 힘의 사용도 정당화된다고 하였다.[661] 그러나 힘의 사용은 최소한에 그쳐야 하며, 공동체의 절대다수가 법을 옹호하였을 때에 힘의 행사가 정당화된다. 또한 그는 분쟁이 있는 곳에서는 정의가, 분쟁이 없는 곳에서는 사랑이 작동한다고도 하였다.[662] 그리하여 기독교 현실주의자들은 사랑만이 능사가 아

659) Love and Justice, op. cit., p.247.
660) Ibid., p.247.
661) Ibid., p.250.
662) Xhibin Xie, "The Dynamic between Love and Justice: A Confucian Engagement with Reinhold Niebuhr in the Chinese Context", Theology Today Vol.

니라고 한다. 그렇지만 기독교 현실주의에서도 물리력을 보유하고 행사하려고 하더라도 궁극의 이상은 사랑임을 잊지 말 것을 말하고 있다.[663] 더 나아가 기독교 현실주의는 이 세계는 불완전하며, 이기주의, 집단주의, 개인주의를 완전히 극복할 수 없다는 것은 진리임을 깨달아야 한다고 한다. 그러나 궁극적으로는 사랑의 사회를 지향하여야 한다고 한다.[664] 이처럼 물리적 힘의 사용을 용인하는 기독교 현실주의에서도 사랑이 최고의 가치임을 인정하고 있다. 사랑은 그 자체 설득력과 결집력을 가지며, 인간과 인간공동체가 추구해 나가야 할 핵심적인 개인의 덕목이면서 동시에 제도적 덕목이다. 그것은 사랑이 이 세상의 창조의 동인이고 만물의 본성은 사랑이며, 이 세상은 사랑으로 서로 결합되어 있기 때문이다. 사랑은 하나님의 형상의 본질적인 내용이다. 그 사랑에는 정의가 수반되어 있다. 정의와 사랑도 함께 가야 하며 분리될 수 없다. 이처럼 사랑과 정의는 함께 가야 하며, 정의로운 사랑이 실천되기 위해서는 이를 관철시킬 수 있는 최소한의 힘의 뒷받침이 있어야 한다. 그러나 궁극은 사랑이다. 그 사랑도 아가페 사랑이다. 사랑이 이 세상의 궁극이고, 세상운행의 구성원리이며, 최고의 가치이고 최고의 덕목이고 최고의 이상이다. 정의

---

77, N. 3 (Princeton Theological Seminary, 2020), p.272. 그러나 미국의 신학자 월터스토프(Nicholas Paul Wolterstorff: 1932-)는 니버와는 달리 정의와 사랑은 분쟁이 있느냐 없느냐와 상관 없이 항상 함께 하여야 한다고 하였다(See, Ibid., p.280). 정의와 사랑이 항상 함께 하는 그 상태를 월터스토프는 사랑하는 정의(loving justice), 즉 정의를 사랑하는 사랑이라 하였다. 저자도 월터스토프와 동일하게 정의와 사랑은 분쟁의 존재 여부와 상관 없이 언제나 함께 하여야 한다고 생각한다. 그러므로 사랑은 언제나 정의를 바탕으로 하여 실천해야 한다고 생각한다. 정의와 사랑은 언제나 함께 가야 한다. 이것이 정의를 수반한 사랑(love incorporating justice)이다.

663) Love and Justice, op. cit., p.257.

664) Ibid., p.257.

는 사랑의 봉사자이고, 힘은 정의의 봉사자라고도 한다.665) 그 어떤 사상체계에 의하더라도 사랑이 이 세상의 궁극의 가치이고 이상임은 진리라 생각한다. 진리가 이 세상을 움직여 나감을 믿으며, 사랑은 그 스스로 진리의 힘을 가지고 있다고 생각한다.666)

현대사회는 자기사랑의 근세사회의 연속이다. 자기사랑으로 과학과 경제가 발전하여 인간의 삶이 편리해지고 풍요로워졌다. 그렇다고 하여 인간사회가 행복하고 안전하고 평화롭지는 않다. 불안하고 위험한 사회로 이끌려감을 막지 못하고 있다. 법과 제도에 의해서 불안사회, 위험사회를 완전히 극복할 수 있을까? 그렇지는 않다. 사랑의 사회로 나아가야 한다. 사랑으로 사회를 더 튼튼히 하여야 한다. 그 사랑은 자기사랑을 넘어 이웃사랑으로 나아가야 하며, 사해동포주의로 나아가야 할 시대가 되었다고 생각한다. 지구공동체를 향하여 나아가야 한다. 그것이 인류가 가야 할 길이라 생각한다. 그 길이 바로 사랑, 아가페 사랑의 길이라 생각한다. 장래의 사회는 자기사랑에 의한 과학과 경제의 발전을 도모하면서, 자기사랑의 결과를 함께 향유하는 공동체, 가장 넓게는 지구공동체로 발전해 나가야 한다고 생각한다. 그러한 방향을 가게 할 법질서가 바로 사랑의 자연법이라 생각한다. 그러한 사랑의 자연법 사회로 온 세계가 발전해 나가야 한다고 생각한다.

665) Ibid., p.300.
666) 사랑의 진리를 믿는 사람은 진리의 사랑을 실천하러 나서야 한다.

# III. 법에서의 사랑의 실천방안의 예시

## 1. 개 설

이 세상과 인간은 창조주의 사랑으로 창조되었다. 창조주의 본성이 사랑이며, 창조주의 형상을 따라서 창조된 인간의 본성도 사랑이며, 세상의 만물이 다 사랑으로 연결되어 조화롭게 움직이고 운행되고 있다. 사랑은 인간과 공동체의 핵심적인 덕목이며, 최고의 이상이며, 가치이고, 궁극의 경지이다. 법에 있어서도 법질서가 사랑의 법에 따라서 사랑의 질서로 작동되어야 함이 이 세상의 구성원리이다. 그러나 현재의 법은 근세의 신을 멀리하면서 인간의 자기사랑을 기초로 하여 제정된 법을 바탕으로 하고 있다. 인간 개인의 의사에 바탕을 두고 인간 개인의 이익을 권리로 파악하고, 법제도가 개인의 의사를 자유롭게 전개할 수 있고 그로 인하여 개인이 무한히 부를 축적할 수 있는 내용으로 구성되어 있다. 그리하여 근세의 법은 개인주의와 자유주의를 기초로 하여 개인의 인격권의 보호, 사유재산제와 사소유권의 강한 보호, 자유시장경제를 경제의 기본으로 하는 자본주의 경제를 이루고 자본주의 경제를 뒷받침하였다. 저자는 이러한 근세의 법의 모습을, 사랑의 측면에서, 자기사랑의 표현이고 결과라 하였다. 모든 사람이 각각 자기사랑을 하면 공동체 구성원인 이웃에 대한 이웃사랑은 보이지 않는 손에 의하여 자연스럽게 이루어질 것으로 생각하였다. 그러나 자기사랑의 결과는 이웃사랑과 조화를 이루지 못하였다. 이러한 근세의 자기사랑은 중세의 공동체사랑으로 인간 개인의 존엄의 몰이해와 인간에 의한 인간지배 현상을 극복하기 위한 저항적인 이데올로기로 주장되어 중세의 신분구속적인 봉건사회를 극복하고, 근세의 개인의 존엄이 인정되고, 개인이 자유로운 사회를 열어서, 과학발전과 그로 인한 경제발전을 가져온 것은 사실이다. 그러나 개인의 자기사랑은 사랑을 할 만한 경제력을 갖지 못하고 오로지 소유하고 있는 것은 자기 몸 밖에 없는 노동자들에게는 자본가의 자기사랑에 예속되는 자기사랑일 뿐이었다. 그러한 현상은 산업혁명을 거치면서 더욱 첨예화되었다.

산업혁명 후 노동자와 자본가의 이해충돌을 해결하기 위하여 국가가 제도적으로 노동자를 사랑하는 제도적 사랑을 통하여 양자간의 갈등을 해소해 나아가고 있지만, 아직도 사랑으로 해결하여야 할 법적 문제들이 적잖이 남아 있다고 생각한다. 법도 사랑의 가치를 실현하는 세부적인 내용으로 구성해 나가야 한다. 그러나 그 모두를 열거하는 것은 불가능하다. 그렇지만 사랑으로 해결해 나가야 할 몇 가지 중요한 법적 과제들을 살펴봄으로써 법에서 사랑을 구체화해 나가야 할 것들에 대한 방향을 잡을 수 있을 것으로 생각된다. 저자는 법에서 사랑의 가치로 해결해 나아가야 할 법적 과제로 세 가지를 예시하여 설명해 보고자 한다. 첫째로 남북한간의 관계에서 통일 이후에 북한에 토지를 몰수당하고 남한으로 왔거나 해외로 갔거나 북한에 남아 있는 북한토지의 원소유자들이 통일 후에 북한토지의 원상회복을 요구하였을 때에 이 문제를 사랑으로 설득하고 사랑으로 해결할 수 있는 방안을 찾을 수 있을 것으로 생각되며, 둘째로 창조주 하나님이 값 없이 인간 모두에게 인간다운 삶을 위하여 준 토지를 근세의 절대적 · 혼일적인 사소유권의 인정과 제도적 보장으로 재생산이 불가능한 토지의 가치가 토지소유자의 노력에 의하지 아니하고 사회발전에 따라서 증대된 토지가치도 모두 토지소유자가 가지도록 한 토지소유권의 법적 구성으로 발생하는 불로소득인 개발이익(windfalls; development land value)의 사회환원을 위하여 이를 사랑으로 해결할 수 있는 방안을 찾아보는 것이 좋겠다는 생각을 한다. 그리고 셋째로는 앞으로는 사해동포주의에 의한 인류애의 사랑으로 지구상의 모든 사람이 지구공동체의 구성원으로서 서로 사랑하며 힘들어 하는 지구를 살려 나가야 한다는 생각을 하고 있다. 역사적으로 사해동포주의는 고대 그리스의 스토아학파에서부터 시작되었다. 스토아학파는 모든 생명이 있는 존재는 모두가 각각 자기 이성인 로고스(logos)를 갖고 있다는 사상을 주장하였다. 그 스토아철학에서의 모든 생물은 다 로고스를 갖고 있다는 사상이 바로 사해동포주의 사상의 뿌리이며, 사실인 자연에서 규범인 자연법이 성립하게 된 자연법의 사상적 기초가 되었다. 사해동포주의는 세계시민 사상, 지구공동체 사상 등 오늘날 지구가 하나로 되어 가는 시대에 더욱 강하게 요청되는 사랑이라 생각한다. 이러한 중대한 법적 문제들에 대해서는 미시적인 법의 범주 내에서의 문제해결의 시도로는 해결하기 어렵다. 사랑의 큰 가치와 이념으로 풀어가야 할 법적 과제들이라 생각한다. 이러한 세 가지의 법적인 문제를 사랑, 더욱더 아가페 사랑으로 풀어보고자 한다.

### 2. 북한토지를 북한 주민에게로 귀속시키는 사랑

남북한간의 통일은 이루어야 할 국가적, 역사적 과제이다. 남북한이 통일이 되었을 때에 북한에서 토지를 정당하게 사적으로 소유하고 있었으나 사회주의 북한에 의해 소유토지를 강제로 몰수당한 토지소유자 및 그 상속인들이 몰수당한 토지에 대한 원상회복을 청구하였을 때에 그 문제를 어떻게 처리하여야 할 것인가? 북한에 토지를 소유하였다가 몰수당한 사소유토지에 대한 증빙서류를 소지하고 있는 토지소유자와 상속인들이 적잖이 있을 것으로 생각된다. 그러나 그 몰수당한 북한의 토지는 북한의 국가소유이거나 사회협동단체 소유로 전환되어 사소유는 전혀 인정되지 아니한다. 그러므로 법적으로 몰수당한 북한토지의 북한의 기관, 기업소 또는 사회협동단체의 소유는 불법적인 소유이며 점유도 불법적인 점유이다. 북한이 토지를 유상으로 몰수하여 유상으로 분배한 것도 아니며, 무상으로 몰수하여 무상으로 국가소유 및 사회협동단체소유의 사회주의토지소유제로 전환하였기 때문에 북한 전역의 토지소유와 점유는 현재에도 불법이 계속되고 있다.

통일이 되었을 때에 북한의 토지에 대한 원소유자와 그 상속인들의 소유권의 원상회복은 법적으로는 정당하다. 그러나 북한의 토지는 이용하고 있는 북한 주민의 생활의 계속을 위해서 원소유자들에게 원상회복을 허용하고, 북한 주민의 생활의 터전을 상실시키는 것이 바람직한 북한토지의 처리방식인가는 다각도로 검토되어야 할 과제이다. 통일 후의 북한의 사회주의 소유토지의 처리에 관하여는 현재의 사회주의적 토지소유제도를 그대로 유지하자는 안, 재국유화하자는 안, 원상회복을 인정하여야 한다는 안, 원소유자에게는 금전보상을 하고 현재 토지를 이용하고 있는 북한 주민에 대하여는 그 이용상태를 합법적인 점유로 인정하여 장기간 이용할 수 있도록 한 다음에 종국적으로는 북한 주민이 당해 이용토지의 소유권을 취득하도록 하는 안 등, 다방면으로 검토되어 주장되고 있다.

통일 후의 북한토지의 처리를 전적으로 법적인 측면에서만 논할 수 있는 문제인가, 아니면 법적인 차원을 넘어선 원소유자와 그 상속인들의 북한 주민에 대한 아가페 사랑으로 해결해야 할 것인가에 관하여, 통일 후에 북한 주민들이 현재의 삶을 꾸려나가고 있는 기초를 상실하지 않고 유지할 수 있도록 하는 것이 최우선 과제라 생각한다. 저자는 통일은 남북한 주민 모두가 더 평화롭고 더 풍요로운 삶을 살 수 있기 위한 국가적 및 역사적 과제의 관점에서 통일 후의 북한토지를 처리하도록 하여야 한다고 생각한다. 그리하여 통일 후의 북한토지의 처리에 있어서는 현재의 북한 주민의 생활을 계속할 수 있도록 보장하고 보호하는 방안을 찾고 원소유자 및 그 상속인들의 이해를 구하는 일부터 하여야 한다고 생각한다. 불법으로 몰수된 북한토지를 이용하면서 삶을 이어가고 있는 북한 주민은 통일로 삶의 터전을 잃고 원소유자와 그 상속인들은 토지를 원상회복하여 부를 누리도록 하는 것은 법적인 관점에서는 정당성이 있다고 할 수도 있지만, 그것은 통일의 목적도 아니며 통일의 이상도 아니다.

북한토지는 북한 주민에게 귀속토록 하여 북한 주민이 삶의 계속을 유지할 수 있도록 하여야 한다. 그것은 북한 주민에 대한 원소유자 및 그 상속인들의 아가페 사랑에 의해서 이해를 구하는 방법으로 해결을 시도하여야 한다. 그리하여 북한토지의 통일 후의 처리에 관하여는 법적으로 정리는 하여야 하지만, 궁극적으로는 아가페 사랑으로 해결하여야 한다고 생각한다. 그리하여 북한토지는 북한 주민이 현재 이용하고 있는 토지에 대한 불법적인 이용을 적법한 점유권으로 전환하여 북한 주민이 현재 이용하고 있는 토지를 계속해서 합법적으로 장기간 이용하고 당해 토지에 대한 북한 주민이 이용하고 있는 토지로부터의 수확물의 일정부분으로 장기간에 걸쳐서 토지대금을 분할납부하도록 하여 궁극적으로는 소유권을 취득할 수 있도록 하여야 하며, 몰수를 당한 원소유자 및 그 상속인들은 북한 주민에 대한 아가페 사랑으로 몰수당한 토지의 소유권의 원상회복을 포기하거나, 원상회복을 청구하지 못하고 금전에 의해 보상을 받도록 하되 그 금전보상도 명목적인 보상으로 종결하도록 함이 바람직하다고 생각한다. 그렇게 할 수 있는 것은 통일 후의 통일한국의 입법에 의해서 가능하다고 할 수 있을 것이라고 생각을 할 수도 있지만, 그렇게 법적으로만 처리하고자 하면 국민의 재산권의 본질적 내용을 침해해서는 아니 된다는 헌법의 대원칙(헌법 제37조 제2항)에 반하여, 비록 입법적으로 해결을 하고자 하지만 당해 입법이 위헌시비(違憲是非)를 벗어날 수 없게 된다. 따라서 통일 후의 북한의 불법적인 몰수토지의 처리는 사랑으로 해결함이 가장 이상적이라 생각한다. 그 사랑은 바로 북한 주민을 위한 아가페 사랑이다. 아가페 사랑으로 몰수토지의 통일 후의 처리를 시도함이 자연법에 의한 해결이며, 원소유자와 그 상속인 및 국민들의 이해와 마음으로부터의 동의를 얻어 해결할 수 있다고 생각한다. 통일 후의 통일 대한민국은 원소유자 및 그 상속인들의 몰수토지에 대한 소유권의 포기를 아가페 사랑으로 동의해 줄 것으로 요청하고, 원상회복은 허용하지 아니하며 금전보상을 한다고 하더라도 북한 주민이 합법적인 점유권을 갖고 이용하고 있는 토지로부터 얻게 되는 수확물의 일정부분을 국가가 수령하고 그 국가수익의 범위 내에서 명목적인 수준으로 원소유자에게 보상을 해 줌으로써 북한 주민은 당해 토지의 소유권을 취득하게 되고, 몰수당한 원소유자에게는 몰수토지의 소유권에 대한 법적 처리를 종결짓는 방안을 강구하면, 통일한국의 국가의 별도의 재정지출 없이 몰수토지에 대한 원소유자와 그 상속인의 소유권의 소멸 및 북한주민의 토지소유권의 취득으로 남북주민 상호간의 아가페 사랑을 실천하는 길이 될 것으로 생각한다. 그리하여 북한의 몰수토지의 통일 후의 처리에 관하여 사랑의 자연법으로 처리함이 바람직하며 가장 설득력이 있다고 생각된다. 이러한 사랑의 자연법을 통일 후의 통일 한국에 실정법으로 입법하여 처리함도 실현 가능한 이상적인 방법이라 생각한다.

이와 같이 사랑으로 북한의 몰수토지를 처리하자는 주장은 이미 기독교 사회운동으로 주장되고 있다. 기독교 사회운동으로 주장되는 몰수토지에 대한 처리방안은 기독교인인 실향민들이 북한에서 몰수당하였거나 남기고 온 재산에 대한 포기운동으로 주장되고 있다.[667] 이는 실향민인 기독교인들을 향한 호소이다. 그러나 이러한 기독교 실향민들의 북한에 남겨두고 온 재산의 포기운동은 국민 모두에게로 확대되어야 할 것으로 생각하며, 이는 바로 아가페 사랑의 실천이며, 사랑의 자연법에 의한 북한의 몰수토지의 법적 처리라 생각한다.

그리고 독일도 통일 후에 독일기본법에 따라서 구동독의 몰수토지에 대하여 원소유자에게로의 원상회복을 입법을 하여 원소유자들로부터 몰수토지의 원상회복신고까지 받았다. 그러나 구동독의 몰수토지에 대한 신고가 되어 있는 토지에 대해서는 당해 토지의 개발을 위한 투자를 유치할 수 없었다. 왜냐하면 원상회복신고가 이루어진 토지를 개발업자가 개발을 위하여 투자를 하고자 하여도, 나중에 소유권의 원상회복이 결정되

667) 이에 관한 자세한 내용에 관하여는, 정종훈, 기독교 사회운동 어떻게 할 것인가? (한국장로교출판사, 2006), 95-121면 참조.

면 개발업자는 당해 토지를 원소유자에게 반환하여야 하였기 때문에 개발업자가 개발투자를 하지 않았다. 그리하여 통일 독일정부는 몰수토지에 대하여 원상회복의 원칙에서 금전보상의 원칙으로 전환을 하였으며, 금전보상에 있어서도 보상금이 많으면 많을수록 감액을 많이 하여 사실상 명목적 보상에 그쳤다. 금전보상도 현금으로 즉시 보상하지 아니하고 보상채권(補償債券)으로 지급하고, 그 보상채권의 상환기간도 10년으로 장기화하여 원소유자가 실질적으로 보상받게 되는 금액은 실거래가에 크게 미치지 못하였다.

이와 같이 독일에는 원상회복의 경우와 금전보상의 경우의 불평등의 문제가 발생하고 원상회복청구기간 및 보상청구기간을 단기간으로 하여 원소유자의 재산권 행사를 제한한 결과로 위헌문제가 발생하게 되었으나, 독일연방헌법재판소는 모두 합헌으로 판결하여 구동독의 몰수토지에 대한 법적인 처리를 신속하게 그리고 과도한 국가의 재정부담 없이 처리하였다. 통일 독일이 취한 구동독의 몰수재산처리도 법률에 의하여 이루어졌지만 그 근저에는 구동독민들에 대한 원소유자들의 아가페 사랑이 이를 뒷받침하였다고 평가된다. 독일의 통일도 역시 구동독의 니콜라이 교회에서의 구동독민들의 자유를 위한 예배에서 시작되었다. 생각건대 독일 통일의 과정도 외관상으로는 실정법에 의하여 진행되었지만, 그 법들의 내용은 사랑의 자연법이었다고 생각된다.

북한 주민들도 모두가 하나님이 자신의 형상을 따라서 창조한 하나님 형상을 닮은 사람들이다. 남한의 주민들과 마찬가지로 하나님의 형상으로 창조된 피조물이다. 다만 정치적인 이유로 북한 주민은 그들 스스로 하나님의 형상을 따라서 창조된 피조물임을 부인하고 있다. 그러나 북한 주민도 하나님의 형상을 가진 존엄한 인격적 존재이다. 그들 스스로 하나님의 형상을 입은 존엄한 존재임을 인식하여야 한다. 남한의 주민은 북한 주민들에게 그들 스스로가 존엄한 인격적 존재임을 깨닫도록 일깨워주어야 한다고 생각한다. 남북한의 일은 결코 남한이 북한을 지배하기 위한 것에 있지 않음을 일깨워주어야 하며, 통일과 통일 후의 안정되고 평화로운 통일 한국의 건설은 바로 아가페 사랑의 실천임을 깨닫고 이해시켜야 한다고 생각한다. 통일을 위한 관련법들도 사랑의 자연법이어야 하며, 그 사랑의 자연법의 실정법으로의 제정에 의하여 실천해 나가야 한다고 생각한다. 아가페 사랑의 이해와 실천을 위해 남북한 주민 모두가 나서야 한다고 생각한다. 그것이 진정한 통일을 위한 길이고 통일 후의 평화롭고 풍요로운 한국이라 생각한다. 아가페 사랑으로써만이 통일 한국을 이룰 수 있다고 생각한다.

남북통일과 관련하여 참고로 독일에서는 1990년 독일통일이 이루어지고, 구동독지역의 개발재원 마련을 위하여 1991년에 연대부가세법(Solidaritätszuschlaggesetz)을 제정하여 동년(同年)부터 통일세인 연대부가세(Solidaritätszuschlag)를 소득세와 법인세의 부가세의 방식으로 부과하였다. 통일 독일의 연대부가세는 바로 사랑, 그 중에서도 우정인 필리아 사랑에 기초한 세금이었다. 왜냐하면 독일에서 연대(Solidarität)의 개념은 사랑 중에서 독일 국민의 결속관계를 의미하며, 그 결속관계는 바로 독일 국민 상호간의 우정을 의미하기 때문이다. 더 나아가 연대가 우정의 사랑으로 이해되지만 그것은 아가페 사랑의 내용이기도 하다. 이웃에 대한 아가페 사랑은 바로 우정을 포함하는 사랑이기 때문이다. 그리하여 통일 독일은 사랑에 기초하여 사랑의 실천으로 연대부가세를 부과하여 낙후된 구동독지역의 구동독민의 소득향상에 이바지하고자 하였다. 연대부가세는 바로 구서독민들의 구동독민들에 대한 사랑을 실천한 세금이었다. 연대부가세는 2019년에 과세대상을 대폭 축소하였다가, 2021년에는 더욱 축소하였으며 불원간 폐지될 것으로 예상된다.668)

### 3. 개발이익의 사회환원의 사랑

토지는 신이 인간 모두에게 값 없이 준 재화이고 생산수단이다. 토지는 인간에 의해 재생산이 불가능한 재화이다. 또한 토지는 재화이면서 인간의 삶과 경제활동을 위한 자원이다. 토지는 불멸성(不滅性)으로 인하여 부(富)의 축적수단이다. 토지의 재생불가능성에 의하여 토지가 거래되는 토지시장은 항상 불완전한 시장이다. 토지는 가치를 가치고 있다. 토지의 가치는 토지수요가 증대하면 할수록 증가한다. 토지가치는 토지소유자의 노력과 투자에 의하지 아니하고서도 사회발전에 따라서 자연히 증대된다. 토지는 장소적 이동이 불가능하므로 토지가 위치하고 있는 장소에 따라서, 도시화의 진행, 산업단지의 개발 등으로 토지가치는 토지소유자의 노력에 의하지 아니하고서도 증대한다. 그러나 토지소유자의 투자에 의하지 아니하고서 증대된 토지가치도 그 전부가 토지소유자에게 귀속한다. 토지소유자의 노력에 의하지 아니하고 사회발전에 따라서 증대된 토지가치에 의한 부를 더 많이 차지하여 사유화하기 위하여 토지시장에는 토지투기현상이 일어난다. 토지투기는 정상적인 거래방식에 의하여 이루어지는 것이 아니라 변칙적인 비정상적인 방법으로 이루어진다.

---

668) 독일의 2019년까지의 연대부가세제의 변천에 관하여는, 정찬우, 통일세 도입론(박영사, 2021), 57-75면 참조.

토지투기를 위한 대표적인 변칙적 거래방법이 명의신탁과 중간생략등기의 방식이다. 근자에는 가족들로써 법인을 구성하는 방법으로 법인제도도 변칙적인 부동산거래방법으로 이용되고 있다. 사회가 발전하면 할수록 토지가치는 토지소유자의 투자에 의하지 아니하고서도 증대하며, 토지를 소유한 사람이든 소유하지 않은 사람이든 사회발전에 의하여 증대된 토지가치를 사유화하기 위하여 변칙적인 토지거래를 하고, 그러한 변칙적인 토지거래는 토지투기의 현상으로서 심각한 사회문제로 발전한다. 토지투기를 방지하기 위한 정부의 대책으로 토지거래에 대한 무거운 세금과 부담금을 부과하기도 하며, 변칙적인 거래 자체의 법적 효력을 부인하는 등의 공법적 제재가 가해진다. 이러한 토지투기와 토지투기억제를 위한 공적 규제는 서로 상호원인이 되어 반복적으로 계속 일어나고 투기와 투기억제의 내용과 정도가 심해진다. 따라서 인간은 더욱더 이기적으로 토지로부터 이익을 더 많이 얻고자 한다. 토지소유자의 노력이나 투자에 의하여 증대된 토지가치는 토지소유자가 취할 수 있음은 정당하다. 그러나 토지소유자의 노력이나 투자에 의하지 아니하고 증대된 토지가치는 토지소유자에게는 불로소득이다. 그러나 토지를 소유한 자는 사회발전에 따른 토지가치의 증대분인 불로소득도 자기의 것으로 취한다. 이러한 불로소득을 개발이익(widfalls; development land value)이라 한다. 이 개발이익은 사회공동체 구성원 전원이 가져야 할 사회의 부(富)이지, 토지소유자 개인이 가질 수 있는 사적인 부(富)가 아니다. 그러나 현행의 토지소유권의 법원리는 공동체의 사회적 부(富)도 모두 토지소유자의 사적(私的)인 부(富)로 귀속케 하고 있다.

인간이 스스로 만든 물건이 아닌 토지에 왜 이러한 변칙적인 현상이 일어나며, 아무리 공적 규제를 하여도 왜 변칙적인 현상은 근절되지 않으며, 근본적인 해결책은 없는가? 왜 사회발전에 따라서 증대된 토지가치를 토지소유자가 전적으로 독점하는가? 토지가치 중에서 토지소유자의 노력에 의하지 아니하고 사회발전에 따라서 증대된 토지가치는 사회로 환원할 수 없는가? 법적으로 토지정의를 실현할 수는 없는가? 토지정의를 실현하기 위하여 수많은 법률을 제정하여 시행하여도 왜 토지시장은 정상적으로 이루어지지 못하고 있는가?

현재의 토지소유권은 토지가치가 소유자의 노력과 투자에 의하여 증가하였든 사회발전에 의하여 증가하였든 토지가치 전부를 토지소유자가 독점할 수 있도록 그 법리가 구성되어 있다. 그것이 바로 토지소유권의 혼일성(Einheitlichkeit)과 절대성이다. 토지소유권의 혼일성과 절대성은 근세의 자기사랑의 시대에 형성되어 법적으로 규정되어 오늘에 이르고 있다. 토지소유권은 사용, 수익, 처분을 내용으로 하며, 사용권, 수익권, 처분권은 토지소유권의 권능이며, 각각의 권능은 독립한 권리가 아니라 소유권이라는 혼일적인 하나의 권리로부터 유출되어 나오는 권능이다. 그리고 토지소유권은 소유자가 소유물을 직접 지배하며, 소유자의 이외의 모든 자에게 주장할 수 있는 절대권으로서, 소유자 아닌 자는 타인의 소유권을 침해하지 아니할 의무를 부담한다. 이렇게 근대의 토지소유권은 소유자가 소유토지의 토지가 갖는 모든 가치를 다 가지는 권리이며, 또한 모든 사람에게 주장할 수 있는 소유자만의 권리이다. 따라서 오늘날 토지소유권은 혼일성과 절대성을 갖는다. 이러한 토지소유권의 혼일성과 절대성으로 인하여 토지소유자는 토지가치를 전부 취할 수 있다. 소유자의 노력과 투자에 의하지 아니하고 사회발전에 의하여 증대된 토지가치도 소유자가 독점하게 토지소유권의 법리가 구성되어 있다. 그러한 토지가치의 소유자 독점에 대해서는 어느 누구도 분배를 요구할 수 있는 법적인 권리가 인정되지 아니한다. 이러한 토지소유권의 법적 구성과 법규정에 의하여 개발이익이 모두 토지소유자에게로 귀속되고 있다. 그러나 개발이익은 토지소유자를 포함한 사회공동체 구성원 모두에게 귀속되어야 할 사회적 부(富)이다.

이렇게 사회적 부인 개발이익이 사회공동체에 귀속하지 아니하고 토지소유자가 독점하는 것은 근대의 혼일성과 절대성의 자유사소유권에 기인한다. 소유권의 개념은 논리적인 범주에 속하는 것이 아니라 역사적 범주에 속한다.[669] 또한 소유권은 인간의 존재(Dasein des Menschen)와 실존(Existenz des Menschen)에 관한 자연법으로 보장되는 자연권에 속하는 권리가 아니다.[670] 왜냐하면 특정한 사회질서와 그 특정한 사회질서로부터 생성되어 조직화된 내용의 권리인 그 소유권을 변하지 아니하는 내용의 권리로 영구화(永久化, Verewigen)하는 것은 자연법의 사명이 아니기 때문이다.[671] 이처럼 소유권의 내용은 항구적이지 않고, 역사적으로 시대의 사회 · 경제 · 문화의 기초에 따라서 변화를 하여 왔다.[672]

중세에는 분할소유권에 의하여 봉건사회경제가 유지되었다. 근대의 혼일적이고 절대적인 자유사소유권은 중세의 분할소유권에 의한 신분구속적인 사회를 타파하고 자유로운 근세사회를 이루기 위하여 형성된 소

---

669) Otto von Gierke, Deutsches Privatrecht Bd. II (1905), S, 348, Fußnote 2.
670) Günther Küchenhoff, Naturrecht und Liebesrecht (Hildesheim, Georg Olms Verlagsbuchhandlung, 1962), SS.55.
671) A. a. O., S.55.
672) A. a. O., S.58.

유권이다, 또한 다시는 분할소유권의 재생에 의하여 소유권을 통한 가진 자의 갖지 못한 자에 대한 지배가 없도록 하기 위한 사상과 물권법정주의(민법 제185조) 원칙에 의하여 형성된 소유권 개념이다. 그러나 이러한 혼일적이고 절대적인 토지소유권은 근세의 계약자유의 원칙과 결합하여 생산수단인 토지를 소유한 자본가가 토지를 소유하지 못한 노동자를 합법적으로 지배하는 결과를 낳았으며, 그것은 산업혁명 후에 자본가와 노동자의 계층대립의 사회문제를 낳았다.

토지로부터 발생하는 개발이익도 토지소유자가 독점할 수 있게 근세의 토지소유권의 법리구성이 이루어진 것은 중세의 분할소유권에 의한 상급소유권자의 하급소유권자에 대한 인신의 지배로 다시 역사가 거슬러 돌아가지 못하게 함에 있었다. 그러나 근세의 혼일적, 절대적 근세의 사소유권은 근세 초기의 자본주의 발전에는 기여하였으나 기계의 발명에 의한 산업혁명 후에는 토지를 소유한 자가 자기 몸 밖에는 소유하지 못한 노동자들을 계약자유의 원칙에 의하여 합법적으로 지배하는 모순현상을 낳고 말았다. 토지자본가에 의한 노동자의 지배를 방지하기 위하여 토지소유권의 절대성에서 토지소유권을 공공복리를 위하여 제한을 가할 수 있는 토지소유권의 상대성을 인정하고, 사회발전에 의한 토지가치의 증대분을 사회로 환수하기 위하여 세제와 부담금 제도에 의하여 이를 사회구성원 모두를 위한 토지소유자로부터 환수하고자 하였다. 그러나 법적으로는 토지소유권의 혼일성에 의한 개발이익도 토지소유자의 것이지만 그로 인한 사회적 문제가 심각해 짐으로써 개발이익을 공권력에 의하여 부분적으로 환수하고자 하였다. 이러한 개발이익의 사회적 환수에 대해서는 토지소유자들의 저항이 있게 마련이다. 그리고 혼일적이고 절대적이며 자유로운 근대의 토지소유권의 법리 하에서 토지소유자의 몫인 토지가치를 국가의 공권력에 의하여 부분적이지만 사회로 환수하고자 하는 정책의 수립과 제도의 시행은 늘 정치적 쟁점이 되어 지속적으로 시행할 수가 없는 토지소유권 구성원리의 내재적 한계성의 문제점을 갖고 있다. 토지를 갖지 못한 자들은 개발이익을 사회로 환수하자고 하고, 토지를 소유한 가진 자들은 개발이익도 토지소유권의 내용임에도 불구하고 공권력에 의하여 사회로 환수하고자 하는 것은 토지의 소유권을 토지의 허유권(虛有權)으로 만드는 재산권의 본질적 내용의 침해라고 반대하여 개발이익의 사유화와 사회환수간에 충돌이 발생하고, 그 충돌은 정치적 쟁점이 되어 바람직한 방향으로 토지가치를 소유자의 몫과 사회의 몫으로 구분하여 귀속시키지 못하는 문제점이 발생하였던 것이 토지소유권의 역사이었다.

분명히 토지가치 중에서 소유자의 노력과 투자에 의한 가치는 소유자의 몫이며, 사회발전에 의하여 토지소유자의 노력과 투자에 의하지 아니하고 증대된 토지가치는 사회의 몫임에는 틀림이 없다. 그리고 토지는 하나님이 인간 모두에게 공동의 이용과 향유를 위하여 준 것이지 토지소유자의 독점적 이용과 향유를 위하여 준 것이 아니다. 그러나 근대적 토지소유권은 혼일성과 절대성에 의하여 토지의 이용과 토지가치의 향유를 전적으로 토지소유자에게 귀속토록 구성되어 있다. 이념적으로 사회발전에 의하여 증대된 토지가치는 사회의 몫이고 사회의 부이며, 사회구성원 모두의 것이다. 그러한 소유권에 관한 현행의 법적 구성은 토지소유자가 전적으로 취할 수 있도록 토지소유권이 그렇게 구성되어 있다. 따라서 현행의 토지소유권의 법리로서는 개발이익의 사회환수를 해결할 수 없다.

개발이익의 사회환수는 법으로 해결하기보다는 사랑으로 해결해야 할 과제라 생각한다. 사랑으로 해결을 시도해 봄이 바람직하다고 생각한다. 비록 개발이익이 현재의 토지소유권의 법리로는 토지소유자의 것이지만, 토지소유자의 것으로 함으로써 발생하는 사회적 갈등이 너무나 큰 사회적 문제이고 공동체의 결속을 흐트리는 현상까지 발생함으로써, 토지소유자에게 사회발전에 따른 토지가치의 증대분을 자기를 포함한 사회공동체로 환원함이 아가페 사랑임을 인식케 하고 자기의 것이 아닌 사회의 것을 사회로 환원하는 것이 아가페 사랑임을 널리 이해토록 해 나감이 필요하다고 생각한다. 토지소유자가 개발이익까지를 자기가 소유함으로써 나타나는 사회적 갈등의 모순현상을 토지소유자들의 공동체사랑의 아가페 사랑으로 해결해 토지소유자를 포함한 사회공동체가 평화로울 수 있도록 설득해 나가고, 그 아가페 사랑의 자연법을 실정법으로 제정하여 실천해 나가도록 함이 이상적인 사회발전의 모습이라 생각한다. 토지소유자의 자기사랑을 절제하고 이웃을 향한 공동체사랑과 조화를 이룰 수 있는 개발이익의 사회환원은 사랑의 자연법이며, 그 자연법을 실정법으로 전환해 나가도록 함이 바람직하다고 생각한다.

이러한 개발이익의 사회환원 같은 아가페 사랑의 실천을 이상으로 하여, 그 이상을 실현할 법적 제도를 점진적으로 실천해 나가는 방법을 강구함이 필요하다고 생각한다. 개발이익의 사유화로 인한 사회갈등은 현재의 토지소유권의 혼일성과 절대성에 기인하므로 개발이익의 사회환원이 정치적 쟁점이 되어 법적으로 추진하여 계속 지속하기가 어렵다. 그러므로 토지소유권의 혼일성과 절대성의 변화를 시도해 봄직도 하다고 생각한다. 토지소유권의 혼일성을 분해하여 토지소유권을 구성하는 사용권, 수익권, 처분권을 각각 독립한 권리로 인정하고, 토지가치를 향유할 수 있는 토지의 수익권능을 토지소유권에서 분리하여, 이 토지수익권을 사회공동체가 갖는 것으로 하는 토지소유권의 재구성도 개발이익의 사회환원을 위한 방법으로 시도해 볼 만하다고 생각된다. 토지소유권이 논리적으로 고정되어 있는 것이 아니라, 시대와 사회사정의 변화에 따라서 변화할 수 있는 역사적인 것이라는 것도 고려하여 토지소유권의 혼일성을 분해하는 법적 시도를 할 만하다고 생각한다.

현재의 우리의 토지소유권은 혼일성의 성질을 갖고 있다. 그러나 영미재산법에서의 토지소유권은 사용권, 수익권, 처분권이 각각 독립한 권리로서, 이러한 사용권, 수익권, 처분권이 소유권이라는 하나의 권리로 결합되어 있는 권리(a bundle of rights)가 소유권이라는 소유권의 구성원리로 소유권의 개념을 바꾸어 토지가치의 수익권을 토지소유권으로부터 분리하여 독립의 권리로 하고, 그 토지가치수익권을 토지소유자가 독점하는 것이 아니라, 사회발전에 따른 토지가치분은 토지소유자의 것이 아닌 사회공동체의 것으로 전환해 나가면, 개발이익의 사회환원의 법적 구성을 이룰 수 있을 것으로 생각한다. 이러한 토지소유권을 구성하는 각각의 권능을 독립한 권리로 인정하고 그러한 독립권리들의 결합이 토지소유권이며, 각각의 권리는 언제든지 소유권으로부터 분리될 수 있다는 법리는 이미 영미의 부동산 재산권의 구성원리도 정립이 되어 있다. 개발이익의 사회환원도 토지가치 수익권의 분리독립과 사회발전에 따른 개발이익인 토지가치 수익권을 토지소유권에서 분리하여 사회공동체에 귀속시키는 방법을 토지가치의 공정한 배분의 방법으로서 유용성이 있다고 생각한다. 그리고 독일에서도 이미 토지소유권을 현재의 이용권(Nutzungsrecht)과 장래의 처분권(Verfügungsrecht)으로 분리하여 현재의 이용권은 현재의 토지소유자에게 귀속시키고 장래의 처분권은 지방자치단체(Gemeinde)에 귀속케 하고자 하는 연구가 행하여졌으나 법적으로 실행하지는 못하였다.

개발이익이 토지소유자에게 귀속하는 것은 불로소득이다. 불로소득은 토지소유자의 것이 아니다. 개발이익을 발생시킨 사회공동체의 것이다. 그러한 현행의 토지소유권의 법리에서는 사회공동체가 토지소유자에 대하여 개발이익의 반환을 청구할 수 있는 법적인 권리가 인정되지 아니한다. 그러나 토지소유자가 가져도 좋은 것도 아니다. 토지소유자에게 개발이익을 사회로 환원하도록 아가페 사랑을 실천할 것을 사회공동체는 요구할 수 있다고 생각한다. 토지소유자에게 개발이익 사회환원의 아카페 사랑을 실천하면, 사회는 갈등을 줄이고 안정되고 평화로우며, 보다 평등한 사회로 발전할 수 있을 것이다. 그것이 현재 토지를 창조한 창조주 신의 사랑의 뜻이라 생각한다. 인간이 창조한 재화가 아닌 토지에 대하여 토지소유자가 사회발전에 따른 개발이익을 사회공동체에 환원하는 것은 바로 아가페 사랑의 실천이라 생각하며, 그러한 사랑의 자연법이 토지소유권법의 실정법으로 전환되어 나가야 한다고 생각한다. 이와 같이 개발이익의 사회환원은 현재로서는 법적으로 완벽하게 해결할 수 없으며 사랑으로 해결해야 할 과제라 생각한다. 그러한 사랑의 자연법이 실정법으로 전환되어 토지가치의 평등배분이 이루어지고 평화로운 사회공동체를 이루어 나가는 것이 이상적인 사회발전이라 생각한다.

## 4. 지구촌시대의 인류애로서의 사해동포주의 사랑

지금은 지구촌시대이다. 지구가 하나의 공동체를 이루고 있는 시대이다. 물론 개별 독립국가가 통치권력의 최고조직이지만 인간의 삶의 계속을 위해서는 전지구적으로 서로 협력하여야만 해결될 문제들이 많아지고 있다. 대표적인 예가 기후변화에 대한 대응이며, 코로나 전염병에 대한 대응도 전지구적으로 협력하여야만 가능하다. 경제적으로는 세계가 자유무역협정에 의하여 서로 밀접히 협력이 이루어지고 있다. 또한 지능정보사회가 전세계적으로 확산되어 진행되므로 전지구인을 하나로 동시에 묶어주고 있다. 지구 상공에 전세계의 통신망을 연결하는 다수의 통신위성을 쏘아 올려 세계를 완전히 하나의 공동체로 묶어 나가려고 하고 있다. 그러나 이러한 지구공동체로의 세계적인 발전에 대해 역행하는 나라도 사건들도 나타난다. 세계가 하나의 지구공동체를 이루기 위해서 사랑에 의하여 전지구인이 세계시민이라는 의식을 가져야 하며, 전세계인이 서로 이웃으로서 아가페 사랑으로 서로 연결되고 결합하여야 한다. 전지구인이 세계시민으로서 지구공동체의 구성원으로서 평화롭게 살아가기 위해서는 전세계적으로 사랑의 덕목과 사랑의 가치가 전지구인들의 핵심덕목이고 최고가치이어야 한다. 아가페 사랑으로써만 전지구인이 지구공동체를 이룰 수 있다. 지구공동체는 단순한 꿈이 아니라 현실적인 요청이다. 근세 이래로 인간들의 자기사랑에 의한 자원의 과도한 이용으로 지구가 힘들어한다. 지구가 이 지구상의 모든 인간들의 자기사랑의 욕망을 모두 충족시켜줄 수 없다는 지구 자신의 한계를 인간에게 밝히 보여주고 있다. 때로는 지구가 신음하기도 한다. 그리하여 지구가 탐욕의 자기사랑에 빠진 인간에게 반격을 가하기도 한다. 그러한 지구의 신음의 몸부림이 도처에 나타나고 있다. 이렇게 지구가 힘들어하는 것은 인간의 자기사랑인 탐욕에 그 주된 원인이 있다고 생각한다.

이렇게 지구가 힘들어함에도 불구하고 지구를 더욱 힘들게 하는 사상이 여전히 상존하며, 지구를 힘들게 하는 나라도 있다. 사회주의, 제국주의, 패권주의, 전체주의 등의 사상들은 지구공동체를 만들어나가기보다는 지구공동체를 해체시키는 일에  더 열심을 내고 있다. 전지구인들 모두는 다 하나님에 의하여 하나님의 형상에 따라서 창조된 존재들이다. 그럼에도 불구하고 사회주의자, 패권주의자, 전체주의자, 제국주의자들은 인간의 타락으로 인하여 잃어버린 하나님의 형상의 회복을 위한 노력보다는 파괴적인 행동에 더 열중한다. 자본주의도 극단적인 이기적이고 자유지상주의로의 발전을 추구하여 지구를 힘들게 한다. 지구를 힘들게 하는 원인은 모두가 인간에 의하여 제공되었다. 인간이 하나님의 형상의 회복을 위하여 노력하기보다는 인간 자신에 대한 과도한 자기사랑과 창조주에 대한 이해의 부족에 그 근본적인 원인이 있다고 생각한다.

인간이 창조주가 창조하여 주신 이 땅에 영존(永存)하기 위하여서는 전지구인이 하나님의 형상의 회복을 위한 노력을 기울여야 한다. 인간의 하나님의 형상의 회복운동이 바로 사해동포주의이다. 전지구인이 하나뿐인 이 지구에서 지구공동체를 이루겠다는 인류애가 바로 사해동포주의이다. 인간이 이 지구에서 살아갈 수 있는 길은 인류애의 사해동포주의이다. 창조주는 이 지구의 어느 특정 인간만을 창조한 것이 아니다. 지구인 모두를 창조주 자신의 형상을 따라서 창조하신 것이다. 전지구인이 동일한 한 분의 창조주에 의하여 그의 형상을 따라서 창조된 형제임을 자각하여야 한다. 그러면 전지구인은 서로 형제애로서 살아가야 할 존재들임을 깨달을 수 있다고 생각한다.

전지구인은 사해동포주의로 살아가고 이에 역행하는 지구인들에 대하여는 인간 모두는 한 분의 창조주, 그 분의 형상의 따라서 창조된 인간임을 깨닫게 하고, 지구는 전지구인에게 창조주가 값 없이 만들어 준 것임을 알게 하고, 자국만이 존재하고 타국을 공격하겠다는 자국사랑의 자기사랑에 빠진 상태는 지구촌공동체 구성원들의 정상적인 자세가 아님을 사랑으로 가르치고 일깨워 주어야 한다고 생각한다. 그것이 지구촌시대의 지구공동체 구성원들의 사랑이고 사명이다. 특별히 인간은 모두 하나님의 형상을 따라 창조된 피조물로서 모두가 평등한 존엄을 가진 인격자이며, 인류애와 형제애로서 서로 사랑하여야 하는 관계에 있음을 강조하여야 한다. 사해동포주의의 근원은 인간 모두의 하나님의 형상에 따른 피조물에 있으며, 하나님의 형상을 따른 피조물로서 인간은 모두 평등하고 존엄한 존재임에 있다.

사해동포주의는 이미 고대 스토아철학에서 시작되었다. 스토아철학에서는 모든 생명 있는 것들은 다 자신의 이성, 즉 로고스를 가지고 있다고 하였다. 그러한 스토아철학에서의 로고스 사상은 모든 인간이 이성을 가진 평등한 존재임을 인정하고, 모두가 평화롭게 살기를 가르쳤다. 그러나 스토아철학에서의 사해동포주의는 역사의 진행과정에서 그렇게 강력한 정신적 힘을 발휘하지 못하였다. 그것은 강자가 약자를 지배하는 상태가 역사의 진행과정의 주된 모습을 보여왔기 때문이었다. 이제는 사해동포주의에 의한 인류애의 시대로 발전해 나아가야 한다. 그렇지 않으면 강자·강국과 약자·약국도 다 제대로 평화롭게 살 수 없는 지구상태로 발전해 나가게 된다. 이제는 전지구인이 사해동포주의로 나아가야 인간도 지구도 살 수 있는 시대임을 자각하여야 한다고 생각한다. 사해동포주의는 인류애의 사랑이다. 인류는 그 길로 가야 할 시대에 와 있다고 생각한다.

또한 오늘날은 인간의 이성에 의한 거대한 세계적인 메가기업들이 전 세계시장을 지배하는 현상이 나타나고 있다. 메가기업의 생성으로 자유로운 경쟁에 의한 시장형성도 어려워지는 방향으로 시장이 전개되어 가고 있다. 이러한 거대한 메가기업에 대한 규제를 법만으로 해결할 수 있을까? 거대한 메가 플랫폼 기업을 법으로 규제하여 정상적인 시장을 이루는 것은 불가능하다고 생각한다. 모두가 사랑을 바탕으로 하여 이루어나가야 할 과제라 생각한다. 바로 사랑의 자연법으로 인간의 하나님의 형상을 일깨워야 정상적인 시장을 형성해 나갈 수 있을 것으로 생각한다.

지구촌시대의 사회운영의 원리는 사랑에 있다고 생각한다. 사해동포주의의 사랑의 자연법으로 전지구인이 하나뿐인 지구에서 안정되고 평화로운 삶을 살아갈 수 있도록 인류애로 지구촌 시대를 열어나가야 한다고 생각한다. 그러한 사해동포주의에 의하여 사랑의 지구촌으로 지구의 앞날이 전개되어야 할 것으로 생각한다. 사랑이 만물의 근본임은 지구촌에서도 마찬가지라 생각한다. 창조주는 인류를 한 가족으로 생각한다.[673] 사해동포주의는 세계가 하나의 사랑의 공동체(Liebesgemeinschaft)로 나아가게 하는 사랑이다. 사해동포주의 사랑은 가장 작은 사랑의 공동체로부터 가장 큰 사랑의 공동체에 이르기까지의 사랑의 공동체를 이루어 나가는 근원인 인간이 인간에 대해 갖는 인간애(Menschenliebe), 인류애, 형제애(Brüderliebe)의 사랑에 기초하고 있다.

---

673) May, op. cit., p.18.

## IV. 사랑과 정의를 내용으로 하는 자연법

인간은 더 나은 세계를 동경하고 그 더 나은 세계를 이루기 위하여 끝없이 동경하고 부단히 노력하여 왔다. 고대로부터 부단히 가장 좋은 세계가 무엇인가를 궁구하고 이를 이루기 위한 사상과 이념과 철학을 발전시켜 왔다. 플라톤은 이상사회를 이데아라 하고 그 이데아를 찾아 갈망하는 노력을 에로스라 하였다. 기독교에서는 일찍부터 사랑의 사회가 가장 이상적인 사회로 믿고 그 사랑의 이상세계를 실현하기 위하여 신앙의 노력을 계속하여 왔다. 때로는 인간이 스스로 인간 이성에 의하여 이상적인 세계를 만들어나갈 수 있다고 믿고 그 인간이 생각하는 이상세계를 현실의 세계로 만들어나갈 것을 제안하였다. 칸트는 그가 말한 정언명령(定言命令)이 실현되는 사회를 이상세계로 믿고 그것을 실현할 것을 동경하여 왔다고 생각한다. 그는 인간이 이성으로 정언명령의 세계를 이룰 수 있다고 생각하고 창조주 신의 존재까지 부인하였다. 오늘날에도 이 세상의 궁극의 가치와 궁극의 경지를 찾아 그것을 현실세계에 실현하고자 하고 있다. 인간은 이처럼 이상을 향하여 부단히 노력하는 본성을 지닌 존재이다. 그러한 이상을 향한 부단한 인간의 노력의 결과로 오늘날과 같은 풍요롭고 편리한 세계로 발전되어 왔다. 그것을 인간의 역사라 하고 문명의 발전이라고 한다.

진정으로 이 세상의 궁극의 이상사회는 무엇이며, 어떠한 사회이며, 어떠한 가치의 사회인가? 이 세상의 궁극의 이상사회는 인간의 이성의 힘으로 이룰 수 있으며 도달할 수 있는가? 아니면 창조주 신의 도움이 있어야 그 궁극의 이상사회를 이루고 도달할 수 있는가? 그러한 이상사회를 이 세상에서 과연 이룰 수 있는가, 아니면 하나의 궁극의 이상으로서 이 세상은 그 궁극의 이상사회를 향하여 가는 과정일 뿐 그 궁극에는 도달할 수 없는 것일까? 그 궁극의 이상사회는 신의 세계인가, 인간의 세계인가, 아니면 신과 인간이 함께 이루어가는 세계일까? 이상사회를 이루어가는 주체에 관하여도 역사적으로 사상이 변천하여 왔다. 그러나 오늘날은 인간이 이성으로 스스로 이루어갈 수 있다는 생각이 지배적이라 생각한다.

그러나 인간과 인간이 터잡아 살아가는 이 지구와 우주는 인간 스스로가 만든 것이 아니다. 창조주가 만들어 인간의 삶의 터전으로 준 것이다. 인간은 만들지 않고 받아 쓰고 있을 뿐이다. 그럼에도 인간은 그 스스로가 이 세상을 만든 것처럼 이 지구를 너무 혹사시켜서 지구가 힘들어 하는 상태에까지 왔다. 그리하여 인간은 다시 지구를 살리고자 지혜를 모으고 힘을 합쳐 나가고자 하고 있다. 지구를 살리는 길은 사상과 이념과 철학이 확실하여야 하고 법적으로 그 사상과 이념과 철학을 실현해 나가야 한다. 그러면 법의 궁극의 가치와 이상과 법이 이룩하고자 하는 이상사회는 무엇이며, 그 이상사회를 이룰 수 있기 위해서는 현재의 실정법으로 가능한가, 아니면 현재의 실정법을 이끌어가는 더 높은 차원의 자연법이 더 강하게 요청되고 있는 것이 아닌가? 이상사회의 실현을 위한 자연법은 어떠한 내용으로 구성하여야 하는가? 생각건대 인간의 궁극의 이상사회는 창조주의 뜻을 벗어나 창조주의 뜻과는 다른 이상사회일 수는 없을 것이다. 인간이 창조주의 뜻과 다른 이상사회를 꿈꾸고 그 이상사회를 인간의 힘만으로 이룰 수 있다고 하면, 창조주 신은 인간의 그 뜻을 용납

하지 않을 것이다. 왜냐하면 창조주 신은 자신의 형상을 따라서 인간을 창조하시고, 인간이 창조주를 대리하여 이 세상을 관리하도록 한 창조주의 그 크신 인간사랑을 인간이 스스로 배척하는 일이기 때문이다. 인간은 자신의 본성인 하나님의 형상을 떠나서 인간 스스로가 이 세상의 주인이고 창조주를 떠나 인간 스스로 살 수는 없다고 생각한다. 이상사회로 가는 길은 신의 창조의 뜻을 이해하고 그 창조의 뜻을 받들고 신의 품성을 닮아가며, 창조주의 이 세상 창조의 뜻을 받들어 실천하는 길이 바로 이상사회의 건설로 가는 길이라 생각한다. 법은 바로 이러한 신의 창조의 뜻에 어긋남이 없이 신의 창조의 뜻이 실천되도록 하는 규범이어야 한다고 생각한다.

창조주 신의 영원한 본성은 사랑이다.[674] 창조주 신은 인간을 한없이 사랑하셔서 이 세상을 창조하여 인간이 행복하게 살 수 있도록 인간에게 주셨다. 창조주 신은 인간을 너무나 사랑하셨다. 신의 인간 창조의 목적은 인간을 사랑 안에서 동반자로 갖고자 함에 있다.[675] 그리하여 인간은 신(神) 안에, 신은 인간 안에 계신다.[676] 이와 같이 창조주는 그 자신이 사랑이시고 사랑으로 인간과 만물을 창조하시고, 사랑의 인간세계를 이루어 인간이 함께 더불어 살도록 하셨다. 또한 신의 사랑에 의해 이 세상의 발전이 계속된다.[677] 이 세상의 발전은 신의 계속적인 창조이다. 몰트만(Jürgen Moltmann: 1926-)은 신의 창조는 계속된다고 하였다.[678] 그

674) McDougall, op. cit., p.60; Papst Franziskus, Amoris Laetitia: Freude der Liebe (Mit einer Hinführung von Christoph Kardinal Schönborn, Freiburg, Herder, 2016), S.30.
675) McDougall, Ibid., p.115.
676) Ibid., p.109.
677) Ibid., pp.74-75.

리고 창조주는 세상의 만물을 사랑의 끈으로 서로 연결하여 서로 결속하고 결집하도록 하셨다. 그러나 인간은 이러한 창조주의 사랑의 창조의 뜻을 이해하지 못하고 어긴 관계로 이상적인 사랑의 세계를 벗어나 하나님의 형상을 잃게 되는 우(愚)를 범하였다. 타락한 인간을 하나님은 그래도 사랑하신다. 인간이 타락하여 하나님의 형상을 잃어버렸으나, 하나님의 은혜로 하나님의 형상을 회복할 수 있는 길을 열어주시는 사랑을 하시고 지금도 하나님의 형상의 길로 인간을 인도하신다. 은혜는 사랑이다. 신의 은혜는 신의 사랑이다. 인간이 하나님의 형상을 회복해 나가도록 하나님은 사랑으로 인간을 이끄신다. 인간은 인간의 하나님의 형상회복을 위한 하나님의 인간사랑에 답하는 것이 인간이 가야 할 길이다. 그 길이 또한 인간의 하나님사랑과 이웃사랑이다. 그 사랑의 길이 궁극의 이상사회인 사랑의 사회로 가는 길이라 생각한다. 그 사랑의 길은 정의를 바탕으로 하는 사랑의 길이다. 사랑은 하나님의 본성이고, 이 세상의 구성과 운행원리이며, 인간의 궁극의 이상사회라 생각한다. 법은 바로 이러한 사랑의 이상사회를 이루는 사랑의 자연법이어야 한다고 생각한다. 사랑의 자연법이 실정법화되어야 한다고 생각한다. 사랑이 궁극의 덕목이며, 최고의 덕목이며, 인간이 도달할 수 있는 최고의 경지라 생각한다. 사랑의 자연법은 바로 이러한 궁극의 이상사회인 사랑의 사회를 이루도록 하는 규범이라 생각한다.

사랑은 정의와 함께 가야 한다. 사랑과 정의는 별개이지만 분리될 수는 없다. 정의의 완성이 사랑이다. 사랑은 정의의 본질이며, 사랑은 정의를 수단으로 하여 실천된다. 정의로워야 사랑할 수 있다. 정의롭지 않는

---

678) Ibid., p.111.

것을 사랑하는 것은 불의를 용인하는 것이다.[679] 그러나 완전한 사랑과 정의는 이 세상에서는 궁극의 이상이지 완전한 실현은 불가능하다. 완전을 향해 나아갈 뿐이다. 인간은 하나님의 형상으로 창조되었기 때문에 인간의 본성에는 사랑의 선성(善性)이 살아있다. 비록 인간이 타락으로 인하여 하나님의 형상을 잃어버렸으나 하나님은 인간에게 하나님의 형상을 회복케 할 수 있도록 은혜를 내려주신다. 인간이 타락에 의하여 잃어버린 하나님의 형상을 회복하는 것이 인간의 성화(聖化, sanctification)이다. 성화는 인간을 신과 영원히 우정을 나누게 한다.[680] 하나님의 은혜를 받아 인간이 하나님의 형상을 회복하면서 인간이 함께 더불어 사랑의 공동체를 만들어 가도록 하는 법이 바로 사랑의 자연법이다. 신인협력의 사랑의 공동체 사회를 만들어 가도록 돕는 법이 바로 사랑의 자연법이다.[681] 신인협력의 사랑의 공동체는 인간의 이성과 신의 지혜가 서로 협력하여 이루어나가는 사랑의 세계이다.

사랑의 구체적인 실천 방법과 모습은 시대의 변화에 따라서 다를 수 있다. 전적인 아가페 사랑의 시대도 있었으며, 신중심의 공동선의 사랑의 시대도 있었고, 자기중심의 자기사랑의 시대도 있었다. 오늘날은 자기사랑이 너무 심한 이기적 사랑의 시대라 진단된다. 그러나 자기사랑을 하면서 인간은 공동체를 이루어 함께 살아가는 공동선의 사랑도 함께 병행하는 사랑을 하여야 한다. 또한 사랑도 개인적인 자기사랑에서 공동체에 의한 제도적 사랑을 병행하는 사랑을 하여야 한다고 생각한다. 법에서

679) Xie, op. cit., p.271.

680) McDougall, op. cit., p.85.

681) 이웃사랑을 기초로 하는 법이 사랑의 법(Liebesrecht)이고 (Vgl., Günther Küchenhoff, Naturrcht und Liebesrecht (Hildesheim, Georg Olms Verlagsbuchhandlung, 1962), S.73), 그 사랑의 법이 바로 자연법이다.

는 바로 이러한 자기사랑과 공동체사랑이 조화를 이루는 사랑의 자연법으로 발전해 나가야 한다고 생각한다. 이러한 사랑의 자연법의 지도를 받아 사랑을 구체적으로 실천하는 내용의 실정법들을 제정하여 시행함으로써, 사랑의 공동체 사회, 사랑의 자연법의 시대를 열어가야 할 것으로 생각한다. 그리고 자연법은 최고의 가치와 경지인 사랑을 향한 희망의 법이다.[682] 아가페 사랑의 자연법은 인간을 서로 배척하였던 결박을 풀고 공동체의 결속으로 묶어준다.[683] 장래의 법은 이러한 정의로운 아가페 사랑의 자연법으로 발전해 나가야 한다.

철저한 율법주의자(legalist)였다가 다메섹 도상(途上)의 회심(回心)의 체험[684]을 하고 사랑의 전도자로 바뀐 사도 바울은 믿음과 사랑과 지식(즉, 율법지식, 법지식)의 관계에 관하여, 신약성서의 고린도전서 제1장 제1절 내지 제3절에서, 사랑에 근거하지 않은 지식(율법지식, 법지식)은 인간을 교만하게 하며, 사랑은 믿는 자들 서로 간에 덕을 세운다고 하였다.

---

682) 희망의 신학을 전개한 몰트만(Jürgen Moltmann: 1926-)은 십자가에 달린 신의 존재에 관하여 평생토록 몰두하면서, 신의 고통은 인간의 고통과 같으며, 예수 그리스도의 십자가의 고통은 인간의 고통과 동일하며, 신도 인간과 같은 마음이며, 고통의 과정 뒤에 부활의 영광을 얻는다고 하였다. 또한 몰트만은 부활은 새로운 세계에 대한 신의 약속이라 하였다. 십자가에서의 예수 그리스도의 고통은 인간의 구원을 위한 예수 그리스도의 아가페 사랑이었다. 그는 고통 속에서 부활의 희망을 갖는 역설적인 희망의 신학을 전개하였다. 그는 신학이란 인류에게 희망을 주는 것이라고 하였다. 본회퍼(Dietrich Bonhoeffer: 1906-1945)도 고통(苦痛)해 하는 신(suffering God)만이 인간을 구원할 수 있다고 하였다(See, McDougall, op. cit., pp.13-14, 32). 자기가 고통(苦痛)해 보지 않고 이웃을 사랑할 수 없다. 예수 그리스도의 십자가에 못박히심은 자기를 항복시키고 자기를 비우고 인간을 부활로 승화시키시는 아가페 사랑이다. 부활은 사망의 부인이고 역사를 희망으로 진행케 한다. 이렇게 역사의 진행을 희망으로 이끌어가는 힘의 원천은 사랑이다. 사랑의 자연법도 희망으로의 역사 진행에 동참하는 법이다.

683) McDougall, op. cit., p.146.

684) AD 33년경으로 추정된다(高見伊三男, 聖書における愛: イエスの愛とパウロの愛(橫浜, 春風社, 2011), 66面).

그리하여 사도 바울은 사랑은 믿음에 기초할 것, 즉 사랑은 신을 사랑하는 아가페 사랑일 것을, 그리고 지식(율법지식, 법지식)은 아가페 사랑에 기초할 것을 강조하였다. 이를 다시 설명하면, 사랑은 인간을 창조하신 하나님에 대한 믿음을 갖고 인간 자신의 하나님의 형상의 회복을 위한 사랑이어야 하며, 율법에 대한 지식(법지식)은 하나님의 형상의 회복을 위한 사랑에 기초하여야 덕이 되며, 사랑에 기초하지 아니한 율법지식(법지식)은 인간을 교만하게 만든다고 하였다. 이러한 사도 바울의 가르침을 사랑과 사랑의 법인 자연법과 세속법과의 관계에 대입해 보면, 인간은 인간 자신에게서 하나님의 형상의 회복을 위한 하나님에 대한 아가페 사랑의 믿음으로 사랑하고, 그 사랑을 담아 세속의 법률지식을 활용할 것을 가르쳐 주고 있는 내용으로 해석할 수 있다. 율법주의자로서 바울은 사랑이 없는 율법지식은 인간을 교만하게 만든다고 하였다. 율법이 사랑을 담은 내용의 율법일 것으로 요구하여, 그 세속의 법은 사랑의 내용을 담아 사랑의 실천수단이 되어야 함을 강조하고 있다고 해석할 수 있다.[685] 세속의 법이론에 의하면, 법실증주의로는 비록 법지식이 풍부하다고 하더라도 결코 인간사회에 덕을 세울 수 없으며, 그 실정법이 사랑을 담아 사랑의 실천수단이 되었을 때에 비로소 인간사회의 덕이 되는 법이 될 수 있음을 말하고 있다고 해석된다. 이러한 해석은 철저한 법실증주의자(율법실증주의자)였던 사도 바울이 사랑 없는 율법지식(법지식)의 사회에 대한 해악(害惡)을 고백하고, 실정법은 사랑의 실천법이 되어야 함을 호소하고 있다고 해석된다. 또한 그 사랑은 인간의 하나님의 형상의 회복을 위한 아가페 사랑일 것을 요청하고 있다. 이와 같이 사도 바울이 법은 아

685) 高見伊三男, 上揭書, 78面.

가페 사랑의 실천법일 것을 호소한 그 법이 바로 기독자연법이며, 그 기독자연법이 세속의 실정법을 지도하는 법이어야 함을 사도 바울의 말씀을 통하여 확인할 수 있다. 사랑에 기초하지 않는 율법(실정법)만으로는 인간을 교만하게 할 뿐이다. 이는 사랑 없는 실정법만으로는 인간을 이기적이고 자고(自高)하게 할 뿐이라는 뜻으로 해석할 수 있다. 사회의 덕이 될 수 있는 법은 사랑의 법인 기독자연법이라 생각한다. 기독자연법이 세속법을 지도하는 법이 되어야 한다고 생각한다. 또한 법률가에게는 법률지식과 사랑의 마음을 겸비할 것이 요청된다고 해석된다.[686] 그리고 사도 바울은 사랑은 율법의 완성이라고 하였다.[687] 여기서의 율법을 세속의 법으로 바꾸어 말하면, 사랑은 법의 완성이라고 할 수 있다. 이는 다시 법은 사랑을 담아 사랑을 실천하는 법이어야 한다는 가르침을 사도 바울이 말하고 있다고 해석할 수 있다. 사랑의 법이 진정한 법임을 성서가 가르쳐 주고 있다고 해석된다. 그러한 사랑의 법이 바로 기독자연법이라 생각한다.

또한 사도 바울은 성서에서 사랑은 율법을 초월한다[688](Love surpasses knowledge)고 하였다. 이러한 사도 바울의 말씀에 비추어 보면, 사랑을 내용으로 하는 자연법은 힘을 바탕으로 하는 실정법을 초월한다고 해석해 볼 수 있다. 다시 말하면, 사랑의 자연법이 힘을 바탕으로 하는 제정법에 우선한다고 할 수 있다.

686) 上揭書, 78面.
687) 로마서 제14정 제10절
688) 에베소서 제3장 제19절

## V. 법감정, 법의식 및 양심의 내용으로의 사랑의 수용과 심화

사랑은 법의 궁극의 이상이고 궁극의 가치이다. 일반적으로 법이라 하고 하면 제정법을 의미한다. 이러한 제정법을 사랑의 이상과 가치를 실현하도록 이끌어가는 법이 사랑을 내용으로 하는 자연법이다. 그러면 사랑의 자연법은 오로지 제정법이 사랑의 자연법을 따라서 제정되고 실천될 것에 관한 법사상 내지 법이론에 그치는 것인가? 실정법으로 제정되지 않았지만 인간의 법생활을 지도하고 인간의 법생활에 영향을 주는 인간 내면의 깊은 곳에 있는 인간의 정신 내지 마음의 작용도 사랑의 법생활을 위하여 다대한 영향을 준다. 실정법 이전의 인간의 선한 마음의 작용으로 법생활을 선하게 하는 정신 내지 마음의 작용으로는 법감정(Rechtsgefühl), 법의식(Rechtsbewußtsein), 양심(Gewissen) 등을 들 수 있다. 법감정과 법의식은 법창조의 요소이며, 법생성의 보조역할을 한다.[689] 양심도 마찬가지이다.[690] 이러한 법감정, 법의식, 양심에서 지금까지는 사랑을 그 내용으로 거의 다루지 않았다. 그러나 사랑의 자연법론에서는 실정법 지도의 자연법론이 실정법 이전의 법과 관련된 인간의 정신 내지 마음의 작용에까지 사랑이 그 내용으로 포함되어 실정법 이전단계에서도 사랑이 실천되도록 법의 가치로서의 인간의 정신과 마음에 체

---

689) Günther Küchenhoff, Naturrcht und Liebesrecht (Hildesheim. Georg Olms Verlagsbuchhandlung, 1962), SS.24-25.

690) A. a. O., S.27.

화(體化)되어 생활 속에서 실천될 수 있도록 할 사랑의 자연법의 영역의 확대와 확산이 이루어져야 한다고 생각한다. 법감정, 법의식, 양심 이외에도 법문화, 법윤리 등의 제정법 이외의 법영역에서도 사랑이 강조되는 방향으로 사랑의 자연법의 법정신이 확대되고 확산되어야 할 것으로 생각한다.

법감정은 옳고 그름에 대한 판단이나 법에 대하여 갖는 인간 마음의 정서 내지 감정상태이며, 여기에 국민의 정서와 여론이 가미된 감정을 일반적으로 국민법감정이라 한다. 이러한 감정은 도덕적 판단에 강력한 영향을 미치는 정서로서의 실체이다. 그러나 지금까지 법감정을 논함에 있어서 사랑을 법감정에 포함시키지 않았다. 그것은 아마도 사랑은 법의 영역의 가치가 아니라 종교, 특히 기독교에서 실천되는 중심가치로 이해한 결과라 생각된다. 또한 감정에 대한 이성의 우월성에 근거한 법실증주의의 영향으로 법적인 의사결정 과정에는 감정을 배제할 것을 법이론화한 결과이기도 하다.

법의식은 법에 대한 일반인들이 가지고 있는 법인식, 법인지(法認知), 법감정, 법적 가치판단을 모두 아우르는 의미의 법에 대한 규범의식을 말한다. 이러한 법의식은 법제도의 합법성과 정당성을 뒷받침하며, 법치주의를 이루어가는 심적 요소(心的 要素)이다. 법감정은 일반적으로 개인인 인간의 법에 대한 호불호(好不好)의 정서인 데 반하여, 법의식은 인간이 다른 사람들과의 공동생활 속에서 형성된 법에 대한 규범의식 중에서도 정의의식(正義意識)이다.[691] 법의식에도 사랑의 내용이 추가되어야 하며, 공동생활에 있어서 서로가 서로에 대한 인간으로서의 배려와 존중과 사

691) A. a. O., S.28.

랑을 내용으로 하는 인간애(Menschenliebe)의 법의식으로 확대되고 승화되어 나가야 할 것으로 생각한다.

그리고 양심은 선악을 판단하고, 선을 명령하며, 악을 물리치는 도덕의식이다. 양심은 올바른 행위를 하라고 요구하거나 잘못된 행위를 했다고 꾸짖는 인간 내면의 소리이다. 이러한 양심은 각 인간으로 하여금 자기가 자신에게 마음의 선악을 판단해 주는 입법자이자 재판관 역할을 한다. 이와 같은 양심은 신이 인간의 마음에 새겨둔 선(善)이다.[692] 아우구스티누스는 자연법은 인간의 가슴에 새겨진 법이라고 하였다.[693] 이러한 아우구스티누스에게서의 자연법은 바로 인간의 마음에 새겨진 양심법이었다. 신약성서의 로마서 제2장 제14절에서 제16절까지에서 사도 바울은, 이방인은 유대인에게서와 같이 신이 내려준 율법이 없으나 율법에 해당하는 법을 이미 그 가슴, 즉 양심에 간직하고 있다고 말하였다. 그 이방인의 가슴에 새겨진 법이 바로 양심법으로서 그 양심법은 바로 자연법이었다. 양심의 내용에도 사랑이 추가되고 심화되어야 할 일이라 생각한다. 그리하여 양심법으로서의 자연법에 사랑이 더 보태어지고 심화되어 사랑의 자연법으로 확대, 심화되어 나아가야 한다고 생각한다.

칸트는 사랑은 인간의 의사(Wille)가 아니라 감정(Affektion)이라고 하였다. 그러나 법이 이성에만 기초하는 것이 아니라 감정적인 요소도 갖고 있다. 특히 사랑의 감정, 사랑의 의식, 사랑의 양심이 법에 깊이 들어와 작용하여야 한다고 생각한다. 우리나라에서는 개인간의 민사소송이 남달리 많이 제기되고 있다. 사소한 민사분쟁도 법원에 소를 제기하여

---

692) A. a. O., S.47.
693) A. a. O., S.34.

법원에서 법적으로 해결해 주기를 바란다. 민사소송이 많이 제기되는 것이 바람직한 일만은 아니다. 우리나라의 민사관련법률이 아주 이성적, 합리적인 내용으로서 민사분쟁을 원만히 해결할 수 있는 내용의 특별히 이성적이고 합리적인 내용으로 구성되어 있다고도 생각되지 않는다. 민사분쟁의 해결의 방법으로 민사소송 이외에도 민사조정제도를 일반적으로 인정하고 있고, 특별법에 의한 각종의 특별민사조정제도, 중재와 알선, 재정(裁定) 등의 민사분쟁해결제도가 입법이 되어 있고, 민사책임에 있어서도 실손해의 전보 외에 사적 제재인 징벌적 손해배상제도(punitive damages)를 확대 · 입법해 나가고 있는 실정이다. 소제기 이전 단계에서 당사자간의 이성적이고 관용적인 자세로 해결할 수 있는 사소한 민사분쟁이 수없이 많다고 생각된다. 그럼에도 불구하고 소송을 제기한다. 그것은 소송 이전 단계에서 공동체적 삶의 가치보다는 개인의 이기적인 자기이익에 대한 의식이 강하며, 사회규범으로서의 법 이외의 도덕, 문화, 윤리, 사랑 등의 인간의 인간에 대한 배려와 존중과 사랑의 인간애(Menschenliebe)의 부족이 민사소송을 많이 제기하게 되는 원인이라 진단된다. 공동체의 결속을 위한 공동체 사상보다는 극단적인 개인주의가 이기주의로 발전한 것이 그 원인이 아닐까 생각한다. 그것은 우리 공동체 구성원 간의 인간애의 부족이라 생각한다. 서로 이해하고 배려하고 존중하는 이웃사랑, 인간애를 실정법에서는 물론 법 이전의 단계에서도 키우고 장려하고 심화해 나가야 좋은 법의 나라로 만들어나갈 수 있을 것으로 생각한다. 그러한 사상이 바로 사랑의 자연법론이다.

이러한 사랑의 자연법 사상은 실정법의 입법과 해석과 적용에서만에 머물러 있지 않고, 제정법 이전단계의 법감정, 법의식, 양심, 도덕, 법윤리, 법문화의 영역에서도 사랑이 확대되고 심화되어 가야 할 것으로 생각한다. 그 법이 바로 인간의 하나님의 형상론에 기초한 사랑의 자연법이다. 이처럼 사랑은 인간성을 계발(啓發)하고 발전시키는 핵심덕목으로서,[694] 법제정 이후 단계에서만이 아니라 법제정 이전 단계에서도 심화시켜 나가야 할 이상이고 가치이며, 법의 세계에 널리 수용하여 이루어 나가야 할 궁극의 목표라 생각한다.

694) A. a. O., S.47.

# IX

# 맺는 말

# 제9장 맺는 말

자연법은 고대부터 그 사상적 기초가 형성되었다. 플라톤에 의한 이데아의 사상은 변화하는 현실세계 위에 보편적이고 불변적인 이상세계가 있음을 인정하고, 그 이상세계의 질서가 자연법의 세계임을 주장한 자연철학이었다. 플라톤은 더 나아가 이상세계인 이데아를 갈망하고 그 이데아의 세계를 찾아 나가는 인간의 갈구를 에로스라 하였다. 이러한 플라톤의 이데아 세계의 사상이 자연법의 철학적 기초를 놓았다. 그러한 플라톤의 자연법 사상은 당시의 그리스에서 세속의 궤변론자들이었던 소피스트들이 강자의 명령이 법이라는 주장에 대해, 권력자의 자의(恣意)에 의한 변화하는 제정법 위에 이데아 세계의 질서인 변하지 않는 항상(恒常)의 법인 자연법이 있을 수 있음을 인정하였다. 이러한 플라톤의 자연철학에 입각한 자연법 사상은 스토아학파에 와서는 더욱 발전하여 모든 생명 있는 것들은, 그것이 사람이든 동물이든 식물이든 그 스스로가 스스로를 다스리는 로고스(logos)가 있음을 인정하고, 자연이라는 현상에 규범적인 법칙성이 있음을 인정하여 로고스의 질서를 자연법으로 인정하였다. 그리하여 플라톤은 자연법이라는 용어를 사용하지 않고 자연법이 있을 수 있음을 인정한 사상만을 제시하였으나, 스토아학파에 이르러서는 현상으로서의 존재의 법칙성을 부여하여 실정법 이외에 자연법이 있음을 인정하여 역사상 처음으로 로고스의 질서가 자연법이라는 실정법과는 다른 자연법의 존재와 존재로부터의 규범성을 인정하게 되었다. 그리하여 스토아학파에서의 자연법 사상과 자연법이론은 존재로부터 자연법의 규범성은 인정하게 되었다. 그 결과로 자연법은 실정법 위에서 실정법을 지도하는 항상적이고 보편적인 규범으로 발전하기 시작하여, 자연법이 실정법을 보다 보편적인 법으로 실정법의 발전을 이끌어가는 법사상이 확실하게 학문적으로 정립되었다.

스토아철학에서의 로고스에 의한 자연법 사상은 로마에 계수되어 로마법의 발전에 기여하였으며, 다만 로고스를 가진 생명에는 인간과 동물만이 포함되고 식물은 제외되었다. 점차 로고스를 가진 존재는 더욱 그 범위가 좁혀져서 근대에 이르러서는 인간만이 로고스, 즉 이성을 가진 존재로 한정되어, 인간만이 이성적인 존재로 인정되고, 인간의 이성에 의한 법을 근세에는 자연법으로 인정하게 되었다. 고대를 지나 중세에는 기독교에 의한 교회의 시대로서 성서의 말씀에 기초하여 로마법이 보다 보편적인 도덕적인 법으로 순화되어 왔으며, 성서의 말씀에 기초한 교회법과 교회법학이 새로운 법영역으로 형성되었다. 또한 중세에는 신학 중에서도 도덕신학(Moraltheologie)의 발전으로 로마법이 순화되고 교회법과 교회법학이 더욱 발전하게 되었다. 그러한 교회법 및 교회법학이 자연법을 더욱 발전시켜 나갔다. 교회법과 교회법학에서는 성서의 창조주의 계명을 자연법 위의 신법(神法)으로 인정하고, 인간의 이성에 의해 이해된 신법을 자연법으로 파악하였으며, 인간이 만든 실정법인 인정법(人定

法)은 자연법의 지도를 받도록 하는 신법, 자연법 및 인정법의 상하질서의 관계를 정립하였다. 그 결과 중세의 자연법은 신의 법, 신의 계명이 그 내용이 되었으며, 신중심의 자연법론이 전개되었다.

그러나 근세에 들어와서는 중세의 신중심의 시대를 극복하기 위한 저항사상으로 인간이 이 세상의 주인이며 인간의 이성을 강조하고 인간의 이성에 의한 법을 자연법으로 인정하게 되었다. 그리하여 인간의 이성에 의한 이성법을 자연법으로 인정하게 되었다. 이와 같은 이성법을 자연법으로 파악한 근세는 자연법을 인간중심으로 파악하는 인간중심의 자연법론의 시대를 열었다. 이러한 인간 이성에 의한 이성법(Vernunftrecht)을 자연법으로 이해하는 자연법의 사상적 흐름은 인간 이성을 극도로 존중하여, 신의 존재까지도 부인하는 이성만에 의한 자연법의 시대를 이루기까지 하였다.

이와 같은 자연법의 발전에 따라서 신의 창조의 섭리와 인간의 이성에 의하여 법의 내용이 순화되고 보편적이고 불변적인 규범으로 발전하게 되었다. 이러한 자연법의 발전에 따라서 순화되고, 보편적이고 불변적인 내용의 자연법의 내용을 성문법으로 제정을 하게 되면, 항구적으로 자연법 속에서 살 수 있다는 사상이 배태되었다. 그리하여 근대 시민국가에서는 보편적이고 항구적인 내용의 근대 민법전을 제정하기에 이르렀다. 그 결과로 자연법에 기초하여 제정된 근대 민법전이 바로 1794년의 프로이센왕국의 일반분방법(ALR: Allgemeines Landrecht für die Preuß-ischen Staaten), 1804년의 프랑스민법전(C.c.: Code civil des Français) 및 1811년의 오스트리아민법전(ABGB: Allgemeines Bürgerliches Gesetzbuch)이었다.

이러한 근대 민법전이 제정된 후에는 법학의 연구방향이 제정법의 내용의 명학화와 체계화에 치중하는 법실증주의 방향으로 발전하게 되고 법의 내용을 보다 더 보편적이고 순화시키는 방향으로의 연구와 발전이 이루어지 못하여, 중세와 근세 중반까지의 자연법의 시대에서 근세 말에는 실정법의 시대로 변화하였다. 이러한 실정법 시대는 19세기에 크게 발전하여 19세기는 법실주의주의 시대를 이루었다. 실정법 연구에 치중한 법실증주의의 법사상은 더욱 발전하여 악법도 법으로 인정하고 제정법에 의한 악법의 시대를 낳게 되었다. 이러한 악법인 제정법의 극복을 위하여 자연법론이 다시 재생을 하였다. 그러나 자연법의 재생의 시대는 그리 오래 지속되지 못하고 제정법을 중시하는 법실증주의 시대가 오늘날에도 지배적인 법사상 내지 법이론의 중심을 이루고 있다.

인간의 이성에 의하여 제정법을 아무리 보편적이고 항구적인 내용으로 입법을 한다 하더라도, 인간의 이성에는 한계가 있게 마련이며, 제정법에는 흠결이 있게 되어, 보다 더 나은 법세계를 향한 요청은 계속되고 있다. 그리하여 법실증주의가 강하게 지배하면 할수록 자연법의 재생의 요청은 더 강해지는 것이다. 그리하여 오늘날에도 더 좋은 법, 더 나은 법을 향한 새로운 내용의 자연법은 더욱더 요청되고 있다. 역사적으로 법의 이상과 가치는 정의(justice; Gerechtigkeit)였다. 그 결과 법은 정의를 구체화하여 실천하는 내용을 이상으로 하여 발전되어 왔다. 그리하여 정의가 자연법의 이상이었으며 자연법이 추구하는 최고의 가치였다. 다른 한편으로 기독교에서는 사랑(love; Liebe)을 최고의 가치로 하여 사랑의 실천을 교회가 담당하여 왔다. 그러나 정의와 사랑은 인간의 최고의 덕목이다.

최고의 덕목인 정의와 사랑이 모두 법과 기독교 신앙에서 동시에 실천되어야 할 인간세계의 궁극의 가치임에도 불구하고, 역사적으로 정의는 세속의 국가에서 법을 통하여 실천되어 왔으며, 사랑은 교회가 이를 담당하여 실천하여 왔다. 그 결과로 법에서의 최고의 이상은 정의였고, 신앙에서의 최고의 덕목은 사랑이었다. 이러한 결과로 자연법은 정의를 추구하는 법사상으로, 신학은 사랑을 실천하는 내용으로 구성되어 각각 분리되어 발전되어 왔다.

그러나 역사발전의 깊은 내용을 살펴보면, 세속의 국가에서도 법을 통하여 정의와 사랑을 실천하고 이를 법제도에 의하여 더욱 확대해 나가고 있으며, 기독교의 신학과 교회에서도 사랑만의 실천을 넘어 정의도 실천하고 있다. 기독교는 본래 구약성서에서는 율법에 의하여 정의를 세우고 이를 실천하고자 하였으며, 신약성서에서는 사랑을 통하여 정의를 완성하고자 하고 있다. 그러므로 신학에서도 역시 최고의 가치는 정의와 사랑이다. 그리고 창조주 하나님은 사랑으로 이 세상과 인간을 창조하셨다. 그리하여 만물의 근원은 사랑이다. 이 세상은 사랑으로 서로 연결되고 결집하여 질서 있게 운행되고 있다.

이와 같이 정의와 사랑은 세속국가의 법에서와 기독교에 공통적인 최고의 덕목이고 가치이다. 다만 역사적으로 세속국가의 법에서는 정의를, 신학에서는 사랑을 주된 덕목과 가치로 다루어 왔으나, 역사의 깊은 내면에서는 세속국가의 법에서도 사랑이 법제도를 통하여 실천되고 있고, 신학에서는 사랑을 통하여 정의를 완성해 나가고 있다. 사랑만이 능사가 아니며,[695] 정의를 수반하는 사랑이어야 한다. 정의롭지 않는 것을 사랑하

---

695) Love and Justice, op. cit., p.258.

는 것은 불의를 용인하는 것이다. 정교분리가 원칙인 오늘날에도 역시 정의와 사랑은 법과 신앙의 공통의 최고가치이고 궁극의 이상이다. 정의와 사랑은 각각 독립적인 별개의 덕목이고 가치이지만 분리될 수는 없다.

그리고 인간은 창조주의 피조물이며, 창조주 신 자신의 형상(image of God; imago Dei)을 따라서 창조된 피조물이다. 인간이 창조주 신의 형상을 따라서 창조되었다는 진리는 기독교 신앙을 받아들인 자나 받아들이지 않는 자에게 공통적이다. 모든 인간은 다 창조주 신의 형상을 따라서 창조된 피조물이다. 인간이 하나님의 형상을 따라서 창조되었다는 진리는 인간의 정체성에 관한 말씀이다. 인간이 하나님의 형상을 따라서 창조되었기 때문에, 창조주는 인류를 한 가족으로 생각하시며,[696] 인간은 하나님과 소통할 수 있다. 하나님의 형상의 내용은 바로 사랑과 정의이다. 그 중에서도 하나님의 형상의 가장 중요한 내용은 사랑이다. 그 사랑도 아가페 사랑이다. 그리하여 하나님은 사랑으로 이 세상을 창조하시고, 이 세상의 운행은 바로 사랑의 작용이며, 사랑이 작용하는 질서가 정의이다. 이 세상의 만물은 사랑으로 연결되어 있으며, 만물이 각각 개별적, 독자적으로 존재하지만 사랑으로 서로 연결되고 결합되어, 사랑의 질서인 정의를 따라서 운행되고 있다. 또한 사랑을 통해 인간은 신과 친구가 될 수 있다.[697] 이러한 인간의 하나님의 형상은 모든 인간에게 공통적이며, 인간 모두의 정체성이다.

이와 같이 인간은 하나님의 형상을 따라서 창조되었다는 진리와 인간의 하나님의 형상이 인간의 정체성인 데도 불구하고 법에서는 하나님의

696) May, op. cit., p.18.
697) Ibid., p.12.

형상론에 기초하여 법, 그 중에서도 인간의 하나님의 형상에 기초한 자연법을 발전시키지 못하였다. 하나님의 본체이신 하나님의 형상은 하나님의 사랑과 지혜와 정의이다. 이러한 무한한 에너지를 가지고 계시며 살아있는 인격체이신 하나님의 형상을 따라서 창조된 인간은 인간의 정체성을 회복하여 창조 본래의 하나님의 형상을 인간의 삶과 사회에서 실천하였어야 함에도 불구하고 인간은 이 진리를 멀리하고 살아왔다. 그것은 인간이 이성적 존재로서 인간의 이성만으로도 이상적인 인간사회를 설계하고 이루어나갈 수 있다는 인간중심의 사고에 그 원인이 있었다고 생각한다. 역사적으로 스페인이 남아메리카 대륙을 침략하여 식민지로 만들면서 원주민들의 인격과 그들의 고유 토착문화를 무시하였을 때에, 원주민들도 모두가 다 하나님의 형상을 따라서 창조된 피조물이기 때문에, 그들 원주민들의 인격과 토착문화를 파괴하지 말고 존중할 것을 주장한 사상가들이 있었다. 그러나 그들의 주장은 소수였으며 주류의 주장은 식민지 확대와 강화를 지지하고 원주민들은 식민지종주국의 사람들과는 차등이 있는 인간임을 인정하였다. 그리하여 역사에서 인간의 하나님의 형상론이 주장은 되었지만 역사의 흐름을 바꾸어 놓지는 못하였다. 진정으로 모든 인간은 하나님의 형상을 따라서 창조된 피조물이며, 그 하나님의 형상이 인간의 정체성이며, 하나님 자신인 하나님의 형상이자 하나님의 본체는 사랑과 지혜와 정의이다. 그 중에서도 사랑, 그 사랑 중에서도 아가페 사랑이다. 하나님의 형상을 입은 인간도 인간의 본성이 사랑이며, 하나님으로부터 지혜를 부여받아 이성적이며, 사랑이 작용하는 질서인 정의의 본성을 갖고 있다. 이러한 인간의 정체성에 기한 인간의 본성은 창조주 하나님이 인간에게 부여된 신의 사랑의 결과물이다. 그러나 인간은 인간중심으로 사고한 나머지 자신을 창조한 창조주 신을 멀리하고 인간 스스로가 이성적인 존재인 것만을 강조하여 온 것이다. 그리하여 인간은 개인주의적이고 이기적이고 인간중심으로 살고자 하여 왔다. 이러한 인간의 이기적인 자기중심의 사고는 인간의 타락에 그 원인이 있으며, 타락에 의하여 인간은 하나님의 형상을 잃어버리게 되었다. 그러나 인간의 타락으로 잃어버린 인간의 하나님의 형상을 창조주의 은혜(grace; Gnade)로 회복할 수 있다. 종교개혁자들에 의하여 잃어버린 하나님의 형상을 회복할 수 있다고 주장은 되었지만, 인간이 스스로 인간중심으로 사고하고 창조주를 멀리한 관계로 인간의 하나님의 형상의 회복을 위한 학문적 노력과 실천이 부족하였다. 그리하여 법에서도 인간의 하나님의 형상론에 입각한 자연법론이 발전하지 못하였다. 이제는 인간의 하나님의 형상론과 하나님의 형상의 본체인 사랑에 기초한 새로운 자연법을 정립하여 실천해 나갈 시대가 도래하였다고 생각한다. 그것은 사회가 위험시대, 불안시대로 진행하고 있고, 인간중심의 개인주의가 이기주의로 발전하여 개인의 이익의 주장이 강해지고 공동체의 가치가 경시되는 사회로 진입해 들어가고 있기 때문이다. 과학과 경제가 발전한다고 하여 인간이 행복할 수는 없다. 인간의 하나님의 형상이 인간의 정체성임을 다시 확인하고, 그 하나님의 형상의 가장 중요한 본체는 사랑이며, 사랑을 최고가치, 궁극의 이상으로 하는 법, 사랑의 자연법을 정립해 나가야 할 시대에 왔다고 생각한다.

인간이 이성적 존재라고 하지만 인간의 이성에는 한계가 있다.[698] 인

---

698) 장 칼빈(Jean Calvin: 1509-1564)은 성령의 증거는 모든 이성보다 훨씬 탁월하다고 하였다(윤성현 역, 한스 마두에미, 마이클 리브스 외 13인 저, 아담, 타락, 원죄, 새물결플러스, 2018), 492면). 이는 이성의 불완전성을 인정하는 것이다.

간은 창조주로부터 계시와 영감을 받아야 한다. 창조주는 창조를 한 번으로 완결한 것이 아니라 창조를 계속해 나가시고 계신다. 창조주의 본성은 사랑이다. 창조주는 자신의 형상을 따라서 창조한 인간을 너무나 사랑하신다. 창조를 계속해 나가심에 인간으로부터의 필요와 요구를 받아들여 인간이 필요로 하고 원하는 방향으로 창조를 계속하시는 사랑의 하나님이다. 이러한 창조주의 섭리에 인간이 응답하여야 한다. 법에서 창조주의 섭리를 실천할 수 있는 새로운 자연법의 정립이 요청되고 있다. 이제 인간은 창조주의 형상을 따라서 창조되었다는 진리를 다시 확인하고, 하나님의 형상의 가장 본체인 사랑을 법의 최고가치와 궁극의 이상으로 하는 자연법을 새롭게 정립할 시대라 생각한다. 그리고 인간의 하나님의 형상은 믿는 자들에게만 적용되는 것이 아니라, 모든 인간이 예외 없이 하나님의 형상을 따라서 창조되었다. 그리하여 모든 인간은 서로서로 사랑하는 형제애 내지 인간애의 관계에 있다. 이러한 인간애가 바로 사해동포주의이다. 사랑을 이상으로 하는 사랑의 자연법에서의 사랑은 아가페 사랑을 이상으로 하면서 동시에 사해동포주의적인 사랑이다. 이와 같이 새로운 자연법은 정의 이외에도 사랑을 법의 최고가치와 궁극의 이상으로 하는 자연법으로서, 이는 사랑의 자연법이며 기독자연법이라 할 수 있다.

인간은 사랑의 왕국으로 가야 한다. 그곳으로 가는 길의 법이 사랑의 자연법, 즉 기독자연법이다.[699] 그리고 인간의 인간성이 순화되어 가야 법도 발전한다. 인간성 순화의 최선의 길은 사랑이다.[700] 다시금 말하지만 사랑은 인간성 순화의 최선의 길이며, 사랑의 궁극은 인간이 서로 연

---

699) Love and Justice, op.cit., p.89.
700) Küchenhoff, a. a. O., S.47.

대하여 평화롭게 함께 사는 것이다.[701] 인간이 아무리 세속화되어도 신은 사랑이다.[702] 인간사회가 개인주의적이고 이기적으로 발전하면 할수록 사랑이 더 강하게 요청된다.[703] 소크라테스는 지혜와 사랑이 가장 아름답다고 하였다.[704] 인간의 부활도 창조주의 인간사랑으로 이루어진다. 인간은 창조주를 향한 사랑으로 창조주의 창조의 계속에 참여하고, 창조주로부터 계시와 영감을 받아 더욱 서로 연대하고 평화를 공고히 하여야 한다. 그리하여 개인의 존재가치도 인정하면서 공동체의 가치도 인정하고, 세속세계에서만이 아니라 저 너머의 신의 세계에도 관심을 갖고 살아가야 한다. 프란치스코 교황은 사랑은 어두운 세상을 밝혀주는 빛이라고 하셨다.[705] 이처럼 사랑은 희망의 빛이다. 사랑은 인간에게 장래의 희망을 가져다 준다. 사랑의 자연법, 기독자연법은 희망의 자연법이다.

---

701) 高見伊三男, 前揭 聖書における愛: イエスの愛とパウロの愛, 184面.
702) May, op. cit., p.13.
703) Ibid., 235.
704) Eros, Agape and Philia, op. cit., p.50.
705) Papst Franziskus, Amoris Laetitia (Freude der Liebe, Mit einer Hinführung von Christoph Kardinal Schönborn, Freiburg, Herder, 2016), S.266.

# 참고문헌

## 〈국문 저서〉

강성구, 원죄란 무엇인가?, 도서출판 서로사랑, 1997.

강성두, 욥기의 삶과 고난 이해, 대한기독교서회, 2006.

고구경 역, Anders Nygren 저, 아가페와 에로스, 크리스찬 다이제스티, 2003.

고학수 외 6인 공저, 인공지능원론, 박영사, 2021.

기뻐하고 즐거워 하라: 현대 세계에서 성덕의 소명에 대한 교황 권고, 한국천주교주교회의, 2021.

길희성, 영적 휴머니즘, 아카넷, 2021.

김기석, 아! 욥, 경기도 의왕시, 꽃자리, 2016.

김남준, 하나님의 도덕적 통치, 생명의 말씀사, 2007.

김상용, 土地所有權 法思想: 大宇學術叢書.人文社會科學 87, 民音社, 1995.

______, 西洋法史와 法政策, 피엔씨미디어, 2014.

______, 自然法論와 法政策, 피앤씨미디어, 2015.

______, 民法思想史, 법과 성서와 역사 연구소, 연구서 제1권, 피앤씨미디어, 2016.

______, 土地正義論, 법과 성서와 역사 연구소, 연구서 제2권, 피앤씨미디어, 2017.

______, 법정책 방향으로서의 정의와 사랑: 법과 성서와 역사 연구소, 연구시리즈 제5권, 피앤씨미디어, 2019.

김영 옮김, Julia Kriesteva 저, 사랑의 역사: 대우학술총서 · 번역 73, 민음사, 1995.

김영진, 고대 이스라엘 역사, 한들출판사, 2006.

김옥림, 법정잠언집 365: 너는 꽃이 되어라, Mirae Book, 2022.

김철수, 헌법학개론 第15全訂新版, 박영사, 2003.

______, 인간의 권리: 인권사상, 국내인권법, 국제인권법, 산지니, 2021. 2.

모든 형제들: 프란치스코 교황 회칙, 한국천주교주교회의, 2022.

박경민, 크리스트教史, 青木, 1999.

박정수, 기독교 신학의 뿌리: 유대교 사상의 형성과 신약성서 배경사, 대한기독교서회, 2008.

박찬역 역, Franz Wiedmann 저, 종교와 철학, 도서출판 씨아이알, 2018.

사랑의 기쁨: 프란치스코 교황의 세계주교대의원회의 후속 교황 권고, 한국천주교주교회의, 2022.

사랑의 신비: 현대여성교양전집 4, 김 은우 외 5인 편집, 태극출판사, 1985.

徐燉珏 譯, 죤 · C · H · 우 著, 正義의 源泉: 自然法硏究, 博英社, 1980.

신득렬, 플라톤의 국가연구, 대구, 태일사, 2020.

윤성현 역, 한스 마두에미, 마이클 리브스 외 13인 저, 아담, 타락,

원죄, 새물결플러스, 2018.

이종성, 성령론, 대한기독교출판사, 1993.

이태재, 자연법개론, 법문사, 1973.

_____, 法哲學史와 自然法論, 法文社, 1984.

이한구 외 6인 공저, 민주주의란 무엇인가, 서울, 학지사, 2022.

전경연, 박봉랑 역, 위르겐 몰트만 저, 희망의 신학, 현대사상사, 1975.

정연호, 유대교의 역사적 과정: 바리새파의 재발견, 한국성서학연구소, 2010.

정종훈, 기독교 사회운동, 어떻게 할 것인가?, 한국장로교출판사, 2006.

정종휴 옮김, 다나카 고타로 지음, 법과 종교와 사회생활, 서울, 교육과학사, 1989.

정찬우, 통일세 도입론, 박영사,2021.

조규만, 원죄론, 제2판, 가톨릭대학교출판부, 2004.

趙洪植 譯, F · 드래고와르 著, 道德思想史, 三省美術文化財團, 1974.

지승원, 의미를 추구하는 인간, 법률인, 이문출판사, 2007.

찬미 받으소서, 개정판: 프란치스코 교황 회칙, 한국천주교주교회의, 2022.

최석우 옮김, August Franzen 저, 세계교회사(Kleine Kirchen-geschichte), 개정증보판, 왜관, 분도출판사, 2001.

폴 프램튼(Paul Frampton), 김진의 저, 최기영 옮김, 입자이론의 역사, 도서출판 동아시아, 2021.

韓國政治學會 編, 民主主義論, 法文社, 1971.

한국조직신학회 편, 성령론, 대한기독교서회, 2017.

한우식, 과학시대의 종교를 말하다(Religion in an Age of Science), 연세대학교 대학출판문화원, 2022.

한인철 역, Ronald A. Wells 저, 신앙의 눈으로 본 역사(History Through the Eyes of Faith), 한국기독교대학협의회 · 한국기독학생회출판부, 1995.

## 〈외국어 저서〉

Aquinas St. Thomas, Treatise on Law: Summa Theologica, Questions 90-97, with an Introduction by Stanley Parry, Indiana, South Bend, Gateway Editions Ltd., 1992.

von Aquin Thomas, Untersuchung über die Liebe: Institut Papst Benedikt XVI, Band 4, übersetzt von Joseph Ratzinger, herausgegeben von Rolf Schönberger, Regensburg, Verlag Schnell & Steiner GmbH, 2017.

Bellmann Tina, Zwischen Liebesideal und Realismus: Theologische Anthropologie als Soziale Ressource bei Reinhold Niebuhr, Universitätsverlag, Göttingen, 2018.

Berkhof L., Manual of Christian Doctrine, Michigan, Grand Rapids, WM. B. Eerdmans Publishing Company, 1965.

Berkouwer G.G., Man: The Image of God, Michigan, Grand Rapids, Wm. B. Eerdmans Publishing Company, 1962

von Campenhausen Axel Freiherr, Heinrich de Wall, Staatskirchenrecht, 4. Aufl., Beck, 2006.

Christian Perspectives on Legal Thought, edited by Michael W. McConnell, Robert F. Chochran, Jr., Angela C. Carmella, New Heaven & London, Yale University Press, 2001.

Christianity and Law: An Introduction, edited by John Witte Jr., Frank S. Alexander, Cambridge University Press, 2008.

Christianity and Private Law, edited by Robert Cochran Jr. and Michael P. Moreland, New York, Routledge, 2021.

CIC: Codex Iuris Canonici, 7. Aufl., Deutschland, Kevelaer, Butzon & Bercker GmbH, 2012.

Collier Paul, The Future of Capitalism, New York, Harper Collins Publishers, 2018.

Condorelli Orazio, Frank Roumy, Matthias Schmoeckel, Einfluss der Kanonistik auf dem Europäische Rechtskultur, Köln, Böhlau Verlag, 2009.

Comparative Religious Law: Judaism, Christianity, Islam. edited by Norman Doe, Cambridge University Press, 2018.

Dam Kenneth W., The Law-Growth Nexus: The Rule of Law and Economic Development, Washington D.C., Brookings Institution Press, 2006.

The Digest of Justinian, Volume 1, University of Pennsylvania

Press, 1998.

The Digest of Justinian, Volume 2, University of Pennsylvania Press, 1998.

Doe Norman, Christianity and Natural Law, Cambridge University Press, 2017.

Elders Leo J., The Ethics of St. Thomas Aquinas: Happiness, Natural Law, and the Virtues, 2019.

Erler Adalbert, Kirchenrecht, 5. Aufl, C.H. Beck, 1983.

Eros, Agape and Philia: Readings in the Philosophy of Love, ed. by Alan Soble, U.S.A., Minnesota, St. Paul, Paragon House, 1989.

Faith & Law, edited by Robert F. Cochran Jr., New York University Press, 2008.

Fleischacker Samuel, A Short History of Distributive Justice, MA, Harvard University Press, 2004.

Foljanty Lena, Recht und Gesetz, Mohr, 2013.

Friedrich Carl Joachim, The Philosophy of Law in Historical Perspective, Second Edition, The University of Chicago Press, 1963.

von Gierke Otto, Deutsches Privatrecht Bd. II, 1905.

Great Christian Jurists in German History, edited by Mathias Schmoeckel and John Witte Jr., Mohr Siebeck, 2020.

Heimann Eduard, History of Economic Doctrines: An Introduction to

Economic Theory, Oxford University Press, 1974.

A History of the Philosophy of the Law from the Ancient Greeks to the Scholastics: A Treatise of Legal Philosophy and General Jurisprudence Volume 6, edited by Fred D. Miller Jr. in association with Carrie-Ann Biondi, the Netherlands, Dordrecht, Springer, 2007.

A History of the Philosophy of the Law in the Common Law World, 1600-1900: A Treatise of Legal Philosophy and General Jurisprudence Volume 8, edited by Michael Lobban, the Netherlands, Dordrecht, Springer, 2007.

Hölscher Emil Erich, Vom römischen zum christlichen Naturrecht, Augsburg, Literar. Institut Haas und Grabherr, 1931.

Jónsson Gunnlaugur A., The Image of God: Genesis 1:26-28 in a Century of Old Testament Research, Sweden, Lund, Coniectana Biblica, 1988.

The Jurists' Philosophy of Law from Rome to the Seventeenth Century: A Treatise of Legal Philosophy and General Juris Prudence Volume 7, edited by Andrea Padovani and Peter G. Stein, the Netherlands, Dordrecht, Springer, 2007.

Kersting Wolfgang, Theorien der sozialen Gerechtigkeit, Stuttgart, Metzler Verlag, 2000.

Kleber Karl-Heinz, Einführung in die Geschichte der Moraltheologie, Passau, Passavia Universitätsverlag, 1985.

Koch Jennifer, Naturzustands- und Naturrechtsgedanken im Politischen Denkens John Lockes, Der GRIN Verlag, 2009.

Krieg oder Frieden, hrsg. von Erwin Bader, Berlin, LIT Verlag, 2013.

Küchenhoff Günther, Naturrecht und Liebesrecht, Hildesheim, Georg Olms Verlagsbuchhandlung, 1962.

Kullmann Wolfgang, Naturgesetz in der Vorstellungen der Antike, Besonderes der Stoa: Eine Begriffsuntersuchung, Stuttgart, Franz Steiner Verlag, 2010.

Künnecke Arndt, Auf der Suche nach dem Kern des Naturrechts, Hamburg, Verlag Dr. Kovač, 2003.

Ladaeur Karl-Heinz, Ino Augsberg, Toleranz, Religion, Staat, Mohr Siebeck, 2007.

Larenz Karl, Richtiges Recht: Grundzüge einer Rechtsethik, C.H.Beck, 1979.

Leavy Stanley A., In the Image of God, 2015.

Leisner Walter, Stoische Ruhe in Mensch und Staat, Berlin, Duncker & Humblot, 2018.

Leiter Brian, Naturalizing Jurisprudence: Essays on Amreican Legal Realism and Naturalism in Legal Philosophy, New York, Oxford University Press Inc., 2007.

Leon Sharon M., An Image of God: The Catholic Struggle with Eugenics, Chicago and London, The University of Chicago Press, 2013.

Levering Matthew, Biblical Natural Law: A Theocentric and Telological Approach, Oxford University Press, 2012.

Link Christoph, Kirchliche Rechtsgeschichte, Beck, 2009.

Lippert Steffen, Recht und Gerechtigkeit bei Thomas von Aquin, Marburg, N.G. Elwert Verlag, 2000.

Locke John, Essays on the Law of Nature: The Latin Text with a Translation, Introduction and Notes, Together with Transcripts of Locke's Shorthand in His Journal for 1676, edited by W. von Leyden, Oxford University Press, 1954.

Lotz Johannes Baptist, Die Drei-Einheit der Liebe: Eros, Philia, Agape (German Edition), 1979.

Love and Christian Ethics, edited by Frederick V. Simmons with Brian C. Sorrels, Georgetown University Press, 2016.

Love and Justice: Selections from the Shorter Writings of Reinhold Niebuhr, edited by D.B. Robertson, Cleveland and New York, The World Publishing Company, 1967.

Maritain Jacques, Christianity and Democracy, The Rights of Man and Natural Law, 2012.

Martínez-Torrón Javier, Anglo-American Law and Canon Law, Berlin, Duncker & Humblot, 1998.

May Simon, Love: A History, Yale University Press, 2011.

McDougall Ann, Pilgrimage of Love: Moltmann on the Trinity and Christian Life, Oxford University Press, 2005.

Merten Martin, Gutav Radbruch in der Diskussion zwischen Naturrecht und Positivismus, Nordstedt, GRIN Verlag, 1998.

Naucke Wolfgang, Harzer Regina, Rechtsphilosophische Grund-begriffe, 5. Auf., Luchterhand, 2005.

Oakley Francis, Natural Law, Laws of Nature, Natural Rights: Continuity and Discontinuity in the History of Ideas, New York, The Continuum International Publishing Group Inc., 2005.

Oelke Pia, John Lockes Naturrechts- und Vertragstheorie, Der GRIN Verlag, 2008.

Papst Franziskus, Amoris Laetitia: Freude der Liebe, Mit einer Hinführung von Christoph Kardinal Schönborn, Freiburg, Herder, 2016.

______, Gott ist barmherzig, 2. Aufl., Freiburg, Herder, 2016.

______, Die Frude des Evangeliums, Freiburg, Herder, 2013.

Peterson Ryan S., The Imago Dei as Human Identity: A Theological Interpretation, Indiana, Winona Lake, Gisenbrauns, 2016.

Philo von Alexandria, Über die Freiheit des Rechtschaffenen,

Übersetzt und eingeleitet von Reinhard von Bendemann, Göttingen, Vandenhoeck & Rupert GmbH, 2016.

Puza Richard, Katholisches Kirchenrecht, 2. Aufl., Müller, 1993.

Reinert Claudius, Eros, Philia und Agape: Zum Griechischen und Christlichen Verständnis Göttlicher und Menschlicher Liebe (German Edition), 2014.

Reinhold Niebuhr, Love and Justice: Selections from the Shorter Writings of Reinhold Niebuhr (LTE) (Library of Theological Ethics), 1957.

Ritter Klaus, Zur Frage nach den materialen Prinzipien der Gerechtigkeit: Untersuchung über die Bedeutung und Möglichkeit einer gegenwärtigen Naturrechtsrenaissance, Marburg, 1951.

Ruston Roger, Human Rights and the Image of God, London, SCM Press, 2004.

Scattola Merio, Das Naturrecht vor dem Naturrecht: Zur Geschichte des ius naturae im 16. Jahrhundert, Tübingen, Neumeyer, 1999.

Simon Yves R., The Tradition of Natural Law, New York, Fordham University Press, 1992.

Smart Ninian, World Philosophies, New York, Routledge, 2001.

Sprenger Gerhard, Naturrecht und Natur der Sache, Berlin, Duncker & Humblot, 1976.

Stein Albert, Evangelisches Kirchenrecht, Darmstadt, Luchterhand, 1980.

Steinsaltz Adin, The Essential Talmud, 30th Anniverary Edition, Translated from the Hebrew by Chaya Galai, New York, Basic Books: A Member of the Perseus Books Group, 2006.

Tamanaha Brian Z., On the Rule of Law: History, Politics, Theory, Cambridge, Cambridge University Press, 2004.

Thomson Anthony, Modern Social Thought: Introduction, Oxford University Press, 2016.

Vogt Matthias, Philosophie: von der Antike bis zur Gegenwart, Netherlands, Rebo International b.v., 2008.

Waldon Jeremy, The Right to Private Property, U.K., Oxford, Clarendon Press, 1990.

Watson Alan, The Evolution of Western Private Law, Baltimore, The John Hopkins University Press, 2001.

Weinfeld Moshe, Social Justice in Ancient Israel and in the Ancient Near East, The Magnes Press, the Hebrew University, Jerusalem, 1995.

Wischmeyer Oda, Love as Agape: The Early Christian Concept and Modern Discourse, Translated by Wayne Coppins, Mohr Siebeck, 2021.

Wolf Erik, Das Problem der Naturrechtslehre. 2. Aufl., Karlsruhe,

Verlag C.F.Müller, 1959.

Zacher Ewald, Der Begriff der Natur und das Naturrecht, Berlin, Duncker & Humblot, 1973.

Zimmermann Rolf, Moral als Macht, Reinbeck, Rowohlt Taschenbuch Verlag, 2008.

Zippelius Reinhold, Geschichte der Staatsideen, 9. Aufl., C. H. Beck, 1994.

高見伊三男, 聖書における愛: イエスの愛とパウロの愛, 横浜, 春風社, 2011.

ホセ・ヨンパルト, 實定法に內在する自然法: その歷史性と不變性, 有斐閣, 1979.

ホセ ヨンパルト(José Llompart), 教會法とは何だろか(What is Canon Law?, 東京, 成文堂, 2005.

百地 章, 政教分離とは何が: 爭點の解明, 東京, 成文堂, 2004.

井上 茂, 法規範の分析, 有斐閣, 1979.

恒藤務二, 法思想史, 筑摩書房, 1977.

加藤新平, 法思想史, 勁草書房, 2003.

阿南成一, 現代自然法論の課題, 成文堂, 1991.

佐伯宣親, 近代自然法論の硏究, 成文堂, 1990.

田中成明 外 4人 共著, 法思想史, 第2版, 有斐閣, 2006.

水波 朗 外 2人 共著, 自然法と宗教 I, 自然法硏究所 編, 創文社 刊, 1998.

水波 朗 外 2人 共著, 自然法と宗教 II, 自然法硏究所 編, 創文社 刊, 2001.

西洋法制史料選 III: 近世・近代: 久保正幡先生還曆記念, 創文社, 1979.

葛生栄二郎, 自由社會の自然法論, 法律文化社, 1998.

## 〈국문 논문〉

김수정, "빅데이터, 데이터 소유권, 데이터 경제", 민사법학 제96호, 한국민사법학회, 2021.9.

박종현, "플라톤의 정치가 그리고 법률제정", 學術院論文集, 인문 · 사회과학편, 제60집 1호, 2021.

서숙희, "Machiavelli의 군주론 분석", 파이데이아 제2호, 한국파이데이아학회, 2020. 2.

신득렬, "Markus Aurelius의 명상록 연구", 파이데이아 제2호, 한국파이데이아학회, 2020. 2.

______, "아리스토텔레스의 행복론", 강의안, 미출간, 2022. 4. 9.

유장희, "ESG돌풍: 기업이론의 진화", 대한민국학술원통신, 제337호, 2021. 8. 1.

______, "신자유주의의 후퇴와 국제통상환경의 미래", 學術院論文集, 인문 · 사회과학편, 제60집 1호, 2021.

李奭珉, "國家와 宗敎의 關係에 관한 硏究 - 中立性 槪念을 中心으로", 法學博士學位論文, 서울大學校大學院, 2014. 2.

이정복, "민주주의는 어떻게 정복되는가?", 學術院論文集, 인문 · 사회과학편, 제60집 1호, 2021.

## 〈외국어 논문〉

Adam William, "Natural Law in the Anglican Tradition", in: Christianity and Natural Law,edited by Norman Doe, Cambridge University Press, 2017.

Badie Paul, "Natural Law in the Orhtodox Tradition", in: Christianity and Natural Law, edited by Norman Doe, Cambridge University Press, 2017.

Christianity and Natural Law: An Introduction, edited by Norman Doe, Cambridge University Press, 2017.

Costigane Helm, "Natural Law in the Roman Catholic Tradition", in: Christianity and Natural Law, edited by Norman Doe, Cambridge University Press, 2017.

Davies W.D., "Paul and the Law: Reflections on Pitfalls in Interpretation", in: Religion, Law and Ethics: A Symposium, The Hastings Law Journal, Vol. 29, 1978.

Doe Norman, "Natural Law in an Interfaith Context: The Abrahamic Religions", in: Christianity and Natural Law, edited by Norman Doe, Cambridge University Press, 2017.

Dorff Elliot, "Judaism and a Religious Legal System", in: Religion, Law and Ethics: A Symposium, The Hastings Law Journal, Vol. 29, 1978.

Fletcher George P., "In God's Image: The Religious Imperative of Equality under Law", Columbia Law Review 99, 1999.

Green Ronal M., "Neighbor Love in the Jewish Tradition", in: Love and Christian Ethics: Tradition, Theory and Society, edited by Frederick V. Simmons with Brian C. Sorrels, Georgetown University Press, 2016.

Harrod John A., "Natural Law in the Methodist Tradition", in: Christianity and Natural Law, edited by Norman Doe, Cambridge University Press, 2017.

Hallowell John H., "Forward", in: Yves R. Simon, The Tradition of Natural Law, New York, Fordham University Press, 1992.

Konvitz Milton R., "Conscience and Civil Disobidience in Jewish, Christian and Greek and Roman Thought", in: Religion, Law and Ethics: A Symposium, The Hastings Law Journal, Vol. 29, 1978.

Kühl Kritan, "Rückblick auf die Renaissance des Naturrechts nach dem 2. Weltkrieg", in: Geschichtliche Rechtswissenschaft: Freundausgabe für Alfred Söller zum 60. Geburtstag am 5. 2. 1990, Gießen, Brühlscher Verlag, 1990.

Osachy, "Rabbi David, TIKKUN OLAM", in: First Things: A Monthly Journal of Religion & Public Life, Vol. 290, Feb 2019.

Özalp Mürsel, A Survey on the Concept of 'Tikkun Olam: Repairing the World' in Judaism Cumhuriyet Ilahiyat Dergisi(Cumhuriyet Theology Journal) Vol.23, Nr.1, Turkey, Sivas, Sivas Cumhuriyet University, Faculty of Theology,

2019. 6.

Raunio Antti, “Natural Law in the Lutheran Tradition”, in: Christianity and Natural Law, edited by Norman Doe, Cambridge University Press, 2017.

Wolf Erik, “Religion and Right in the Philosophia Christiana of Erasmus from Rottererdam”, in: Religion, Law and Ethics: A Symposium, The Hastings Law Journal, Vol. 29, 1978.

Xie Xhibin, “The Dynamic between Love and Justice: A Confucian Engagement with Reinhold Niebuhr in the Chinese Context”, Theology Today Vol. 77, N. 3, Princeton Theological Seminary, 2020.

# 색 인

## [인명색인]

[T]



[V]



[W]



[Z]

# [사항색인]

### [ㄱ]



### [ㄴ]

**[ㅅ]**

[ㅇ]

**[ㅈ]**

# 저자약력

김상용(金相容)

- 서울대학교 법과대학 법학과 졸업(법학사)
- 단국대학교 대학원 법학과 졸업(법학석사)
- 서울대학교 대학원 법학과 졸업(법학박사)
- 충북대학교 사회과학대학 법학과 조교수
- 한양대학교 법과대학 법학과 교수
- 연세대학교 법과대학 법학과 교수
- 연세대학교 법학전문대학원 교수
- 한국민사법학회 회장
- 한독법률학회 회장
- 한국토지법학회 회장
- 한국법제연구원 자문위원 및 특별자문위원
- 법무부자문위원회 민법(재산법)개정특별분과위원회 위원
- 법무부 법무자문위원회 신탁법개정 특별분과위원회 위원장
- 법무부 법무자문위원회 남북주민사이의 가족관계와 상속 등에 관한 특례법 제정 특별분과위원회 위원장
- 법무부 법무자문위원회 남북법령연구특별분과위원회 위원장
- 개성공업지구관리위원회 법률자문단 자문위원장 겸 개성공업지구지원재단 법률자문단 자문위원장
- 미국, School of Law(Boalt Hall), University of California, Berkeley 에서 영미사법 연구
- 독일, Hamburg 소재, 막스 플랑크 外國私法 및 國際私法 研究所 (Max-Planck-Institut für Ausländisches und Internationales Privatrecht)에서 민법 및 比較私法 연구

- 독일, Frankfurt am Main 소재, 막스 플랑크 유럽 法史硏究所 (Max- Planck-Institut für Europäische Rechtsgeschichte)에서 법사학 연구
- 독일, Trier 대학교에서 사회주의법과 사회주의 소유재산의 사유화 연구
- 독일, Köln대학교의 주택법 및 주택경제연구소(Institut für Wohnungsrecht und Wohnungswirtschaft an der Universität zu Köln)에서 舊동독 주택재건에 관한 연구
- 독일, München대학교 舊約學神學大學(Katholisch-Theologische Fakultät)에서 교회법과 자연법 연구
- 일본, 동경, 와세다(早稻田)대학에서 근저당권에 관한 연구
- 일본, 교토, 同志社大學에서 자연법과 성서에서의 정의 연구
- 중화민국, 土地改革訓練所에서 토지사상 연구
- 중국, 山東省 濟南市 소재, 산동대학 법학원에서 민법강의
- 독일, 훔볼트학술상(Humboldt-Forschungspreis) 수상
- 연세대학교 우수업적 교수상 수상
- 한국토지법학회 학술상 수상
- 옥조근정훈장 수훈

현재 : 대한민국학술원 회원
연세대학교 명예교수

# 주요저서

민법총칙 제4판, 김상용 저, 전경운 增補, 화산미디어, 2018.
물권법, 제4판, 화산미디어, 2018.
채권총론, 제3판, 화산미디어, 2016.
채권각론, 제4판, 화산미디어, 2021.
민법개론, 화산미디어, 2015(공저)
민법사상사, 법과 성서와 역사 연구소, 연구서 제1권, 피앤씨미디어, 2016.
西洋法史와 法政策, 피엔씨미디어, 2014.
韓國法史와 法政策, 피엔씨미디어, 2014.
自然法論과 法政策, 피앤씨미디어, 2015.
(법정책 방향으로서의) 정의와 사랑: 법과 성서와 역사 연구소, 연구 시리즈 제5권, 피앤씨미디어, 2019.
土地正義論 : 法과 聖書와 歷史 硏究所, 연구서 제2권, 피앤씨미디어, 2017.
土地所有權 法思想 : 大宇學術叢書·人文社會科學 87, 民音社, 1995.
비교동산담보법, 법원사, 2011.
근저당권비교연구, 화산미디어, 2013.
부동산거래의 공증과 부동산등기의 공신력 연구, 법원사, 2008. 11.
토지법, 김상용 저, 정우형 증보, 법원사, 2004.
미국부동산법론, 삼지원, 1986.
부동산담보법(개정판), 법원사, 1996.
비교계약법, 법영사, 2002.
불법행위법, 법문사, 1997.
民事判例評釋(1), 법원사, 1995.

民事法研究(2), 법원사, 1997.
민사법연구(3), 법원사, 2000.
민사법연구(4), 법원사, 2000.
민사법연구(5), 법원사, 2004.
민사법연구(6), 법원사, 2007.
민사법연구(7), 법원사, 2010.
민사법연구(8), 법원사, 2013.
민사법연구(9), 피앤씨미디어, 2015.
민사법연구(10), 화산미디어, 2017, 10.
자연법적 민법을 위한 제언; 민사법연구(11), 화산미디어, 2022.
要解 民法總則, 法元社, 2004(金相容, 尹達遠, 朴秀坤 3人 共著).
物權法, 서울大學校 出版部, 1991.
註釋民法: 物權(1), 第3版, 編輯代表 朴駿緖, 韓國司法行政學會 刊, 2001(共同執筆).
註釋民法 第3版: 債權各則(2), 編輯代表 朴駿緖, 韓國司法行政學會 刊, 1999(共同執筆).
民法注解[V]: 物權(2), 博英社, 1992, 687面(共著).
改訂 註釋民法(II): 物權法, 法元社, 1992.
アジアの不動産法制, 東京, 財團法人 日本住宅總合センター, 1994, 280面(共著).
物權法解說(圖解, 判例中心), 청림출판, 1994(공저).
바다와의 대화: 함부르크에서 홍콩까지의 항해(여행기), 법원사, 2001.

# 자 연 법

초판 인쇄　2023년 2월 15일
초판 발행　2023년 2월 20일

저　　자 · 김상용
발 행 인 · 현근택
발 행 처 · 화 산 미 디 어

주　　소 · 경기도 고양시 덕양구 용현로 10, 507-102 (행신동, 무원마을)
신　　고 · 2009년 2월 16일/제395-2009-000012호
전　　화 · 031-971-6928
팩　　스 · 031-971-6929
홈페이지 · www.hwasanm.com

**정 가**　45,000원
ISBN　979-11-5977-064-7 (93360)

저자와의 합의에 의해 인지는 생략합니다.
이 도서의 전부 또는 일부 내용을 재사용하려면, 사전에 저작권자와 화산미디어의 서면에 의한 동의를 받아야 합니다.